Identidades *en español*

BRINGING REAL SPANISH TO LIFE

2

Student Book

Equipo **Identidades**

Edinumen USA

ISBN - Student Edition: 978-84-91796-15-2
Depósito legal: M-19817-2021
10 9 8 7 6 5 4 3 2 1 MUR 21
First published 2021
Prind date: 0621
Printed in Spain by Gráficas Muriel

Series Consultant:
Norah L. Jones

Editorial Coordination:
María José Gelabert and Mar Menéndez

Design:
Juanjo López, Sara Serrano, Carlos Casado and Elena Lázaro

Cover Design and Layout:
Juanjo López

Illustrations:
Carlos Casado

Recording Studio:
Producciones Activawords

Video series:
Hostal Babel, created and produced by Edinumen

Photo Credits:
See page AP 24

Edinumen USA Office
1001 Brickell Bay Drive Suite 2700
Miami 33131, Florida
Telephone: 7863630261
contact@edinumenusa.com

Identidades *en español*

Welcome to your new Spanish experience!

With **Identidades en español**, you will:

- Apply you own experience, knowledge, and opinion in the contexts of each Unit.
- Use accurate, meaningful Spanish from the beginning as a tool for self-expression.
- Receive authentic input and be able to share your own ideas through authentic communicative output.
- Participate in lively intercultural and linguistic communities.
- Experience the beauty of the diversity, as well as the unity, of the Spanish-speaking world.

You'll experience beauty, rich context, quality media, and an immersion experience on every page. Find your own voice in Spanish by applying what you learn immediately to express your own life and thoughts.

Unique to **Identidades en español**, you'll find authentic, context-centered examples from the worldwide Spanish Corpus of the Real Academia Española. Use this tool to immerse yourself in the living and variety-filled nature of Spanish – and to choose, if you wish, a path of language focus for your own future.

You'll have opportunities on every page to reflect on and compare your own cultural products, practices, and perspectives with those of the diverse Spanish-speaking world. By doing so, you'll truly participate as a global citizen from the very first days of your course, and gain confidence to study for fluency and proficiency to make Spanish a tool for your life and work.

Welcome to your Spanish experience, to
your identity as a multilingual world citizen.
Welcome to **Identidades en español**.

Norah L. Jones

Identidades *en español*

Enter into a Spanish course that brings contemporary Spanish to life through active learning. Students will enjoy Spanish and become lifelong language learners.

Powerful instructional design

Identidades en español combines **context- and task-based learning** that integrate student experiences and knowledge.
This approach facilitates learning, **carefully scaffolding content** so that, when faced with tasks, students already have all the tools necessary for success.
From the start, students are **active participants** in their own learning, and develop their own "Spanish tool kit" to express themselves clearly and effectively at all times.

The role of the Corpus of the RAE (Corpes XXI and CREA)

In order to incorporate language models that mirror real-life usage, Identidades en español includes **authentic extracts** taken directly from the Corpus of the RAE (Real Academia Española), labeled according to their region of origin. These extracts, which appear next to the instructional models, demonstrate clearly and powerfully to students the **richness** of worldwide Spanish usage. Students see a **living language**, with **variations** of word choice and syntax, culturally-sensitive constructions, grammatical variations, and information on frequency of use –all possible only through access to the great language database of the Corpus[1].

LÉXICO

México › alberca : *Una casa inmensa, terraza con vista a la playa,* ***alberca*** *y un piso con sala de estar.*
Argentina › pileta : *Por ejemplo, nunca meterse en la* ***pileta*** *sin avisar a los mayores.*
Latinoamérica y España › piscina : *La urbanización dispone de zonas comunes con jardines,* ***piscinas*** *y pistas de pádel.*

Frecuencias, the precursor of **Identidades en español**, was reviewed by the Real Academia Española for linguistic, grammatical, and lexical accuracy.

[1] Every example of these tables has been extracted from REAL ACADEMIA ESPAÑOLA: Banco de datos (CORPES XXI) [en línea]. *Corpus del Español del Siglo XXI (CORPES).* <https://www.rae.es> [2019-2021]

A global vision of the Spanish-speaking world

Students build both cultural and communication skills through their interaction with **intercultural content** focusing on the products, practices, and perspectives of Spanish-speakers worldwide. **Cultural diversity and insight** is found in all activities, as well as specifically in the Culture feature and in the video series *Hostal Babel*.

Students are immersed in contexts, images, text, and authentic media that demonstrate the **diversity** as well as the **unity** of the Spanish-speaking world. Through the power of Identidades en español, students become part of an intercultural and multilingual global community.

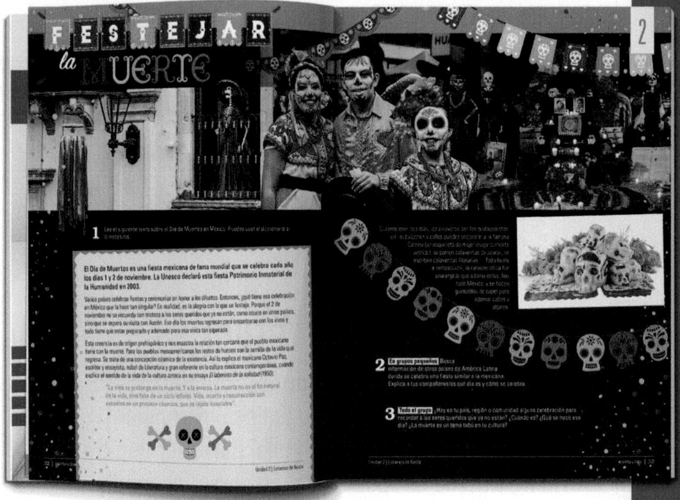

Attractive and motivating audiovisual material

Identidades en español presents the *Hostal Babel* video series, a situation comedy specifically created for the program. Through an interesting storyline of daily life of five young people from different Spanish-speaking countries, students experience the content of the unit and the linguistic and cultural diversity explored through the Corpus. *Hostal Babel* is fully integrated within the program, providing motivation and models for students throughout.

Unit Structure

The Student Book comes in print, in eBook digital format, and with access to the digital expansion and resources on ELEteca. Each level of Identidades en español provides ten instructional units of eight sections each. Each of the eight sections consists of a two-page spread through which students receive multimodal instruction, corpus-informed practice activities, and a culminating application task.

Each of the eight sections has a specific objective:

1. **Presentation** of the unit context
2. **Activation** of students' prior knowledge and experiences
3. **Vocabulary acquisition** presentation and activities
4. **Grammar presentation** and activities
5. Four-skill communication-centered **task-based activity sequence**
6. **Cultural presentation** and activities
7. ***Hostal Babel* video series** with pre-, during-, and post-activities connecting media and unit content
8. Student reflection and **assessment**

Activities are designed for various approaches: individuals, pairs, small groups, and whole-class. Special attention is paid to development of collaborative skills and communicative opportunities. Activities are labeled as follows:

En parejas

En grupos pequeños

Todo el grupo

The Student Book also has a **Pronunciation and Orthography Appendix** with ten sections of presentations and activities that can be used to support communication skill development.

Identidades *en español*

DIGITAL RESOURCES

ELEteca Online Program

ELEteca's online program for Identidades en español provides a motivating online environment that invites students to take control their learning by providing a menu of opportunities to practice, apply and extend their linguistic and cultural proficiency.

ELEteca

The integrated instructor-student feedback system is a perfect complement to hybrid and remote coursework in which students develop both communicative and digital skills.

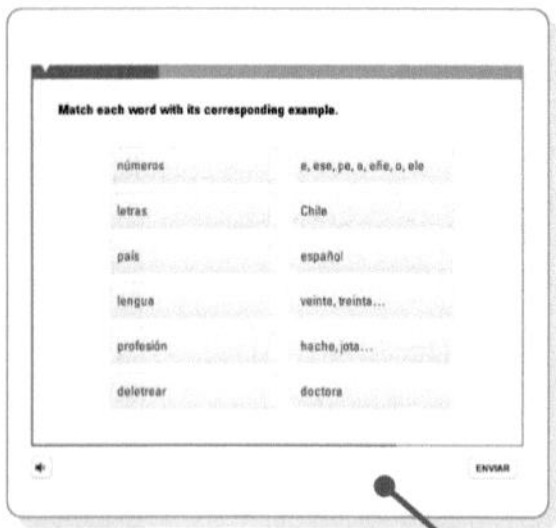

Aplico.

More than 500 interactive activities for each level that allow students to practice what they learned in every section of the student book.

Amplío.

Skill-building laboratory helps students improve their listening, speaking, reading and writing skills.

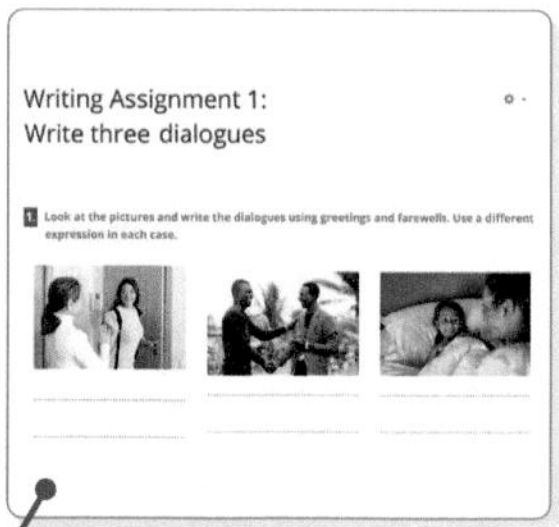

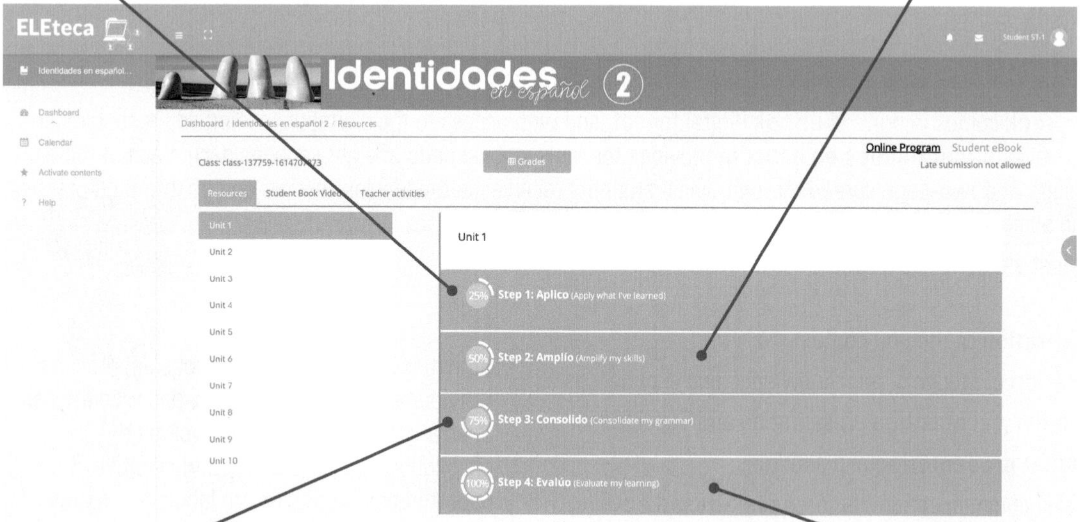

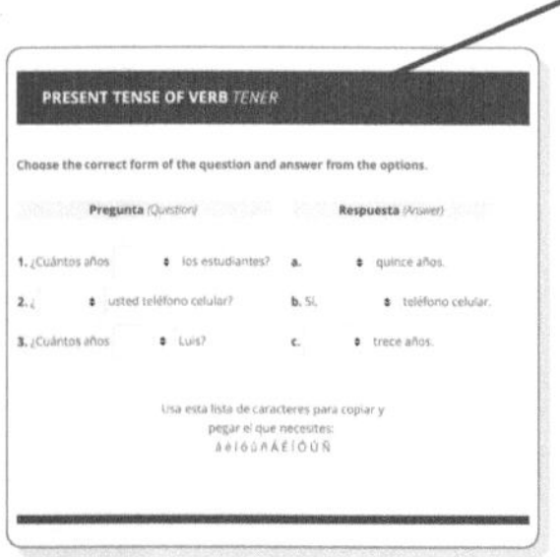

Consolido.

A compendium of beautifully crafted grammar slides, accompanied with practice exercises helps students to absorb and understand the most significant Spanish grammar topics.

Evalúo.

Over 250 online assessments included per level to help teachers and students determine their progress on unit content.

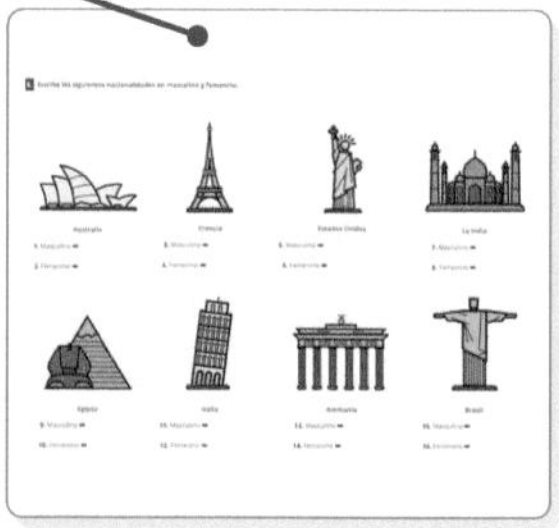

The program also includes access to the Student e-book.

Interactive eBook

The Interactive eBook is a sophisticated tool that permits students access to their text and activities wherever and whenever they are.

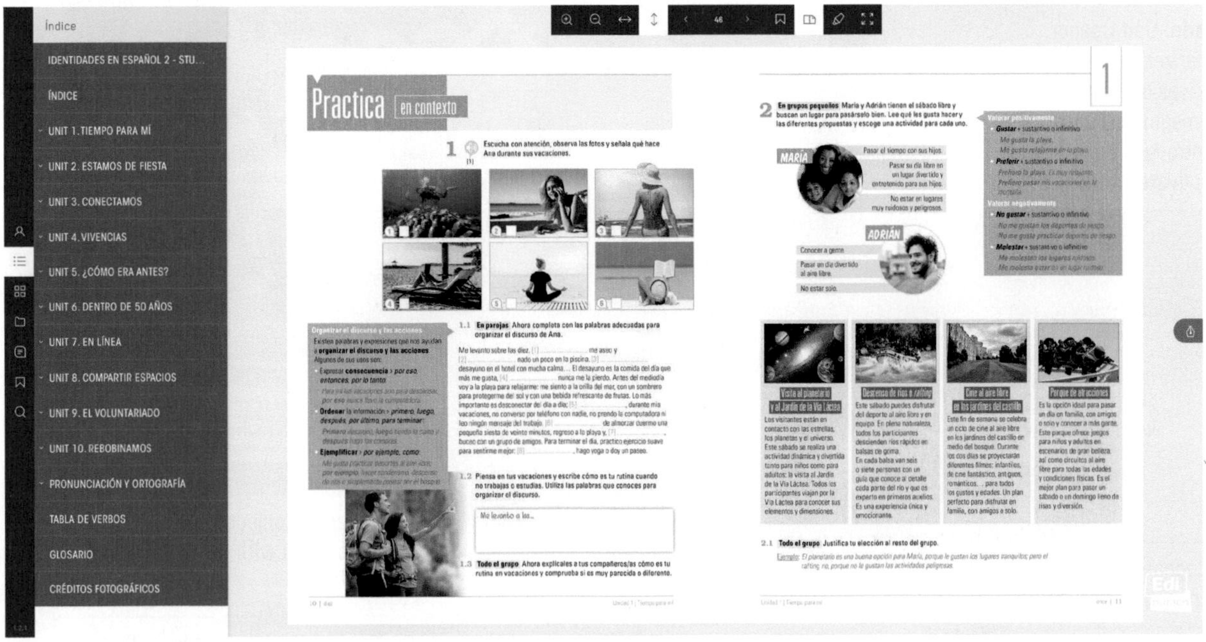

Fast navigation.

Intuitive, user-friendly access to specific pages and sections, highlighting, and multimedia resources (audio and video).

Interactive activities.

Auto-correct activities connect student results with the instructor eBook, allowing rapid and effective feedback and assessment.

"Point-of-use" media.

Multimedia content is accessed directly on the page with the corresponding activity.

Study aids.

Integrated highlighting and note taking functions provide the student effective tools to take control of personalizing their learning.

App for offline access

Librería Edinumen eBook

With the Libreria Edinumen app, students can access their eBook even when there's no internet available.

Unit Structure

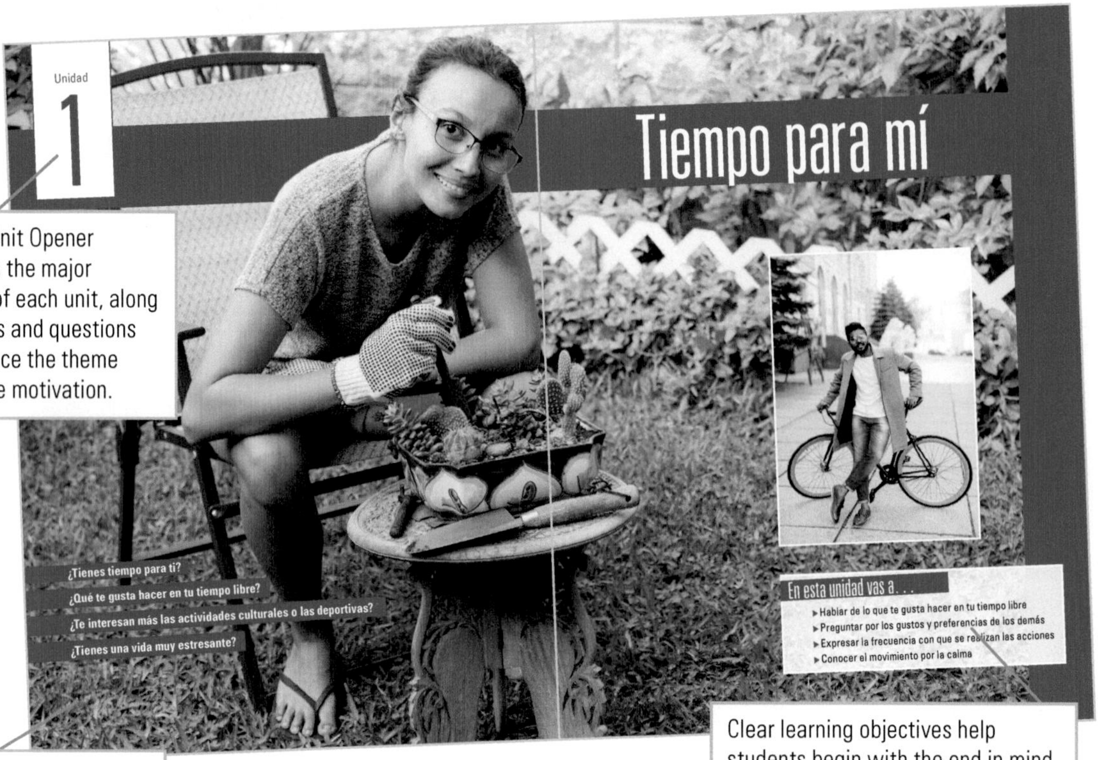

Portada. Unit Opener summarizes the major objectives of each unit, along with images and questions that introduce the theme and activate motivation.

Cognate-rich questions open with motivation.

Clear learning objectives help students begin with the end in mind.

Recommended configuration of class groupings for activities.

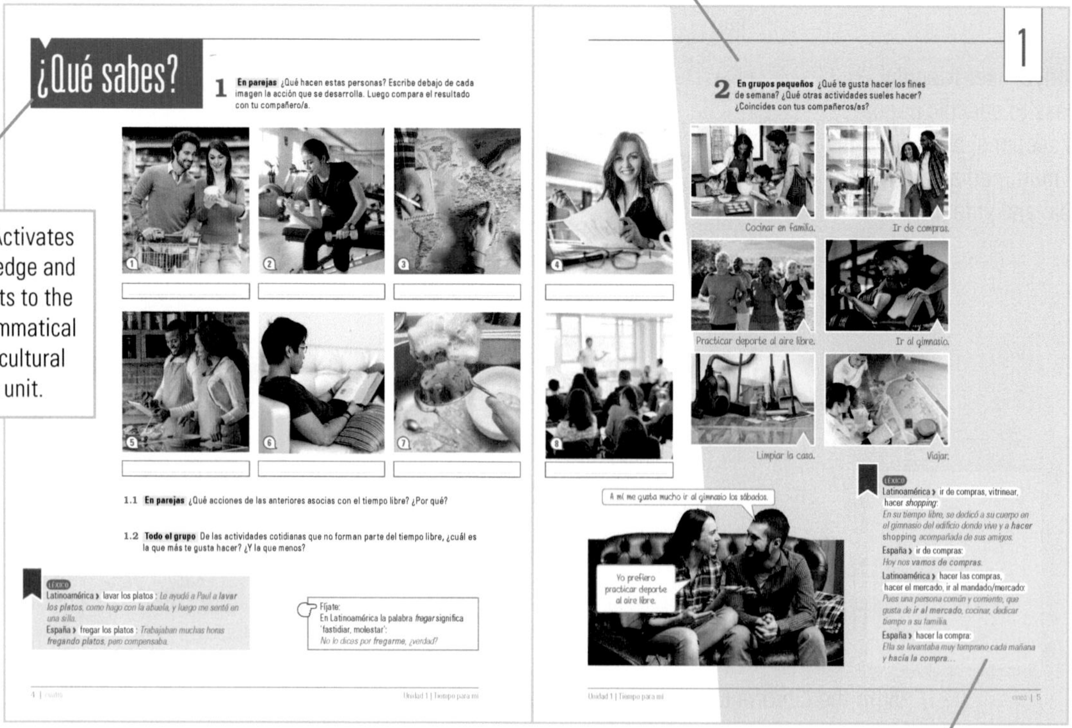

¿Qué sabes? Activates previous knowledge and exposes students to the vocabulary, grammatical structures, and cultural elements of the unit.

Corpus tables point out lexical differences between Spanish in Latin America and Spanish in Spain with examples taken from the corpus.

Palabras. Lexical activities using contextualized unit vocabulary, designed and sequenced so that students discover words or expressions and learn to combine them and use them in context. This learning is carried out through oral or written texts, images, definitions, semantic tables… allowing students to deduce and interpret meaning.

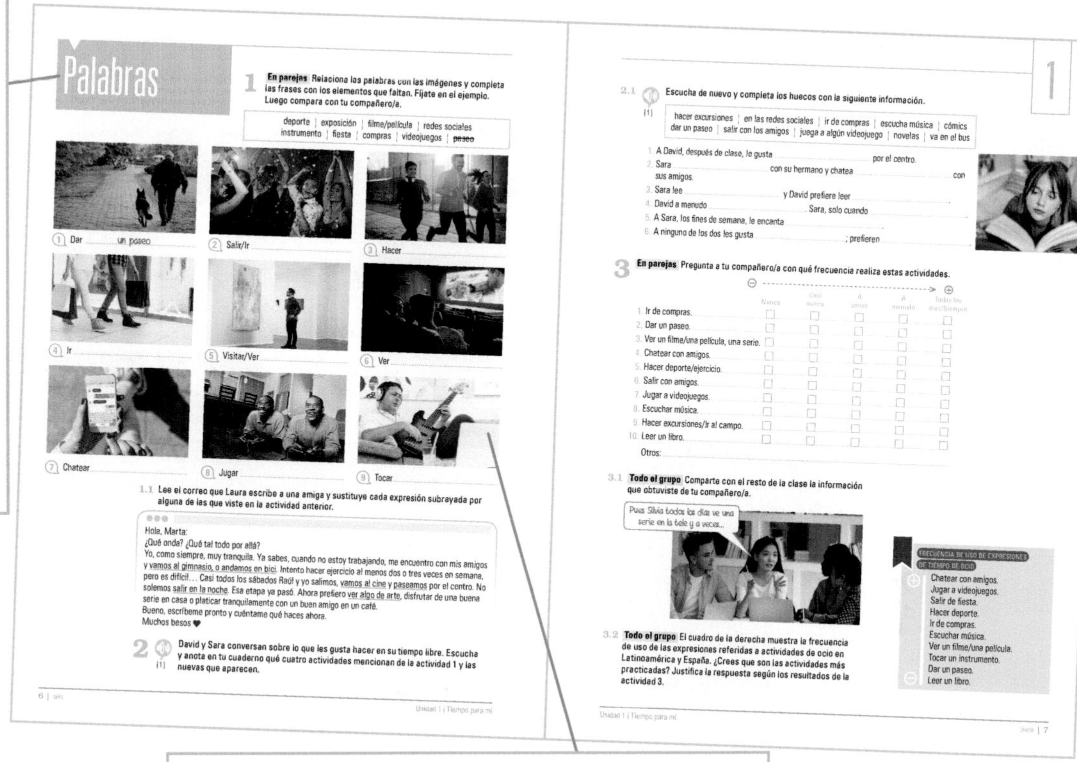

Use of visual elements to aid students as they do the activities.

Gramática. Grammar is presented in concise tables to facilitate learning. Students develop grammatical competence through guided practice and scaffolded activities that reinforce the content of the unit.

Corpus tables present information about grammatical concepts (contrast between Spanish in Latin America and Spanish in Spain, frequency of use, regional vocabulary usage, etc.) with examples taken from the corpus.

Call-out boxes highlight or help students remember important content.

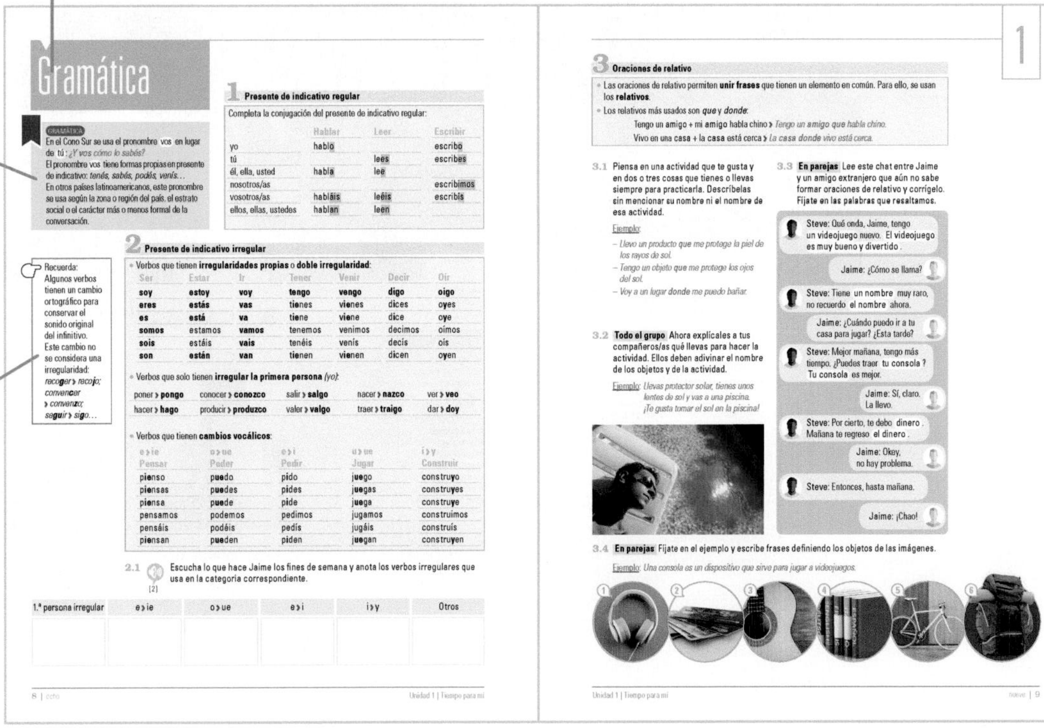

Practica en contexto. Students interact through coherent, well-designed, sequential, and meaningful communicative tasks. In completing these, students apply their knowledge acquired up to this point with comprehension and oral and written activities while interacting in various configurations of grouping.

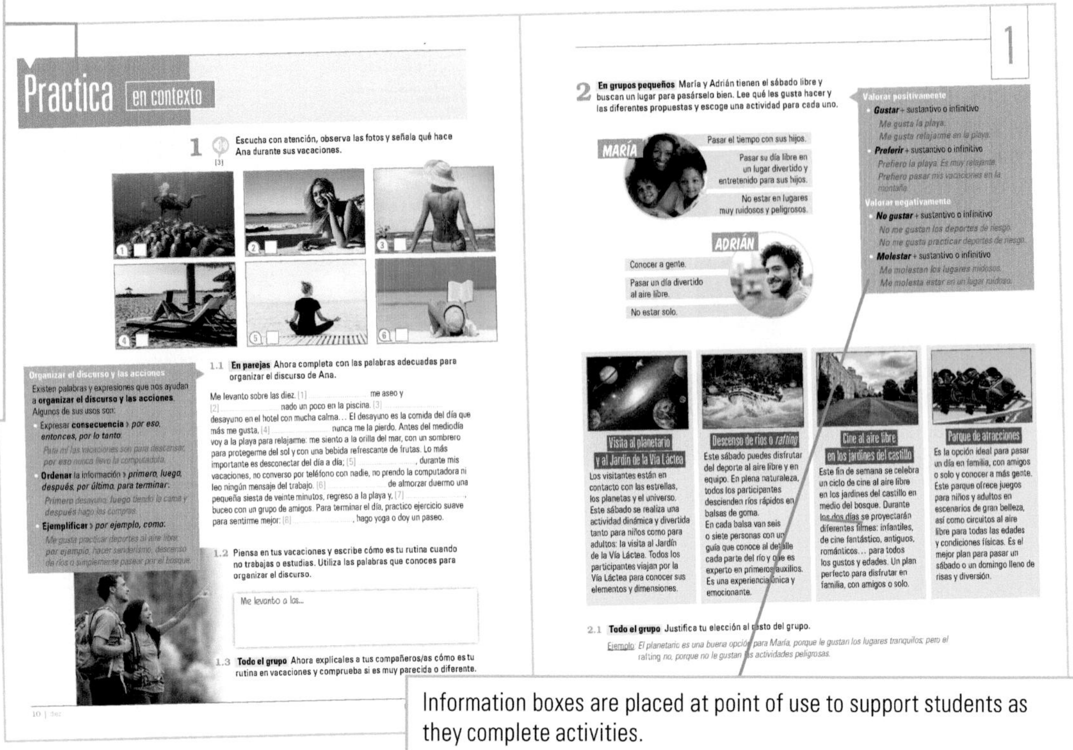

Information boxes are placed at point of use to support students as they complete activities.

Cultura. Cultural content is presented in a highly visual and dynamic sequence, with attention to sociocultural issues in Spain and Latin America.

Images, design features, and multiple text formats provide comprehensible input: graphics, diagrams, maps, tourist brochures and other realia.

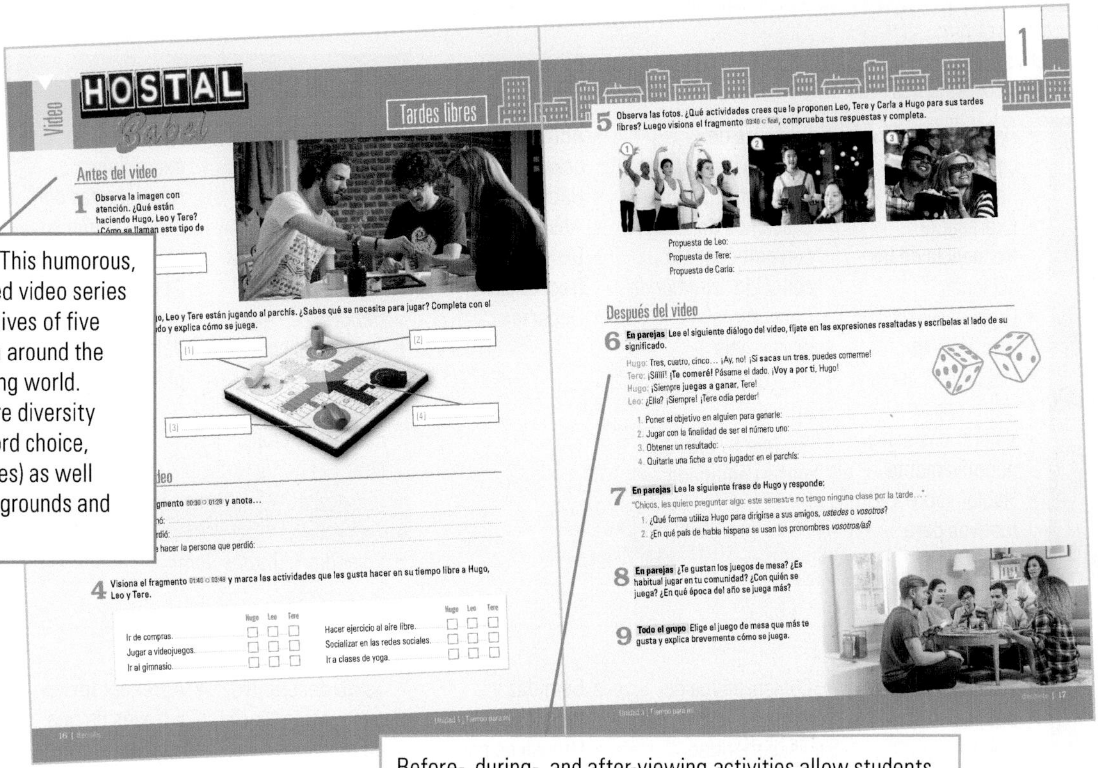

Hostal Babel. This humorous, context-centered video series focuses on the lives of five characters from around the Spanish-speaking world. Students explore diversity in language (word choice, accents, gestures) as well as cultural backgrounds and practices.

Before-, during-, and after-viewing activities allow students to predict, understand, and comment on the story as well as identify and interpret nonverbal communication.

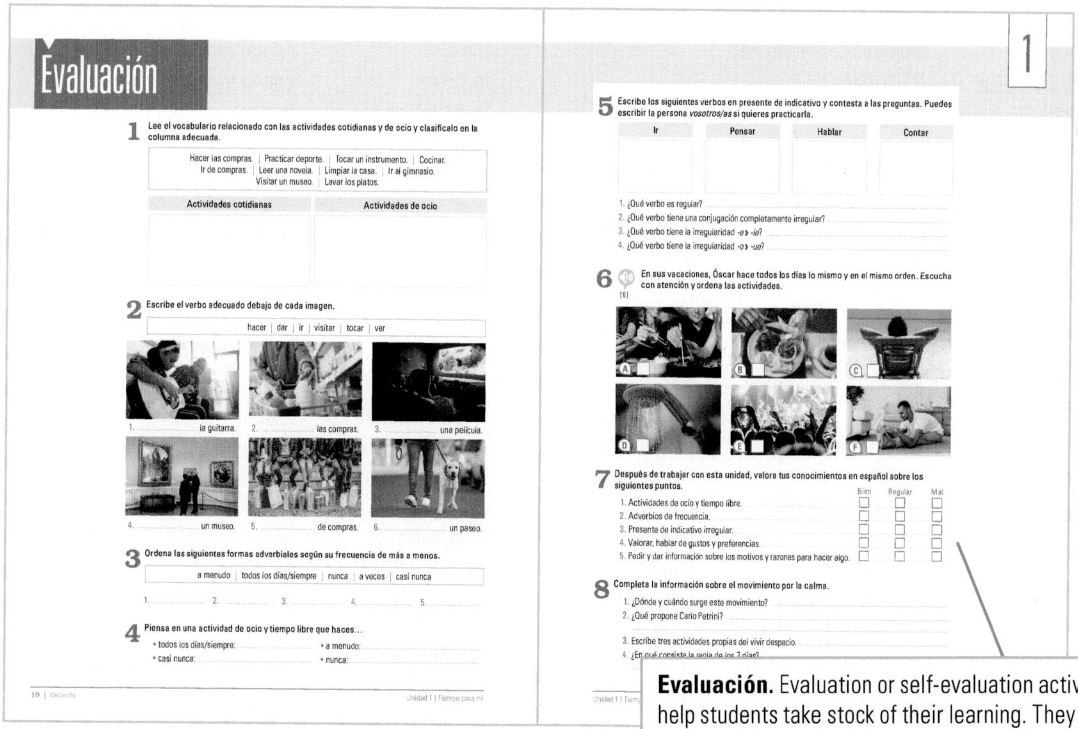

Evaluación. Evaluation or self-evaluation activities help students take stock of their learning. They are able to analyze their mistakes and identify areas that need additional practice.

Scope and Sequence

	Comunicación	Gramática	Léxico	Tipos de texto	Técnicas y estrategias	Cultura
1 **Tiempo para mí** pág. 2	• Hablar de acciones cotidianas y del tiempo libre • Expresar la frecuencia de las acciones • Organizar el discurso y las acciones • Hablar de gustos y preferencias • Valorar positiva y negativamente • Hablar sobre los motivos para hacer algo	• Presente de indicativo regular e irregular (repaso) • Oraciones de relativo con antecedente conocido: *que/donde* • Conectores discursivos • *Para qué* › *Para* + infinitivo • *Por qué* › *Porque* + verbo conjugado	• Actividades de ocio • Hábitos • Aficiones • Expresiones de frecuencia • Deportes	• Texto informativo: actividades de ocio • Texto descriptivo: artículo de prensa digital, *Los deportes de moda* • Texto explicativo: pelota vasca • Texto conversacional: chat **Video: *Hostal Babel*** • Episodio 1: *Tardes libres*	• Aprender expresiones relacionadas con el ocio según su frecuencia de uso • Aprender léxico a través de la definición de objetos y su uso	• Deportes de moda • El movimiento por la calma
2 **Estamos de fiesta** pág. 20	• Formular buenos deseos • Hacer comparaciones • Pedir y dar opinión y valorar • Proponer planes y hacer sugerencias • Expresar acuerdo y desacuerdo • Contrargumentar o puntualizar	• Comparativos de igualdad, inferioridad y superioridad – Comparativos de superioridad irregulares: *mejor, peor, mayor, menor* • Contraste *ser/estar* • *Me parece* + *que*/ adjetivo/adverbio de valoración	• Comidas y bebidas • Utensilios para comer y beber • Celebraciones y fiestas • Expresiones para formular buenos deseos	• Texto descriptivo: descripción física de personas • Texto conversacional: comparación de objetos y lugares • Texto instructivo: cómo preparar una fiesta sorpresa • Texto retórico: tarjetas de cumpleaños **Video: *Hostal Babel*** • Episodio 2: *Lo importante es la tarta*	• Aprender léxico a través de una imagen • Identificar verbos que se conjugan del mismo modo • Aprender léxico y expresiones a partir de la comparación con la lengua materna	• Pirámide de los alimentos • El Día de Muertos y su significado
3 **Conectamos** pág. 38	• Narrar acciones del pasado • Hablar de experiencias vividas o no • Hablar de conocimientos y habilidades • Expresar negación • Interpretar y elaborar un gráfico	• Pretérito regular e irregular • Contraste pretérito/ pretérito perfecto en Latinoamérica y en España • Contraste *ya/todavía no, aún no* • Contraste *conocer/ saber* • Negación: *nunca, jamás, tampoco, nadie...* – Doble negación: *No... nunca, ni... ni...*	• Internet y las nuevas tecnologías • Palabras polisémicas • Experiencias vitales • Decimales	• Texto conversacional: encuesta sobre el uso de las redes sociales • Texto narrativo: correo electrónico, viaje a África • Texto descriptivo: experiencias vitales • Texto gráfico: uso de internet **Video: *Hostal Babel*** • Episodio 3: *Fotos y más fotos*	• Aprender el léxico sobre las nuevas tecnologías a través de íconos • Recursos para aprender español en la red • Traducir a la lengua materna para comparar con la lengua meta	• Voluntariado digital: Campus Solidario de UNIR, Conéct@te y Tecnológico de Monterrey

	Comunicación	Gramática	Léxico	Tipos de texto	Técnicas y estrategias	Cultura
4 Vivencias pág. 56	• Hablar de sucesos, hechos y acciones del pasado situándolos en el tiempo • Contar anécdotas: iniciar el relato, mostrar interés y reaccionar a lo largo del mismo • Escribir una biografía	• Pretérito irregular: – Verbos con irregularidad en la tercera persona – Otros verbos irregulares • Marcadores temporales de pretérito: – De inicio y duración – Para relacionar dos momentos del pasado	• Léxico para contar anécdotas • Acontecimientos históricos • Inventos • Léxico relacionado con los acontecimientos en la vida de una persona	• Texto narrativo: biografía y anécdotas • Texto informativo: malentendidos culturales • Texto descriptivo en una red social: La Habana	• Leer las instrucciones de la tarea a realizar y tomar notas durante una audición para facilitar la comprensión del texto oral • Reaccionar ante el interlocutor: el silencio como muestra de falta de interés	• Malentendidos culturales • Biografía de Salvador Dalí, Chavela Vargas y Celia Cruz • La Habana (Cuba)
				Video: *Hostal Babel* • Episodio 4: *Hostal Mabel*		
5 ¿Cómo era antes? pág. 74	• Hablar del tiempo atmosférico • Hablar de acciones habituales en el pasado • Narrar y describir en pasado • Reaccionar a una anécdota expresando sorpresa o incredulidad • Expresar acciones anteriores, posteriores o simultáneas a otras	• Imperfecto regular e irregular • Marcadores temporales para relacionar dos acciones • Contraste imperfecto/pretérito • Verbos *llover, nevar, hacer frío...* • Posesivos pospuestos	• Secciones del periódico • Tiempo atmosférico • Puntos cardinales • Estaciones del año	• Texto expositivo: artículo, la vida de Amy Craton • Texto descriptivo: artículo, *Así era la vida antes de internet* • Texto informativo: artículo, escuela de niños de Exeter, Inglaterra • Texto informativo: noticias curiosas	• Deducir el nombre de las secciones de un periódico a través de las imágenes • Hacer uso de los titulares de un periódico o revista para conocer y escribir una noticia	• Estaciones del año en América Latina y España • Barrios latinos en Estados Unidos
				Video: *Hostal Babel* • Episodio 5: *Tarde de lluvia*		
6 Dentro de 50 años pág. 92	• Hablar del futuro • Hacer planes • Hacer predicciones, suposiciones e hipótesis • Hacer promesas • Hablar de acciones futuras que dependen de una condición	• Futuro regular e irregular • Usos del futuro • Marcadores temporales de futuro • Otras estructuras para expresar futuro: presente de indicativo, *ir a/ pensar/querer* + infinitivo • Primera condicional: *si* + presente de indicativo + futuro	• Ecología y medioambiente • Reciclaje • Economía lineal y circular • Tipos de energía	• Texto informativo: artículo, el modelo económico actual • Texto argumentativo: artículo, opinión de ciencia • Texto gráfico: infografía	• Aprender formas verbales y marcadores temporales rentables para hablar del futuro • Analizar una infografía para obtener información	• La huella ecológica • El punto limpio • Economía lineal vs. economía circular • El cambio climático y sus consecuencias
				Video: *Hostal Babel* • Episodio 6: *Dentro de mil años*		

	Comunicación	Gramática	Léxico	Tipos de texto	Técnicas y estrategias	Cultura
7 En línea pág. 110	• Dar órdenes, instrucciones, recomendaciones y consejos • Expresar obligación • Expresar posibilidad o capacidad • Pedir, conceder o denegar permiso • Formular peticiones	• Imperativo afirmativo y negativo regular e irregular • Usos del imperativo • Posición de los pronombres de objeto directo e indirecto con el imperativo • *Deber* + infinitivo • *Tener que* + infinitivo • *Poder* + infinitivo	• Internet y la publicidad • Compras en línea	• Texto conversacional: foro sobre publicidad • Texto descriptivo: correo electrónico, conferencia sobre publicidad • Texto instructivo: – Comerciales – Cómo hacer una buena compra por internet	• Recursos para aprender las palabras relacionadas con la publicidad y las compras en línea • Aprender palabras a través de su definición • Debatir a través de argumentos y citas de autoridad	• El papel de la publicidad en la sociedad actual • Frases célebres sobre publicidad • La contrapublicidad
				Video: *Hostal Babel* • Episodio 7: *Lámparas* online		
8 Compartir espacios pág. 128	• Dar consejos y hacer recomendaciones • Dar o denegar permiso • Expresar prohibición • Expresar deseos y hacer peticiones • Expresar hipótesis y probabilidad • Organizar el discurso	• Presente de subjuntivo regular e irregular (1) • Usos básicos del subjuntivo: – *Aconsejar, recomendar, prohibir...* + infinitivo/*que* + presente de subjuntivo – *Desear, esperar, querer* + infinitivo/ *que* + presente de subjuntivo • Organizadores del discurso y las acciones	• Estancias y objetos de una casa • Tareas del hogar • Aprendizaje de idiomas • Léxico relacionado con la convivencia	• Texto descriptivo: exposición, mi nuevo apartamento • Texto conversacional: correo electrónico, pedir y dar consejos • Texto instructivo: *compartepiso.es*	• Observar las imágenes que ilustran un texto para predecir su contenido y facilitar su comprensión • Aprender autocorrigiendo un texto escrito	• La música y Latinoamérica: con ritmo latino
				Video: *Hostal Babel* • Episodio 8: *Un hostal democrático*		
9 ¿Colaboras? pág. 146	• Presentar objeciones • Expresar en qué circunstancia temporal tiene lugar una acción • Contestar por escrito a un anuncio	• Presente de subjuntivo irregular (2) • Oraciones temporales: expresión de acciones habituales, simultáneas, de comienzo y fin de una acción, de acción inmediata y de progresión • Nexos temporales con indicativo/subjuntivo • *Aunque* + indicativo/ subjuntivo	• El voluntariado y las ONG • Servicios sociales • Carta o correo formal	• Texto instructivo: ayudar a los demás • Texto informativo: correo electrónico, tablón de anuncios • Texto descriptivo: Las diferentes ONG	• Atenuar la contraposición de ideas • Convencer a otros mediante argumentos • Realizar el borrador de un escrito como guía	• Las ONG y su labor • Los bancos de tiempo • El comercio justo
				Video: *Hostal Babel* • Episodio 9: *Profesores Sin Fronteras*		

Repaso mi nivel

	Comunicación	Gramática	Léxico	Tipos de texto	Técnicas y estrategias	Cultura
10 Rebobinamos pág. 164	• Dar órdenes e instrucciones • Dar consejos y hacer recomendaciones • Narrar y describir en pasado • Contar una anécdota y reaccionar • Hablar de planes para el futuro	• Usos de los tiempos del pasado (repaso) • Contraste de los tiempos del pasado (repaso) • Imperativo (repaso) • Marcadores temporales (repaso) • Presente de subjuntivo (repaso)	• Repaso de vocabulario sobre hábitos, alimentos, viajes, estancias y objetos de una casa, tareas del hogar, internet y redes sociales, clima, medioambiente, secciones de un periódico y voluntariado • Léxico contrastivo entre España y Latinoamérica	• Texto expositivo: informe sobre el deporte en México • Texto informativo: anuario en un periódico universitario y noticias	• Reaccionar a las palabras del/de la interlocutor/a • Unir palabras con su definición • Deducir el significado de una expresión idiomática por el contexto	• Ser mujer en América Latina
				Video: *Hostal Babel* • Episodio 10: *Recuerdos con paté de algas*		

¿Por qué estudio español?

Más de 580 millones de personas hablan español en el mundo. De ellos, 480.2 millones son nativos.

El español es la **segunda lengua materna del mundo** por número de hablantes, después del chino mandarín.

La contribución del conjunto de los países de habla hispana al PIB mundial es del 6.9 %.

Es la cuarta lengua más estudiada del mundo después del inglés, el francés y el chino mandarín: actualmente hay 21.8 millones de estudiantes de español en el mundo.

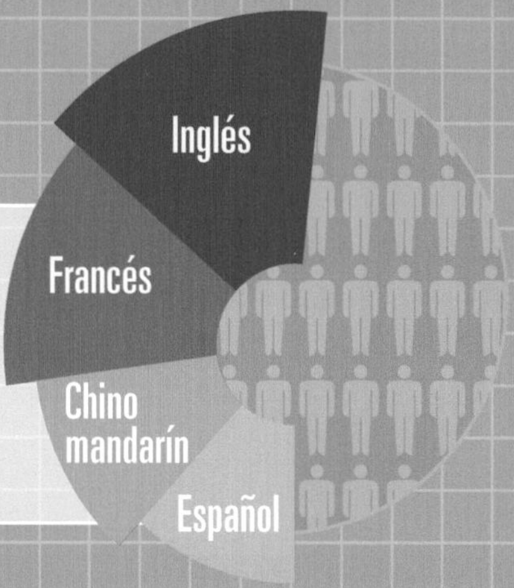

- El español es la tercera lengua más utilizada en la red.
- El 8.9 % de los usuarios de internet se comunica en español.
- El español es la segunda lengua más utilizada en Wikipedia, en Facebook, en LinkedIn y en Twitter.

El español es la cuarta lengua más poderosa del mundo.

El español ocupa la cuarta posición en el ámbito institucional de la Unión Europea.

Es la tercera lengua en el sistema de trabajo de la ONU: es una de sus seis lenguas oficiales.

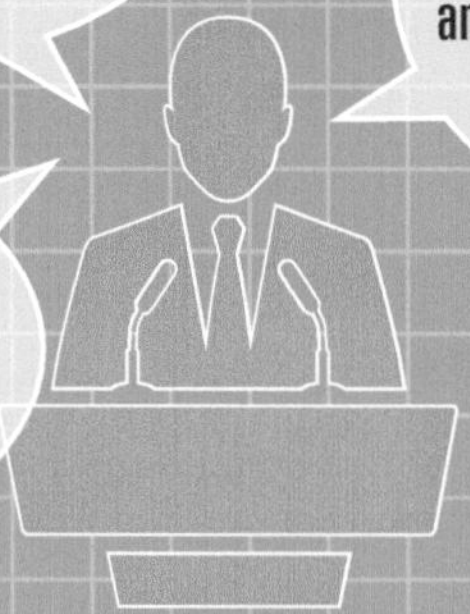

España es el tercer país exportador de libros del mundo.

Argentina, México y España se encuentran entre los quince principales países productores de filmes del mundo.

Datos extraídos del informe *El español: una lengua viva*, elaborado y redactado por David Fernández Vítores, y dirigido y coordinado por la Dirección Académica del Instituto Cervantes (2019).

Latinoamérica

Según *National Geographic*, el glaciar Perito Moreno, dentro del parque natural Los Glaciares en Argentina, es el cuarto paraje natural más bello del mundo, y el parque nacional Canaima, en Venezuela, ocupa el lugar número 15.

¡Hola!

La mayoría de los hablantes de español se encuentran en Latinoamérica:

375 millones de hablantes nativos

Países más visitados de Latinoamérica

- **México** ≃ 40 000 000
- **Argentina** ≃ 7 000 000
- **Chile** ≃ 6 500 000
- **República Dominicana** ≃ 6 000 000

Principales culturas precolombinas

- **Azteca** (Sur de México, siglos XIV-XVI)
- **Maya** (México y Guatemala, siglos I-XVII)
- **Inca** (Ecuador, Perú, Bolivia, norte de Argentina y Chile, siglos XV-XVI)

España

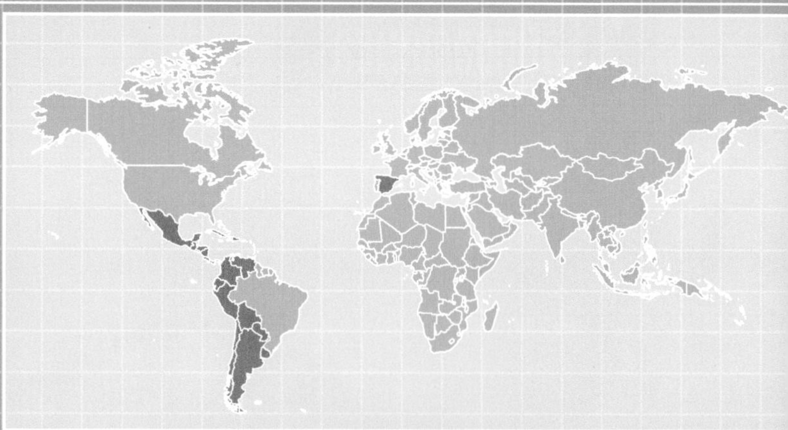

Número de habitantes

46.5 millones de habitantes

España es el tercer país más visitado del mundo, superado únicamente por Francia y Estados Unidos.

La mayor reserva ecológica de Europa está en España: el parque nacional de Doñana.

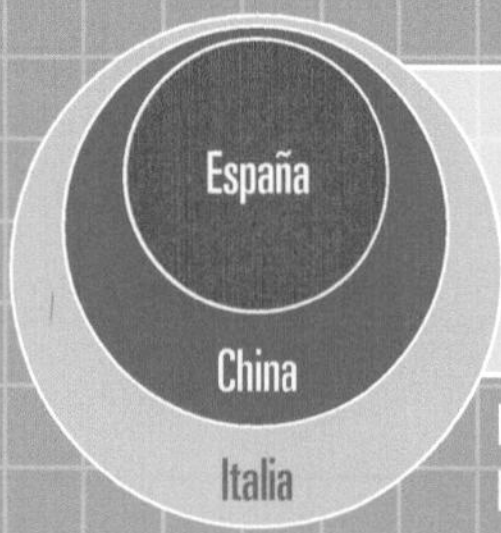

Es el tercer país con más sitios Patrimonio de la Humanidad, por detrás de Italia y China.

- Italia (51)
- China (50)
- España (45)

Monumentos más visitados en España:

- La Alhambra (Granada)
- La Sagrada Familia (Barcelona)
- La Mezquita (Córdoba)
- La Catedral de Santiago de Compostela (La Coruña)
- La Catedral de Burgos (Castilla y León)

Es el líder mundial en donación de órganos.

Las cuevas de Altamira albergan el arte paleolítico más antiguo de Europa.

Student Book 2

Unidad 1

¿Tienes tiempo para ti?

¿Qué te gusta hacer en tu tiempo libre?

¿Te interesan más las actividades culturales o las deportivas?

¿Tienes una vida muy estresante?

Tiempo para mí

En esta unidad vas a. . .

- Hablar de lo que te gusta hacer en tu tiempo libre
- Preguntar por los gustos y preferencias de los demás
- Expresar la frecuencia con que se realizan las acciones
- Conocer el movimiento por la calma

¿Qué sabes?

1 **En parejas** ¿Qué hacen estas personas? Escribe debajo de cada imagen la acción que se desarrolla. Luego compara el resultado con tu compañero/a.

1.1 **En parejas** ¿Qué acciones de las anteriores asocias con el tiempo libre? ¿Por qué?

1.2 **Todo el grupo** De las actividades cotidianas que no forman parte del tiempo libre, ¿cuál es la que más te gusta hacer? ¿Y la que menos?

LÉXICO

Latinoamérica › lavar los platos: *Le ayudé a Paul a* ***lavar los platos****, como hago con la abuela, y luego me senté en una silla.*

España › fregar los platos: *Trabajaban muchas horas* ***fregando platos****, pero compensaba.*

Fíjate:

En Latinoamérica la palabra *fregar* significa 'fastidiar, molestar':

No lo dices por ***fregarme****, ¿verdad?*

2 **En grupos pequeños** ¿Qué te gusta hacer los fines de semana? ¿Qué otras actividades sueles hacer? ¿Coincides con tus compañeros/as?

Cocinar en familia.

Ir de compras.

Practicar deporte al aire libre.

Ir al gimnasio.

Limpiar la casa.

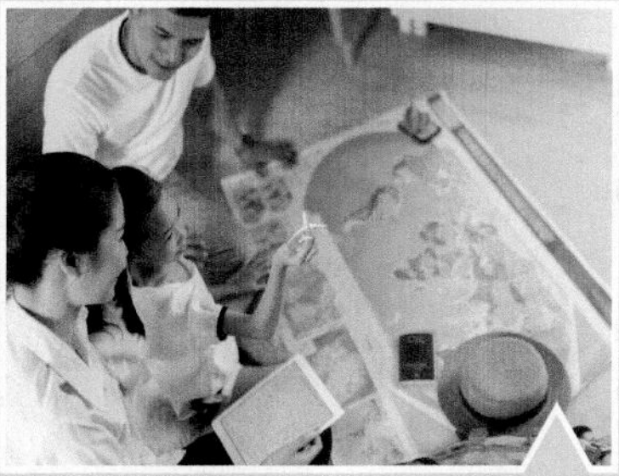
Viajar.

A mí me gusta mucho ir al gimnasio los sábados.
Yo prefiero practicar deporte al aire libre.

LÉXICO

Latinoamérica › ir de compras, vitrinear, hacer *shopping*:
En su tiempo libre, se dedicó a su cuerpo en el gimnasio del edificio donde vive y a ***hacer shopping*** *acompañada de sus amigos.*

España › ir de compras:
Hoy nos ***vamos de compras****.*

Latinoamérica › hacer las compras, hacer el mercado, ir al mandado/mercado:
Pues una persona común y corriente, que gusta de ***ir al mercado****, cocinar, dedicar tiempo a su familia.*

España › hacer la compra:
Ella se levantaba muy temprano cada mañana y ***hacía la compra****…*

Palabras

1 **En parejas** Relaciona las palabras con las imágenes y completa las frases con los elementos que faltan. Fíjate en el ejemplo. Luego compara con tu compañero/a.

deporte | exposición | filme/película | redes sociales
instrumento | fiesta | compras | videojuegos | ~~paseo~~

(1) Dar ......un paseo......

(2) Salir/Ir ....

(3) Hacer ....

(4) Ir ....

(5) Visitar/Ver ....

(6) Ver ....

(7) Chatear ....

(8) Jugar ....

(9) Tocar ....

1.1 **Lee el correo que Laura escribe a una amiga y sustituye cada expresión subrayada por alguna de las que viste en la actividad anterior.**

Hola, Marta:
¿Qué onda? ¿Qué tal todo por allá?
Yo, como siempre, muy tranquila. Ya sabes, cuando no estoy trabajando, me encuentro con mis amigos y vamos al gimnasio, o andamos en bici. Intento hacer ejercicio al menos dos o tres veces en semana, pero es difícil… Casi todos los sábados Raúl y yo salimos, vamos al cine y paseamos por el centro. No solemos salir en la noche. Esa etapa ya pasó. Ahora prefiero ver algo de arte, disfrutar de una buena serie en casa o platicar tranquilamente con un buen amigo en un café.
Bueno, escríbeme pronto y cuéntame qué haces ahora.
Muchos besos ♥

2 [1] **David y Sara conversan sobre lo que les gusta hacer en su tiempo libre. Escucha y anota en tu cuaderno qué cuatro actividades mencionan de la actividad 1 y las nuevas que aparecen.**

2.1 [1] **Escucha de nuevo y completa los huecos con la siguiente información.**

hacer excursiones | en las redes sociales | ir de compras | escucha música | cómics
dar un paseo | salir con los amigos | juega a algún videojuego | novelas | va en el bus

1. A David, después de clase, le gusta .... por el centro.
2. Sara .... con su hermano y chatea .... con sus amigos.
3. Sara lee .... y David prefiere leer ....
4. David a menudo .... Sara, solo cuando ....
5. A Sara, los fines de semana, le encanta ....
6. A ninguno de los dos les gusta ....; prefieren ....

3

En parejas Pregunta a tu compañero/a con qué frecuencia realiza estas actividades.

⊖ ------------------------------> ⊕

	Nunca	Casi nunca	A veces	A menudo	Todos los días/Siempre
1. Ir de compras.	☐	☐	☐	☐	☐
2. Dar un paseo.	☐	☐	☐	☐	☐
3. Ver un filme/una película, una serie.	☐	☐	☐	☐	☐
4. Chatear con amigos.	☐	☐	☐	☐	☐
5. Hacer deporte/ejercicio.	☐	☐	☐	☐	☐
6. Salir con amigos.	☐	☐	☐	☐	☐
7. Jugar a videojuegos.	☐	☐	☐	☐	☐
8. Escuchar música.	☐	☐	☐	☐	☐
9. Hacer excursiones/Ir al campo.	☐	☐	☐	☐	☐
10. Leer un libro.	☐	☐	☐	☐	☐

Otros: ....

3.1 **Todo el grupo** Comparte con el resto de la clase la información que obtuviste de tu compañero/a.

Pues Silvia todos los días ve una serie en la tele y a veces...

3.2 **Todo el grupo** El cuadro de la derecha muestra la frecuencia de uso de las expresiones referidas a actividades de ocio en Latinoamérica y España. ¿Crees que son las actividades más practicadas? Justifica la respuesta según los resultados de la actividad 3.

FRECUENCIA DE USO DE EXPRESIONES DE TIEMPO DE OCIO

⊕
- Chatear con amigos.
- Jugar a videojuegos.
- Salir de fiesta.
- Hacer deporte.
- Ir de compras.
- Escuchar música.
- Ver un filme/una película.
- Tocar un instrumento.
- Dar un paseo.
- Leer un libro.

⊖

Gramática

GRAMÁTICA

En el Cono Sur se usa el pronombre vos en lugar de tú: *¿Y vos cómo lo sabés?*
El pronombre vos tiene formas propias en presente de indicativo: *tenés, sabés, podés, venís...*
En otros países latinoamericanos, este pronombre se usa según la zona o región del país, el estrato social o el carácter más o menos formal de la conversación.

1 Presente de indicativo regular

Completa la conjugación del presente de indicativo regular:

	Hablar	Leer	Escribir
yo	hablo		escribo
tú		lees	escribes
él, ella, usted	habla	lee	
nosotros/as			escribimos
vosotros/as	habláis	leéis	escribís
ellos, ellas, ustedes	hablan	leen	

2 Presente de indicativo irregular

Recuerda:
Algunos verbos tienen un cambio ortográfico para conservar el sonido original del infinitivo. Este cambio no se considera una irregularidad: *recoger › recojo; convencer › convenzo; seguir › sigo...*

- Verbos que tienen **irregularidades propias** o **doble irregularidad**:

Ser	Estar	Ir	Tener	Venir	Decir	Oír
soy	**estoy**	**voy**	**tengo**	**vengo**	**digo**	**oigo**
eres	**estás**	**vas**	tienes	vienes	dices	oyes
es	**está**	**va**	tiene	viene	dice	oye
somos	estamos	**vamos**	tenemos	venimos	decimos	oímos
sois	estáis	**vais**	tenéis	venís	decís	oís
son	**están**	**van**	tienen	vienen	dicen	oyen

- Verbos que solo tienen **irregular la primera persona** *(yo)*:

poner › **pongo**	conocer › **conozco**	salir › **salgo**	nacer › **nazco**	ver › **veo**
hacer › **hago**	producir › **produzco**	valer › **valgo**	traer › **traigo**	dar › **doy**

- Verbos que tienen **cambios vocálicos**:

e › ie Pensar	o › ue Poder	e › i Pedir	u › ue Jugar	i › y Construir
pienso	puedo	pido	juego	construyo
piensas	puedes	pides	juegas	construyes
piensa	puede	pide	juega	construye
pensamos	podemos	pedimos	jugamos	construimos
pensáis	podéis	pedís	jugáis	construís
piensan	pueden	piden	juegan	construyen

2.1 [2] Escucha lo que hace Jaime los fines de semana y anota los verbos irregulares que usa en la categoría correspondiente.

1.ª persona irregular	e › ie	o › ue	e › i	i › y	Otros

3 Oraciones de relativo

- Las oraciones de relativo permiten **unir frases** que tienen un elemento en común. Para ello, se usan los **relativos**.
- Los relativos más usados son *que* y *donde*:

  Tengo un **amigo** + mi **amigo** habla chino › *Tengo un **amigo que** habla chino.*

  Vivo en una **casa** + la **casa** está cerca › *La **casa donde** vivo está cerca.*

3.1 Piensa en una actividad que te gusta y en dos o tres cosas que tienes o llevas siempre para practicarla. Descríbelas sin mencionar su nombre ni el nombre de esa actividad.

Ejemplo:

- *Llevo un producto **que** me protege la piel de los rayos de sol.*
- *Tengo un objeto **que** me protege los ojos del sol.*
- *Voy a un lugar **donde** me puedo bañar.*

3.2 **Todo el grupo** Ahora explícales a tus compañeros/as qué llevas para hacer la actividad. Ellos deben adivinar el nombre de los objetos y de la actividad.

Ejemplo: *Llevas protector solar, tienes unos lentes de sol y vas a una piscina. ¡Te gusta tomar el sol en la piscina!*

3.3 **En parejas** Lee este chat entre Jaime y un amigo extranjero que aún no sabe formar oraciones de relativo y corrígelo. Fíjate en las palabras que resaltamos.

Steve: Qué onda, Jaime, tengo **un videojuego** nuevo. **El videojuego** es muy bueno y divertido.

Jaime: ¿Cómo se llama?

Steve: Tiene **un nombre** muy raro, no recuerdo **el nombre** ahora.

Jaime: ¿Cuándo puedo ir a tu casa para jugar? ¿Esta tarde?

Steve: Mejor mañana, tengo más tiempo. ¿Puedes traer **tu consola**? **Tu consola** es mejor.

Jaime: Sí, claro. La llevo.

Steve: Por cierto, te debo **dinero**. Mañana te regreso **el dinero**.

Jaime: Okey, no hay problema.

Steve: Entonces, hasta mañana.

Jaime: ¡Chao!

3.4 **En parejas** Fíjate en el ejemplo y escribe frases definiendo los objetos de las imágenes.

Ejemplo: *Una consola es un dispositivo que sirve para jugar a videojuegos.*

1 2 3 4 5 6

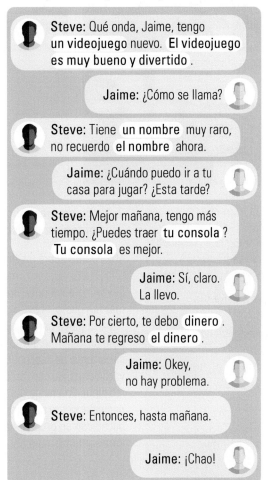

Practica en contexto

1 [3] Escucha con atención, observa las fotos y señala qué hace Ana durante sus vacaciones.

Organizar el discurso y las acciones

Existen palabras y expresiones que nos ayudan a **organizar el discurso y las acciones**. Algunos de sus usos son:

- Expresar **consecuencia** › *por eso, entonces, por lo tanto*:

  *Para mí las vacaciones son para descansar, **por eso** nunca llevo la computadora.*

- **Ordenar** la información › *primero, luego, después, por último, para terminar*:

  ***Primero** desayuno, **luego** tiendo la cama y **después** hago las compras.*

- **Ejemplificar** › *por ejemplo, como*:

  *Me gusta practicar deportes al aire libre; **por ejemplo**, hacer senderismo, descenso de ríos o simplemente pasear por el bosque.*

1.1 **En parejas** Ahora completa con las palabras adecuadas para organizar el discurso de Ana.

Me levanto sobre las diez. [1] .... me aseo y [2] .... nado un poco en la piscina. [3] .... desayuno en el hotel con mucha calma... El desayuno es la comida del día que más me gusta, [4] .... nunca me la pierdo. Antes del mediodía voy a la playa para relajarme: me siento a la orilla del mar, con un sombrero para protegerme del sol y con una bebida refrescante de frutas. Lo más importante es desconectar del día a día; [5] ...., durante mis vacaciones, no converso por teléfono con nadie, no prendo la computadora ni leo ningún mensaje del trabajo. [6] .... de almorzar duermo una pequeña siesta de veinte minutos, regreso a la playa y, [7] ...., buceo con un grupo de amigos. Para terminar el día, practico ejercicio suave para sentirme mejor: [8] ...., hago yoga o doy un paseo.

1.2 Piensa en tus vacaciones y escribe cómo es tu rutina cuando no trabajas o estudias. Utiliza las palabras que conoces para organizar el discurso.

Me levanto a las...

1.3 **Todo el grupo** Ahora explícales a tus compañeros/as cómo es tu rutina en vacaciones y comprueba si es muy parecida o diferente.

2 **En grupos pequeños** María y Adrián tienen el sábado libre y buscan un lugar para pasárselo bien. Lee qué les gusta hacer y las diferentes propuestas y escoge una actividad para cada uno.

MARÍA

- Pasar el tiempo con sus hijos.
- Pasar su día libre en un lugar divertido y entretenido para sus hijos.
- No estar en lugares muy ruidosos y peligrosos.

ADRIÁN

- Conocer a gente.
- Pasar un día divertido al aire libre.
- No estar solo.

Valorar positivamente

- ***Gustar*** + sustantivo o infinitivo
  Me gusta la playa.
  Me gusta relajarme en la playa.
- ***Preferir*** + sustantivo o infinitivo
  Prefiero la playa. Es muy relajante.
  Prefiero pasar mis vacaciones en la montaña.

Valorar negativamente

- ***No gustar*** + sustantivo o infinitivo
  No me gustan los deportes de riesgo.
  No me gusta practicar deportes de riesgo.
- ***Molestar*** + sustantivo o infinitivo
  Me molestan los lugares ruidosos.
  Me molesta estar en un lugar ruidoso.

Visita al planetario y al Jardín de la Vía Láctea

Los visitantes están en contacto con las estrellas, los planetas y el universo. Este sábado se realiza una actividad dinámica y divertida tanto para niños como para adultos: la visita al Jardín de la Vía Láctea. Todos los participantes viajan por la Vía Láctea para conocer sus elementos y dimensiones.

Descenso de ríos o *rafting*

Este sábado puedes disfrutar del deporte al aire libre y en equipo. En plena naturaleza, todos los participantes descienden ríos rápidos en balsas de goma.
En cada balsa van seis o siete personas con un guía que conoce al detalle cada parte del río y que es experto en primeros auxilios. Es una experiencia única y emocionante.

Cine al aire libre en los jardines del castillo

Este fin de semana se celebra un ciclo de cine al aire libre en los jardines del castillo en medio del bosque. Durante los dos días se proyectarán diferentes filmes: infantiles, de cine fantástico, antiguos, románticos... para todos los gustos y edades. Un plan perfecto para disfrutar en familia, con amigos o solo.

Parque de atracciones

Es la opción ideal para pasar un día en familia, con amigos o solo y conocer a más gente. Este parque ofrece juegos para niños y adultos en escenarios de gran belleza, así como circuitos al aire libre para todas las edades y condiciones físicas. Es el mejor plan para pasar un sábado o un domingo lleno de risas y diversión.

2.1 **Todo el grupo** Justifica tu elección al resto del grupo.

Ejemplo: *El planetario es una buena opción para María, porque le gustan los lugares tranquilos; pero el* rafting *no, porque no le gustan las actividades peligrosas.*

3 **En parejas** Pregunta a tu compañero/a qué sabe de las disciplinas deportivas que hay en este anuncio de un gimnasio.

- Organizamos grupos de *running*
- Clases de zumba
- Clases de yoga
- Tenemos todos los niveles de TRX

3.1 Imagina que buscaste más información en la prensa digital sobre estos deportes y que encontraste este artículo. Léelo y comprueba tu respuesta de la actividad anterior.

Los deportes de moda

Algunas de las disciplinas deportivas que más éxito tienen actualmente entre la población son tradicionales; otras, en cambio, son muy novedosas. Todas ellas están cambiando los hábitos deportivos de nuestra sociedad.

Los grupos de *running*

Existe un nuevo estilo dentro del *running* que son los grupos de corredores y corredoras. Estos grupos se organizan para darle a este deporte solitario un carácter más social. Practicar *running* en grupo es una actividad donde predomina el buen ambiente, se conoce gente y se comparte la misma afición.

El *boom* del yoga

Es una de las disciplinas más practicadas actualmente. Las posturas de yoga, llamadas *asanas*, son ejercicios que unen el cuerpo con la mente. No consisten en imitar una postura determinada, sino en conseguir el equilibrio y la concentración en ese punto, con una respiración adecuada. El yoga contribuye al completo desarrollo de los aspectos físico, psicofísico, mental y espiritual.

El TRX

El TRX *(total-body resistance exercise)* es una modalidad deportiva que se basa en el entrenamiento en suspensión aprovechando el peso del cuerpo. Es una actividad muy recomendada para personas que sufren con frecuencia dolores de espalda. Otra ventaja del TRX es que se puede hacer desde casa con el equipo necesario. Practicando TRX aumentas la fuerza y la resistencia muscular al mismo tiempo que tonificas todo el cuerpo.

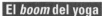

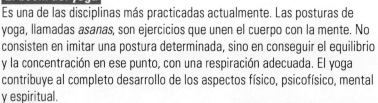

A ritmo de zumba

La zumba es una modalidad de *fitness*, procedente de Colombia, con la que nos mantenemos en forma al tiempo que nos divertimos, pues combina movimientos de baile con una serie de repeticiones aeróbicas. Tanto los ejercicios como la música son propios de Latinoamérica y se aprende a dominar diferentes estilos, como la cumbia, la salsa y el merengue.

Adaptado de http://capital.es/2015/02/los-deportes-de-moda/

3.2 [4] Cristina y Rubén están decidiendo a qué disciplina se van a apuntar. Escúchalos y anota en tu cuaderno lo que piensan de cada deporte. ¿Qué disciplina elige cada uno? ¿Por qué?

3.3 **En parejas** ¿Y a ti? ¿Cuál de las cuatro actividades te interesa más? ¿Por qué?

4 **Todo el grupo** De los deportes que conoces, ¿cuál te parece más interesante? Cuéntaselo al resto de la clase y argumenta tus respuestas. Fíjate en el ejemplo.

Yo practico muchos deportes: fútbol, ciclismo, gimnasia, natación... Y para mí el más interesante es la natación porque trabajas todo el cuerpo y es muy bueno para curar los problemas de espalda, y también porque nadar es muy relajante.

Hablar sobre los motivos y razones para hacer algo

- ¿*Para qué*/*Por qué* + verbo conjugado...?
  ¿Para qué practicas deporte?
  ¿Por qué practicas deporte?
- *Para* + infinitivo
  Para sentirme mejor.
- *Porque* + verbo conjugado
  Porque quiero sentirme mejor.

4.1 **En parejas** Vamos a hacer una encuesta sobre los hábitos deportivos de tu clase. Primero pregúntale a tu compañero/a qué deporte suele practicar y luego pídele que responda a las siguientes preguntas.

1. ¿Con qué frecuencia lo practica?
2. ¿Desde cuándo?
3. ¿Cuánto tiempo le dedica cada vez?
4. ¿Con quién lo practica?
5. ¿Dónde?
6. ¿Qué necesita para practicarlo?
7. ¿Practica otros deportes? ¿Con qué frecuencia?

4.2 **Todo el grupo** Comparte con el resto de la clase la información obtenida y elabora con tus compañeros/as la clasificación de los deportes más practicados.

5 Lee el siguiente texto sobre la pelota vasca; puedes buscar más información en internet.

Así como en Brasil tienen la *capoeira*, en Japón el sumo y en Inglaterra el críquet, la pelota vasca es un deporte practicado de forma tradicional en el País Vasco, Navarra y La Rioja (España).
Los primeros documentos sobre este juego son del siglo XIII y actualmente existen federaciones de pelota vasca por todo el mundo.
Es un deporte en el que participan dos jugadores o dos equipos que golpean por turnos una pelota contra un muro hasta conseguir un tanto.
Para golpear la pelota, pueden utilizar una paleta de goma o la mano.
La cancha donde juegan se llama *frontón*. Hay dos tipos principales de frontón, uno que mide 36 metros y otro de 54 metros.

5.1 **Todo el grupo** ¿Existe en tu país o región algún deporte o juego tradicional? Cuenta a tus compañeros/as cómo es. Usa relativos como en el texto que leíste.

Vivir despacio

1 **Todo el grupo** ¿Qué piensas de esta afirmación: "Yo trabajo para vivir, no vivo para trabajar"? ¿Estás de acuerdo? Justifica tu respuesta.

2 **Todo el grupo** Lee el texto para saber en qué consiste el movimiento por la calma. ¿Crees que la afirmación anterior está relacionada con este movimiento? Coméntalo con tus compañeros/as.

Más despacio: respira y cálmate

El movimiento por la calma, vivir despacio o vida lenta (*slow life* en inglés) tiene su origen en Italia. En el año 1986, Carlo Petrini, un crítico gastronómico, crea una plataforma para promover la cocina tradicional y revalorizar el placer de comer frente al consumo acelerado de comida de mala calidad. Reacciona así cuando se entera de que van a abrir una cadena de comida rápida en el centro de Roma.

Este concepto, asociado a la comida, pronto se aplica a todos los aspectos de la vida y nace así una corriente cultural que promueve la desaceleración del ritmo de vida actual. Almorzar con los amigos, dar un paseo, salir a caminar sin rumbo fijo o leer un libro son actividades fundamentales que, sin abandonar nuestras responsabilidades, nos sirven para encontrar el equilibrio entre la mente, el cuerpo y el espíritu.

La vida lenta no es sinónimo de falta de actividad, no debe asociarse a la pereza. Tampoco se refiere a hacer lo mismo que hacemos normalmente pero más despacio. Tiene más que ver con tomar conciencia del ahora, de concentrar nuestra mente en lo que hacemos en cada momento, sin pensar en el pasado o en lo que tenemos que hacer en el futuro.

> **La regla de los 7 días**
>
> **Cuando quieres comprar algo que crees que necesitas, espera este tiempo y, una vez pasado, si lo sigues necesitando, cómpralo.**

El movimiento por la calma invita a comer productos naturales, a utilizar la tecnología de manera racional y práctica, a favorecer el pequeño comercio local, a moderar el consumo rompiendo el ciclo de comprar-usar-tirar o a realizar un turismo ecológico y sostenible. En definitiva, es toda una filosofía de vida que supone un cambio profundo en nuestros hábitos.

Basado en https://lamenteesmaravillosa.com/slow-life-otra-manera-de-ser-feliz/, https://efectogreen.com/que-es-el-movimiento-slow y https://www.enestadocrudo.com/slow-life-reglas/

3 [5] ¿Quién es Francisco? Escucha su testimonio y elige la foto que lo representa. Justifica tu respuesta.

3.1 **Todo el grupo** ¿En tu país hay lugares que promueven el turismo lento? Si conoces alguno, cuenta tu experiencia; si no, puedes buscar información en internet.

HOSTAL Babel

Tardes libres

Antes del video

1 Observa la imagen con atención. ¿Qué están haciendo Hugo, Leo y Tere? ¿Cómo se llaman este tipo de juegos?

....

2 **En parejas** Hugo, Leo y Tere están jugando al parchís. ¿Sabes qué se necesita para jugar? Completa con el nombre adecuado y explica cómo se juega.

tablero
ficha
cubo
dado

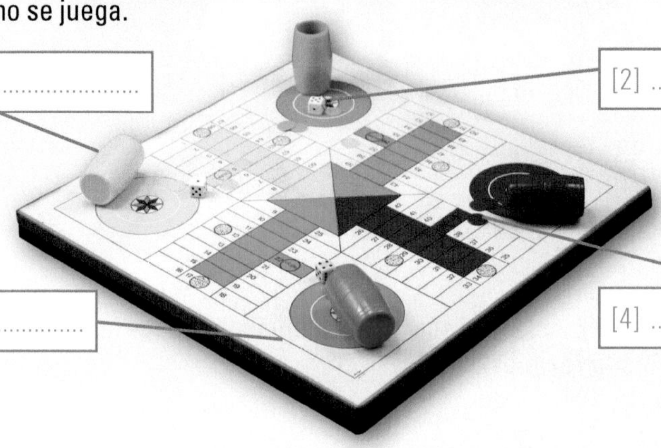

Durante el video

3 Visiona el fragmento 00:30 ▶ 01:28 y anota...

1. quién ganó: ....
2. quién perdió: ....
3. qué debe hacer la persona que perdió: ....

4 Visiona el fragmento 01:40 ▶ 03:48 y marca las actividades que les gusta hacer en su tiempo libre a Hugo, Leo y Tere.

	Hugo	Leo	Tere		Hugo	Leo	Tere
Ir de compras.	☐	☐	☐	Hacer ejercicio al aire libre.	☐	☐	☐
Jugar a videojuegos.	☐	☐	☐	Socializar en las redes sociales.	☐	☐	☐
Ir al gimnasio.	☐	☐	☐	Ir a clases de yoga.	☐	☐	☐

5 Observa las fotos. ¿Qué actividades crees que le proponen Leo, Tere y Carla a Hugo para sus tardes libres? Luego visiona el fragmento 03:40 ▶ final, comprueba tus respuestas y completa.

Propuesta de Leo: ....

Propuesta de Tere: ....

Propuesta de Carla: ....

Después del video

6 **En parejas** Lee el siguiente diálogo del video, fíjate en las expresiones resaltadas y escríbelas al lado de su significado.

Hugo: Tres, cuatro, cinco... ¡Ay, no! ¡Si **sacas un tres**, puedes comerme!
Tere: ¡Sííííí! **¡Te comeré!** Pásame el dado. ¡**Voy a por ti**, Hugo!
Hugo: ¡Siempre **juegas a ganar**, Tere!
Leo: ¿Ella? ¡Siempre! ¡Tere odia perder!

1. Poner el objetivo en alguien para ganarle: ....
2. Jugar con la finalidad de ser el número uno: ....
3. Obtener un resultado: ....
4. Quitarle una ficha a otro jugador en el parchís: ....

7 **En parejas** Lee la siguiente frase de Hugo y responde:

"Chicos, les quiero preguntar algo: este semestre no tengo ninguna clase por la tarde...".

1. ¿Qué forma utiliza Hugo para dirigirse a sus amigos, *ustedes* o *vosotros*?
2. ¿En qué país de habla hispana se usan los pronombres *vosotros/as*?

8 **En parejas** ¿Te gustan los juegos de mesa? ¿Es habitual jugar en tu comunidad? ¿Con quién se juega? ¿En qué época del año se juega más?

9 **Todo el grupo** Elige el juego de mesa que más te gusta y explica brevemente cómo se juega.

Evaluación

1 Lee el vocabulario relacionado con las actividades cotidianas y de ocio y clasifícalo en la columna adecuada.

Hacer las compras. | Practicar deporte. | Tocar un instrumento. | Cocinar. | Ir de compras. | Leer una novela. | Limpiar la casa. | Ir al gimnasio. | Visitar un museo. | Lavar los platos.

Actividades cotidianas	Actividades de ocio

2 Escribe el verbo adecuado debajo de cada imagen.

hacer | dar | ir | visitar | tocar | ver

1. .... la guitarra.

2. .... las compras.

3. .... una película.

4. .... un museo.

5. .... de compras.

6. .... un paseo.

3 Ordena las siguientes formas adverbiales según su frecuencia de más a menos.

a menudo | todos los días/siempre | nunca | a veces | casi nunca

1. .... 2. .... 3. .... 4. .... 5. ....

4 Piensa en una actividad de ocio y tiempo libre que haces…

- todos los días/siempre: ....
- a menudo: ....
- casi nunca: ....
- nunca: ....

5

Escribe los siguientes verbos en presente de indicativo y contesta a las preguntas. Puedes escribir la persona *vosotros/as* si quieres practicarla.

Ir	Pensar	Hablar	Contar

1. ¿Qué verbo es regular? ....
2. ¿Qué verbo tiene una conjugación completamente irregular? ....
3. ¿Qué verbo tiene la irregularidad *-e* › *-ie*? ....
4. ¿Qué verbo tiene la irregularidad *-o* › *-ue*? ....

6

[6]

En sus vacaciones, Óscar hace todos los días lo mismo y en el mismo orden. Escucha con atención y ordena las actividades.

7

Después de trabajar con esta unidad, valora tus conocimientos en español sobre los siguientes puntos.

	Bien	Regular	Mal
1. Actividades de ocio y tiempo libre.	☐	☐	☐
2. Adverbios de frecuencia.	☐	☐	☐
3. Presente de indicativo irregular.	☐	☐	☐
4. Valorar, hablar de gustos y preferencias.	☐	☐	☐
5. Pedir y dar información sobre los motivos y razones para hacer algo.	☐	☐	☐

8

Completa la información sobre el movimiento por la calma.

1. ¿Dónde y cuándo surge este movimiento? ....
2. ¿Qué propone Carlo Petrini? ....
   ....
3. Escribe tres actividades propias del vivir despacio. ....
4. ¿En qué consiste la regla de los 7 días? ....
   ....

Unidad

2 Estamos de fiesta

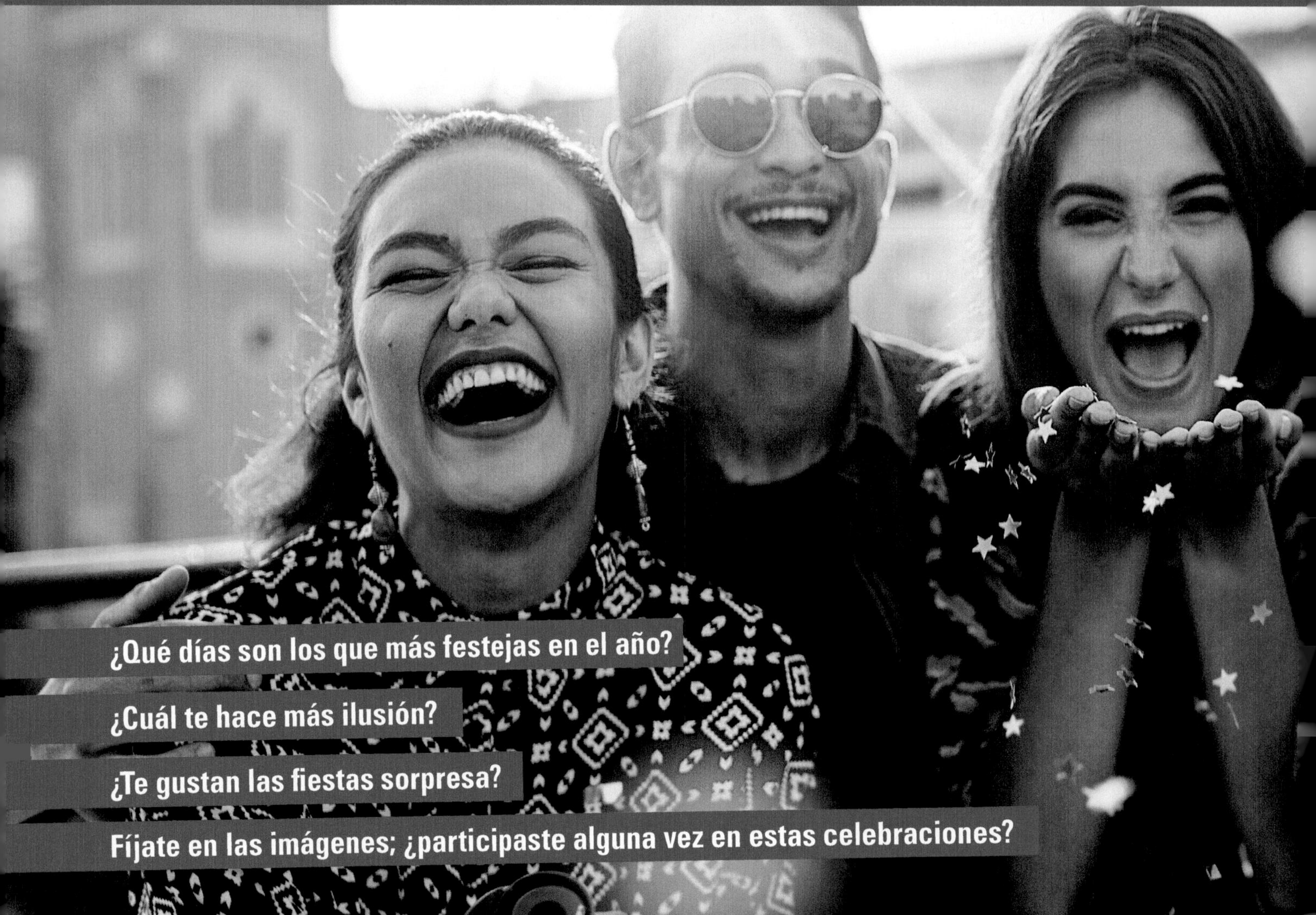

¿Qué días son los que más festejas en el año?

¿Cuál te hace más ilusión?

¿Te gustan las fiestas sorpresa?

Fíjate en las imágenes; ¿participaste alguna vez en estas celebraciones?

En esta unidad vas a. . .

- Hacer comparaciones
- Formular buenos deseos
- Proponer planes y hacer sugerencias
- Expresar acuerdo y desacuerdo
- Conocer el Día de Muertos y su significado

¿Qué sabes?

1 **En parejas** Observa los alimentos de la pirámide. ¿Puedes completar sus nombres?

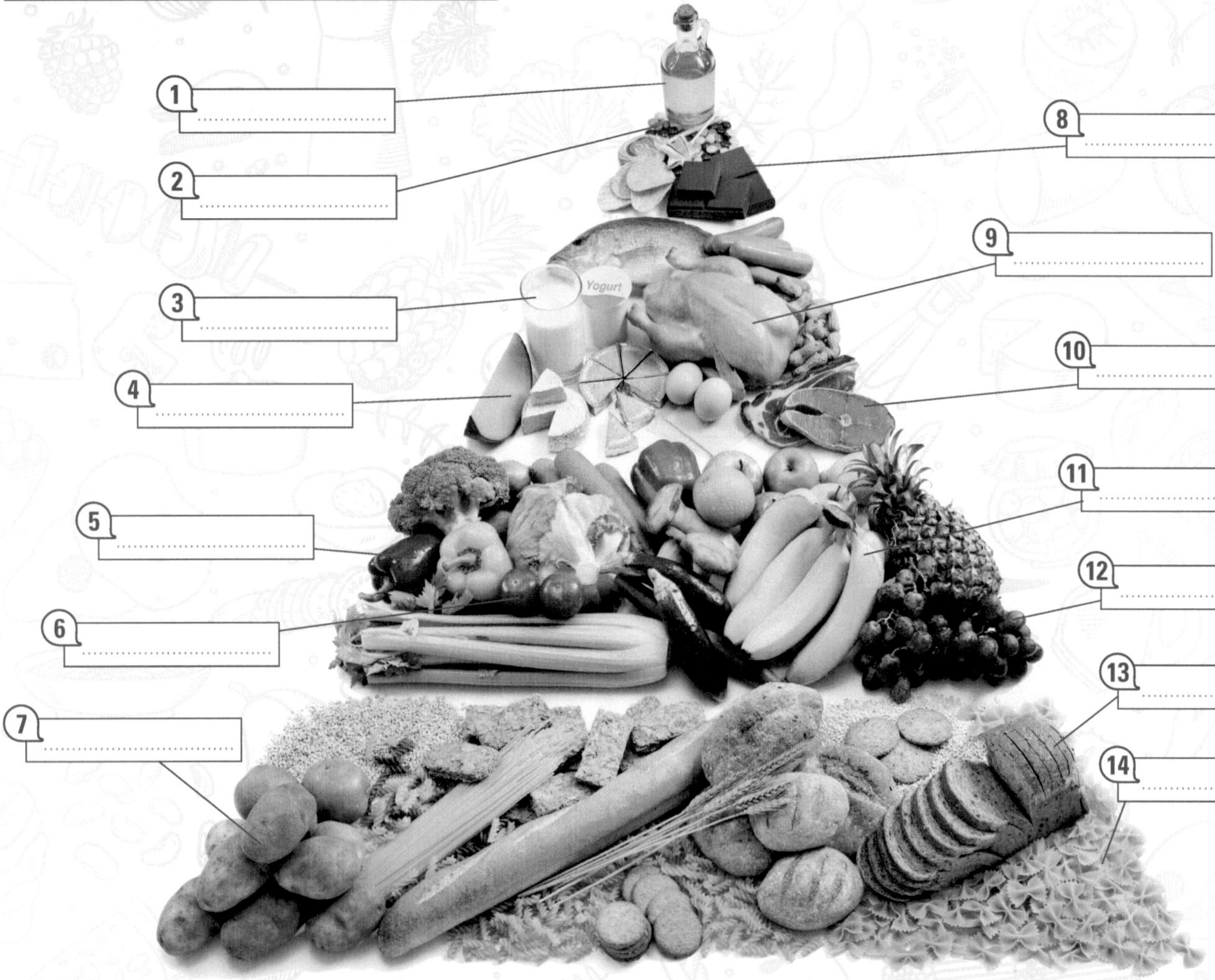

2 **Todo el grupo** Comparte con tus compañeros/as los nombres de todos los alimentos que conoces de la actividad anterior.

3 **En grupos pequeños** ¿Con qué alimentos de los anteriores crees que se puede hacer una torta de cumpleaños?

LÉXICO

Latinoamérica › torta : *La **torta** de boda tiene cuatro enormes pisos.*
Honduras › queque : *Eliminar galletas dulces, **queques**...*
España › tarta : *De postre, una **tarta** de almendras excelente.*

4 **En parejas** ¿Cómo te gusta festejar tu cumpleaños? Fíjate en lo que te proponemos, compara ambas opciones y elige una en cada caso. Trabaja con tu compañero/a y defiende tus elecciones.

1. ¿Fiesta normal o sorpresa?

   (+) más (-) menos (=) igual

   Ejemplo:
   Me gustan más las fiestas normales que las fiestas sorpresa porque soy tímido.

2. ¿En casa o fuera?

   (+) más (-) menos (=) igual

3. ¿Torta de chocolate o de manzana?

   (+) más (-) menos (=) igual

4. ¿Regalos o tarjetas regalo?

   (+) más (-) menos (=) igual

5. ¿Muchos invitados o pocos?

   (+) más (-) menos (=) igual

5 Marca, entre las palabras que hay a continuación, las que tienen relación con el tema de las fiestas y las celebraciones.

☐ globos	☐ invitación	☐ felicitación	☐ preparativo	☐ tarjeta	☐ personaje
☐ sorpresa	☐ escenario	☐ protagonista	☐ regalo	☐ ceremonia	☐ baile

6 **Todo el grupo** ¿Qué crees que necesitas aprender o repasar para poder hablar mejor sobre este tema? ¿Coincides con tus compañeros/as?

Palabras

1 **En parejas** Con tu compañero/a, clasifica las palabras debajo de su imagen correspondiente. ¿Sabes el nombre de otros alimentos que aparecen en las fotografías?

1. cebolla	5. arroz	9. torta	13. banana
2. espagueti	6. yogur	10. naranja	14. queso
3. manzana	7. zanahoria	11. ajo	15. helado
4. tomate	8. papa	12. lechuga	16. botana

A

B

C

D

E

F

1.1 **En parejas** Relaciona las imágenes anteriores con las siguientes palabras. ¿Cuál de ellas no se puede clasificar en ninguna categoría? ¿Por qué? Justifica tu respuesta.

☐ verdura ☐ fruta ☐ dulces ☐ lácteos ☐ pasta y legumbres

1.2 **Todo el grupo** De los alimentos anteriores, ¿cuáles son tus preferidos? ¿Cuáles comes con más frecuencia y cuáles con menos?

LÉXICO

Latinoamérica e islas Canarias (España) › papas : *Rosa aparece con el plato del día: huevos estrellados, bistec,* ***papas*** *francesas, chiles jalapeños y frijoles refritos.*

España › patata : *Tenemos el tiempo justo para comprar de camino pollo y* ***patatas*** *fritas.*

Latinoamérica y España › tomate : *En la cafetería de la prensa se sirven ensaladas de* ***tomate*** *y* mozzarella *con albahaca y aceite de oliva.*

México › jitomate : *Pique finamente los* ***jitomates****, la cebolla y dos dientes de ajo y fríalos en aceite caliente.*

Latinoamérica › chile, pimiento, ají : *Ellos comen con hambre albóndigas de liebre, carne con* ***chile*** *y papas, frijoles y tortillas de trigo.*

España › pimiento : *Basilio te prepara una cesta de tomates,* ***pimientos*** *y hortalizas.*

Fíjate:
En español hay muchos nombres para la variedades del fruto del plátano. Los más comunes son *plátano* y *banana*. El plátano es más chico, dulce y curvo, mientras que la banana es más grande y no tan dulce.

2 **En parejas** En cada grupo de palabras hay dos intrusos. Descúbrelos. Luego compara con tu compañero/a.

Bebidas		
con/sin alcohol	cerveza	con/sin hielo
con/sin gas	refresco	agua (mineral)
champán	cuchara	servilleta

Utensilios		
botella	cuchillo	tenedor
plato	taza	infusión
vaso	jugo	copa

2.1 **Todo el grupo** ¿Qué alimentos y bebidas de las actividades 1 y 2 relacionas con algún tipo de celebración u ocasión especial?

3 **En parejas** Observa las imágenes. ¿Sabes cómo se llaman estas celebraciones? Escribe sus nombres y luego compara con tu compañero/a.

1 ______

2 ______

3 ______

3.1 **En grupos pequeños** Fíjate ahora en las siguientes expresiones y clasifícalas en su celebración correspondiente. ¿En qué situaciones se pueden usar las expresiones que no puedes clasificar en estos contextos? Comparte los resultados con tus compañeros/as. ¿Coinciden?

	Cumpleaños	Graduación	Boda	Otras situaciones:
¡Chévere!	☐	☐	☐	....
¡(Muchas) Felicidades!	☐	☐	☐	....
¡(Mis) Felicitaciones!	☐	☐	☐	....
¡Feliz cumpleaños!	☐	☐	☐	....
¡Felices fiestas!	☐	☐	☐	....
¡(Buena/Mucha) Suerte!	☐	☐	☐	....
¡Buen viaje!	☐	☐	☐	....
¡Felices vacaciones!	☐	☐	☐	....
¡Buen provecho! ¡Que aproveche!	☐	☐	☐	....

> LÉXICO
> España › enhorabuena: *¡Enhorabuena, Alfredo! El rodaje está siendo un éxito.*

3.2 [7] Escucha y relaciona cada diálogo con una celebración.

	Cumpleaños	Graduación	Boda
Diálogo 1	☐	☐	☐
Diálogo 2	☐	☐	☐
Diálogo 3	☐	☐	☐

3.3 [7] Escucha de nuevo y señala cuáles de las expresiones de 3.1 se usaron y si se corresponden con la celebración que marcaste previamente.

3.4 **Todo el grupo** ¿Cómo se felicita en tu idioma? ¿Cómo se desea suerte o se desea buen viaje? ¿Se parecen las expresiones a las que se usan en español?

Gramática

1 Comparativos

Cuando **comparamos** algo, podemos establecer tres grados:

- De **superioridad** (+) › *más... que*: *Laura es **más** morena **que** tú.*
- De **inferioridad** (-) › *menos... que*: *Hoy hay **menos** gente **que** ayer.*
- De **igualdad** (=) ›
  - *tan* + adjetivo + *como*: *Javi es **tan** alto **como** yo.*
  - *tanto/a/os/as* + nombre + *como*:
    *Hoy hace **tanto** calor **como** ayer.*
    *Tienen **tanta** hambre **como** yo.*
    *Sara no tiene **tantos** libros **como** Julia.*
    *Tengo **tantas** amigas **como** amigos.*
  - verbo + *tanto* + *como*:
    *Mario gana **tanto como** yo.*

Hay cuatro comparativos de superioridad irregulares:

- + bueno/a › *mejor*: *Esta canción es **mejor** que la anterior.*
- + malo/a › *peor*: *Hoy el tiempo está **peor** que ayer.*
- + edad, + grande › *mayor*: *Mi mamá es **mayor** que la tuya.*
- - edad, + pequeño/a › *menor*: *David es un año **menor** que nosotras.*

Fíjate:
Los comparativos *mayor* y *menor* se usan para referirse a la edad. Para comparar tamaños es más habitual usar *más grande/ más pequeño(a)*:
*Tu departamento es **más grande** que el de Juan, sin duda.*

1.1 **En parejas** Tres de estos estudiantes escribieron textos para practicar la comparación. Subraya las expresiones que usan para ello y señala quiénes fueron.

1. ....
Yo soy menos alto que Alberto. Yo soy menos alto que Alberto, pero más alto que Isabel. Yo estoy tan delgado como Alberto y tengo el pelo un poco más largo que él. Alberto tiene más barba que yo. Yo tengo muy poca.

2. ....
Linda tiene el pelo más claro que yo pero menos que David. Mis tenis son tan claros como los de Linda. Yo soy menos alta que Lucas, pero un poco más que Linda. Lucas es tan alto como David. Mi ropa es tan clara como la de Alberto.

3. ....
Isabel tiene el pelo tan rizado como Alberto. Yo lo tengo mucho menos rizado que ellos. Llevo una playera más clara que la de David. Mi playera es tan clara como la de Lucas. Soy la menos alta del grupo.

1.2 **Todo el grupo** Piensa en un/a compañero/a de la clase y escribe tres frases en tu cuaderno comparándolo/la con otros. Los demás tienen que adivinar de quién se trata.

1.3 En diez años pueden cambiar muchas cosas. Piensa en tu vida y escribe una redacción de ochenta palabras explicando qué cosas cambiaron y cuáles no. Usa *más... que*, *menos... que* y *tan... como*.

Ejemplo: *Ahora soy más tranquila que antes y tengo menos amigos que hace diez años, pero son mejores. Eso sí, ahora estudio tanto como entonces...*

2 Contraste *ser* y *estar*

Usamos el verbo *ser* para hablar de las **características** que definen a las personas, las cosas y los lugares. Con el verbo *ser*:

- **Identificamos:**
  *David **es** mi profesor.* *Mi chamarra **es** la azul.*
- **Describimos** personas, cosas y lugares:
  ***Eres** muy alta.*
  *La mesa **es** redonda y **es** de madera.*
- Describimos el **carácter** de las personas y la **calidad** de las cosas:
  ***Son** muchachos inteligentes y serios.*
  *Ese filme **es** muy bueno.*
- Expresamos la **nacionalidad** y el **origen**:
  ***Soy** chileno, **soy** de Santiago.*
  *El ceviche **es** peruano.*
- Decimos la **profesión** y la **ocupación**:
  ▶ *Yo **soy** veterinaria, ¿tú qué **eres**?*
  ▷ ***Soy** estudiante.*
- Hablamos de las **relaciones personales** y de **pertenencia**:
  *Juan **es** mi primo y Ana y yo **somos** amigos.*
  *Este libro **es** de Raúl.*

Usamos el verbo *estar* para hablar de **características temporales** o que se refieren a un estado. Con el verbo *estar* hablamos de:

- Estados **físicos**:
  *No **estoy** enfermo, **estoy** cansado.*
- Estados **de ánimo**:
  *Marta **está** muy contenta y Javi **está** nervioso.*
- Estado o situación **provisional**:
  ***Estoy** de vacaciones.*
- **Ubicación** y **posición**:
  *Juan **está** parado, **está** a la derecha de Luis.*
- El **resultado** de una **acción**:
  *La puerta **está** cerrada.*

Fíjate:
Con algunos adjetivos, es posible usar *ser* o *estar*:
*El carro **es** nuevo./El carro **está** nuevo.*
(Con el verbo *estar*, el carro en realidad no es nuevo, solo lo parece).

2.1 [8] **Escucha estos tres diálogos, fíjate en las imágenes y señala de qué persona, de qué carro y de qué sala hablan. Argumenta tu elección.**

Diálogo 1 A B C

A

B

C

Diálogo 2 A B C

A

B

C

Diálogo 3 A B C

A

B

C

2.2 **Todo el grupo** Piensa en algo que usas todos los días, cómo es y dónde está en este momento. Tus compañeros/as te hacen preguntas con *ser* y *estar* para adivinar de qué se trata.

Practica en contexto

1 Muy pronto es el cumpleaños de tu profesor/a de español y, con tus compañeros/as, vas a organizarle una fiesta sorpresa. Lee este texto con ideas para la fiesta.

Una fiesta sorpresa siempre es una buena idea cuando queremos demostrarle a alguien que es especial para nosotros, pero es necesario organizarla muy bien para sorprender al protagonista de la celebración y a los invitados.

¿Qué tipo de fiesta?

Una fiesta temática siempre resulta mucho más divertida y original. Nomás hay que elegir bien un tema relacionado con la persona a quien está dedicada la fiesta. Por ejemplo, si se trata de una profesora de Historia, todos los invitados pueden vestirse de personajes históricos y, también, es posible decorar el espacio donde pensamos festejarla con motivos históricos.

¿Qué decoración?

Podemos decorar el espacio de la fiesta con muchas cosas: globos, guirnaldas, etc. Una buena idea es utilizar fotografías del protagonista, de diferentes momentos de su vida, y formar con ellas su nombre o, si se trata de un cumpleaños, su edad. También se puede formar el nombre o la edad con globos o banderines.

¿Hacemos un *photocall*?

También puede ser muy divertido montar un *photocall* en un rincón y tomar en él fotografías a todos los invitados con el protagonista de la fiesta. También es buena idea levantar un pequeño escenario desde donde los invitados pueden dedicarle unas palabras al homenajeado y, por qué no, cantarle alguna canción.

Expresar la opinión

- **Para mí...**
  Para mí, este plato es mejor que el que cenamos ayer.
- **Creo, pienso + que**
  Creo que es una buena idea.
  Pienso que los globos son más lindos que las guirnaldas.
- ***Me parece* + *que* + verbo/adjetivo/adverbio de valoración**
  Me parece que no hay clase.
  Me parece bien lo que dices.

Recuerda:
El verbo ***pensar*** es irregular, cambia la ***e*** del infinitivo por ***ie***: *p**ie**nso, p**ie**nsas, p**ie**nsa, pensamos, pensáis, p**ie**nsan.*

1.1 **En parejas** Compara las distintas opciones con tu compañero/a y haz propuestas para la fiesta. Fíjate en el ejemplo. Añade, al menos, una idea nueva a las ya dadas y toma notas de las ideas.

¿Tema de la fiesta?
¿Decoración con fotos, globos...?
¿*Photocall* o escenario?
¿Botanas o cena formal?
¿Música personalizada o festiva?
¿Regalo colectivo o individual?

Yo creo que un escenario es mucho más divertido que un *photocall* porque podemos conversar, contar chistes, cantar...

....

....

....

....

....

¿Botanas o cena?

Debemos decidir si queremos hacer una fiesta con botanas y sándwiches y los invitados parados, o si preferimos hacer una cena formal, con una gran mesa y los invitados sentados.

¿Qué música?

Otro aspecto importante en cualquier fiesta es la música: ¿elegimos un tipo de música especial para la persona festejada o simplemente música festiva para crear un ambiente alegre y hacer bailar a la gente?

¿Qué regalo?

Y, por último, no hay que olvidar el regalo. ¿Queremos hacer un gran regalo colectivo entre todos los invitados o preferimos hacer pequeños regalos individuales?

1.2 **Todo el grupo** Presenta al resto de la clase tus propuestas y opina y reacciona expresando acuerdo o desacuerdo con las de tus compañeros/as.

1.3 **Todo el grupo** Después de discutirlo con la clase, ¿cuál va a ser el tema de la fiesta?

1.4 **Todo el grupo** Tomando en cuenta el tema de la fiesta, señala las demás opciones elegidas.

- ☐ decoración con fotos / ☐ con globos
- ☐ *photocall* / ☐ escenario
- ☐ regalo colectivo / ☐ individual
- ☐ cena / ☐ botanas
- ☐ música festiva / ☐ personalizada
- ☐ Otro: ....

1.5 **Todo el grupo** Vamos a organizar los últimos detalles. Por ejemplo, ¿qué comidas y bebidas va a haber? ¿Y qué regalo o regalos va a recibir el/la profesor/a? ¿Quién se encarga de cada cosa? Distribuyan las tareas entre todos.

Hacer propuestas o sugerir planes

- Vamos a...
  Vamos a hacer la fiesta con muchos globos.
- ¿Por qué no...?
  ¿Por qué no hacemos un regalo colectivo?
- ¿Qué tal si...?
  ¿Qué tal si ponemos botanas variadas?
- Lo mejor es..., ¿estás de acuerdo conmigo?
  Lo mejor es contratar un cáterin, ¿estás de acuerdo conmigo?

Expresar acuerdo

- Sale/Dale/Buena idea/Estoy de acuerdo. Yo también creo...
  Dale. Nosotros también creemos que los globos son muy lindos y decoran mucho.
- Para mí también/tampoco...
  Para mí también las botanas son la mejor opción. Es más barato.

Expresar desacuerdo

- (Pues) (Yo) No estoy de acuerdo contigo/con ustedes/con...
- Cuando se expresa desacuerdo con una propuesta o sugerencia, es frecuente dar una alternativa:
  Yo no estoy de acuerdo con ustedes. Es mejor llevar unos sándwiches hechos de casa.

2 Imagina que estos son algunos de los invitados a la fiesta. Primero, lee las fichas con su información personal y complétalas con *ser* o *estar*.

Lara

[1] .... estudiante de Veterinaria, también [2] .... vegetariana y animalista. No [3] .... de acuerdo con los espectáculos que utilizan animales. A Lara le molesta la gente que usa el celular cuando [4] .... con alguien. Lara [5] .... muy poco habladora.

Serge

[1] .... monitor de tenis y [2] .... estudiando chino en la universidad. [3] .... el más joven de todos. Serge [4] .... simpático, hablador y divertido. Le encantan las películas de terror, los animales y chatear con los amigos. [5] .... adicto al celular.

Joseph

[1] .... hermano de Susan. [2] .... músico, tiene un grupo de rap. Además de curioso, Joseph [3] .... un muchacho muy nervioso y chistoso, también [4] .... amante de los animales y del fútbol.

Eva

[1] .... estudiante de Arquitectura. Le interesan el arte, la música clásica y la literatura. Eva [2] .... una muchacha sociable y divertida, le gusta [3] .... en casa con los amigos y ver series en la tele, sobre todo si [4] .... de terror.

2.1 **Todo el grupo** Comprueba con tus compañeros/as tus respuestas y, si es necesario, corrígelas.

2.2 **En parejas** Decide cuál es la mejor colocación de los invitados en esta mesa. Pon atención a sus afinidades y diferencias.

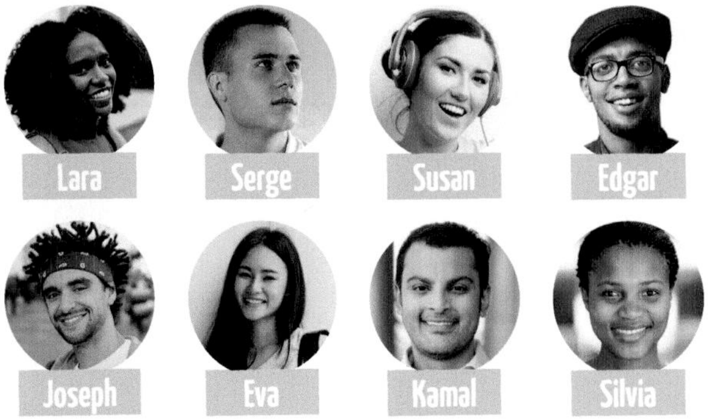

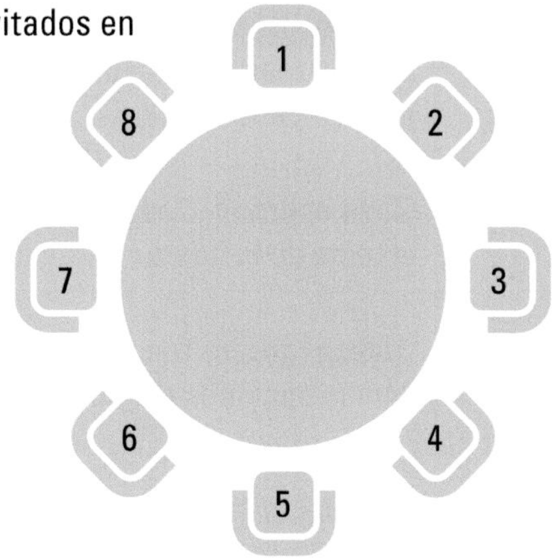

Contrargumentar o puntualizar

- Sí, (es verdad,) pero...
  - ▶ *Es una novela muy interesante.*
  - ▷ *Sí, (es verdad,) pero demasiado larga.*
- Sí, (estoy de acuerdo,) pero...
  - ▶ *Es un auto muy caro.*
  - ▷ *Sí, (estoy de acuerdo,) pero es más seguro que la mayoría.*

2.3 **Todo el grupo** Cuenta al resto de la clase cómo colocaste a los invitados. Explica detalladamente tus razones.

Edgar está en la silla 1, entre Joseph y Eva. Creo que Joseph y Edgar están bien juntos porque a los dos les gustan los animales y el rap.

Susan

[1] .... hermana de Joseph. Hoy [2] .... enojada con él porque [3] .... demasiado curioso y siempre lee su diario cuando ella no [4] .... en casa. Susan [5] .... muy habladora y [6] .... muy interesada en los deportes, sobre todo en el tenis y en el fútbol. Le encanta salir con amigos y bailar.

Edgar

[1] .... fotógrafo y [2] .... de vacaciones en la ciudad. [3] .... tímido y poco hablador. Edgar [4] .... muy interesado en Eva. Para él, Eva [5] .... una mujer muy interesante y simpática. Le gustan los animales y también el rap.

Kamal

[1] .... indio, [2] .... el novio de Silvia. Hoy [3] .... contento porque tiene entradas para ir a un concierto. [4] .... muy aficionado a la música clásica, también le gusta leer. No le gusta nada el fútbol ni tampoco salir a bailar.

Silvia

[1] .... la novia de Kamal. Ella [2] .... de un pueblo de Inglaterra. [3] .... una muchacha muy tranquila y seria, no le gustan nada las bromas. Silvia [4] .... pianista. Le encanta el fútbol y también le gustan las series de terror.

2.4 **Todo el grupo** ¿Coincides con tus compañeros/as en la colocación de los invitados? Y tú, ¿entre qué dos invitados prefieres estar? ¿Por qué?

2.5 **En parejas** Lee las felicitaciones que escribieron estos invitados y corrige los errores. Recuerda que son estudiantes de español y que se trata de una fiesta de cumpleaños.

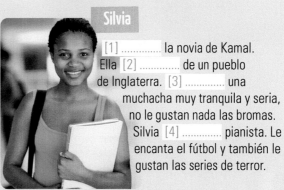

¡Feliz cumpleaños, profesor/a, soy muy contento de estar su alumno!
Serge

Un año más... Ahora usted es un poco más mayor, pero todavía está muy bien. ¡Felicidades!
Lara

¡Buen provecho! Usted está una persona increíble. Gracias.
Edgar

Feliz cumpleaños y muchas gracias, porque aprendo con usted más que con otros profesores.
Eva

¡Mis felicitaciones! Está mi profesor/a favorito/a.
Kamal

Felices fiestas, profe. Perdone mi español, usted ya sabe que estudio menos de los otros...
Silvia

¡Buena suerte, profe! Ahora es tan viejo que yo. Ja, ja, ja...
Joseph

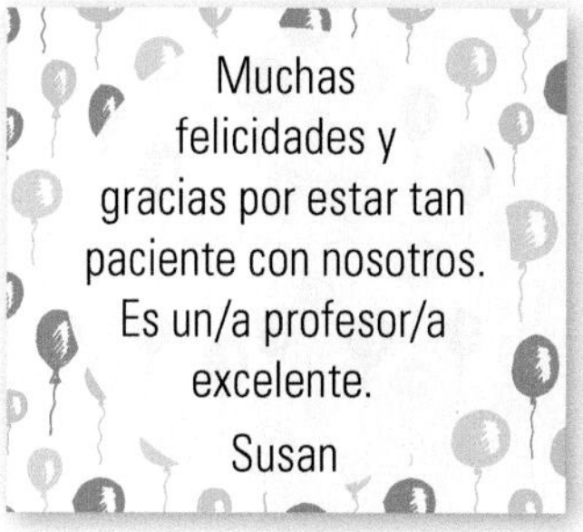
Muchas felicidades y gracias por estar tan paciente con nosotros. Es un/a profesor/a excelente.
Susan

2.6 **Todo el grupo** Por último, diseñen una gran tarjeta de felicitación para su profesor/a. Las felicitaciones de la actividad anterior les pueden servir de modelo.

FESTEJAR *la* MUERTE

1 Lee el siguiente texto sobre el Día de Muertos en México. Puedes usar el diccionario si lo necesitas.

El Día de Muertos es una fiesta mexicana de fama mundial que se celebra cada año los días 1 y 2 de noviembre. La Unesco declaró esta fiesta Patrimonio Inmaterial de la Humanidad en 2003.

Varios países celebran fiestas y ceremonias en honor a los difuntos. Entonces, ¿qué tiene esa celebración en México que la hace tan singular? En realidad, es la alegría con la que se festeja. Porque el 2 de noviembre no se recuerda con tristeza a los seres queridos que ya no están, como ocurre en otros países, sino que se espera su visita con ilusión. Ese día los muertos regresan para encontrarse con los vivos y todo tiene que estar preparado y adornado para esa visita tan esperada.

Esta creencia es de origen prehispánico y nos muestra la relación tan cercana que el pueblo mexicano tiene con la muerte. Para los pueblos mesoamericanos los restos de huesos son la semilla de la vida que regresa. Se trata de una concepción cósmica de la existencia. Así lo explica el mexicano Octavio Paz, escritor y ensayista, nobel de Literatura y gran referente en la cultura mexicana contemporánea, cuando explica el sentido de la vida de la cultura azteca en su ensayo *El laberinto de la soledad* (1950):

> "La vida se prolonga en la muerte. Y a la inversa. La muerte no es el fin natural de la vida, sino fase de un ciclo infinito. Vida, muerte y resurrección son estadios de un proceso cósmico, que se repite insaciable".

Durante esos dos días, las calaveras son las protagonistas: en los balcones y calles puedes encontrar a la famosa Catrina (un esqueleto de mujer elegantemente vestido), se comen calaveritas de azúcar, se escriben calaveritas literarias... Todo huele a cempasúchil, la característica flor anaranjada que adorna estos días todo México, y se hacen guirnaldas de papel para adornar calles y altares.

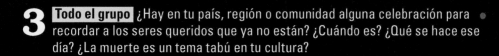

2 **En grupos pequeños** Busca información de otros países de América Latina donde se celebra una fiesta similar a la mexicana. Explica a tus compañeros/as qué día es y cómo se celebra.

3 **Todo el grupo** ¿Hay en tu país, región o comunidad alguna celebración para recordar a los seres queridos que ya no están? ¿Cuándo es? ¿Qué se hace ese día? ¿La muerte es un tema tabú en tu cultura?

HOSTAL Babel

Lo importante es la tarta

Antes del video

1 **Todo el grupo** Los amigos del hostal Babel están preparando una fiesta sorpresa para Bea. Fíjate en el título del episodio: ¿por qué se usa la palabra *tarta* en lugar de *torta*? ¿Recuerdas dónde está el hostal Babel?

1.1 **En parejas** ¿Cuáles de estas cosas crees que necesitarán para la fiesta?

- [ ] guirnaldas
- [ ] globos
- [ ] torta
- [ ] infusión
- [ ] ajo
- [ ] sándwiches
- [ ] cebolla
- [ ] platos desechables
- [ ] zanahoria
- [ ] refrescos

Durante el video

2 ¿Por qué le hacen una fiesta a Bea? Señala uno de los tres motivos y luego visiona el fragmento 00:30 ▶ 00:56 para comprobar la respuesta.

1. [ ] Porque se va a casar.
2. [ ] Por su cumpleaños.
3. [ ] Porque va a tener un hijo.

3 Los personajes van a comprar lo que necesitan para la fiesta. ¿Qué crees que va a comprar cada uno? Relaciona cada imagen con uno de estos personajes: Tere, Leo, Carla o Hugo.

1 ....

2 ....

3 ....

4 ....

5 ....

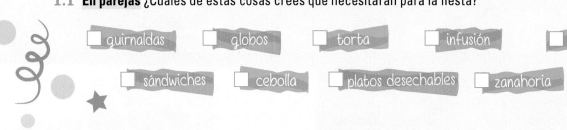

6 ....

4 Visiona ahora el fragmento 00:57 ▷ 03:50 y comprueba si acertaste.

5 **Todo el grupo** Visiona el último fragmento 03:27 ▷ final y escribe por qué Leo le dice a Hugo que va a ser la alegría de la fiesta y en qué tono se lo dice. Luego compara con tus compañeros/as. ¿Están de acuerdo?

....

....

Después del video

6 **En parejas** Hugo y Leo usan palabras diferentes para referirse a la bebida de la imagen. ¿Qué palabra usa cada uno y por qué lo dicen de distinta manera?

a. Hugo: ....

b. Leo: ....

7 En muchas culturas, cuando dos conocidos platican, no existe ningún tipo de contacto físico, pues se considera poco respetuoso o agresivo. ¿Piensas que es así en la cultura hispana?

7.1 Visiona de nuevo el fragmento 01:55 ▷ 02:05. ¿En tu cultura los gestos de Hugo y de Leo son normales entre amigos o pueden parecer inapropiados?

8 Leo hace dos veces este gesto con el dedo (en 01:39 y 03:37). ¿Crees que en los dos casos expresa lo mismo? Explícalo.

9 Al comienzo del video, Hugo pregunta la edad de Bea y Tere le responde que eso no se pregunta (fragmento 01:08 ▷ 01:21). ¿En tu país es igual?

10 ¿Alguna vez te hicieron una fiesta sorpresa o participaste en una? ¿Cómo fue? Cuéntaselo a tus compañeros/as.

Evaluación

1 Completa las palabras con las vocales que faltan.

Q........S....

C....B....LL....

M....NZ....N....

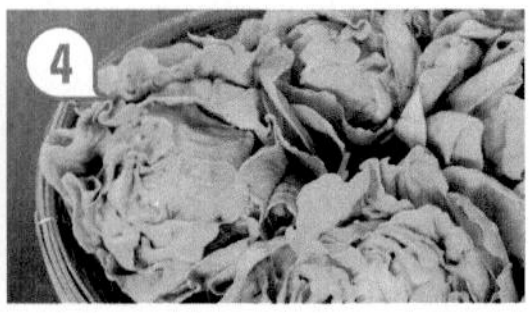

L....CH....G....

H....L....D....

....RR....Z

Z....N....H....R........

P....N

2 Relaciona el nombre de cada utensilio con su significado.

1. plato	a. Solemos usarla para tomar café o té.
2. taza	b. Es donde servimos las bebidas como el agua.
3. tenedor	c. Puede ser de tela o de papel y la usamos para limpiarnos cuando comemos.
4. cuchillo	d. Normalmente es redondo y lo usamos para servir los alimentos.
5. botella	e. Es un recipiente que sirve para contener líquidos y bebidas.
6. vaso	f. En este objeto se sirven bebidas como el vino o el champán y también algunos helados.
7. copa	g. La usamos para tomar alimentos líquidos y llevarlos a la boca.
8. servilleta	h. Instrumento que utilizamos para comer alimentos sólidos sin tocarlos con las manos.
9. cuchara	i. Objeto que usamos para cortar alimentos como la carne o la fruta.

3 ¿Qué solemos decir en español cuando queremos expresar un buen deseo en estas situaciones?

1. A alguien que está comiendo. ....
2. A alguien que se casa. ....
3. En Navidad. ....
4. A alguien que se va de viaje. ....
5. A alguien que va a tomar un examen. ....
6. A alguien que se va de vacaciones. ....

4 [9] Escucha los diálogos y completa con ejemplos.

Formas usadas para...	Ejemplos
expresar la opinión	
hacer propuestas y sugerir planes	
expresar acuerdo	
expresar desacuerdo	
contrargumentar o puntualizar	

5 Observa la imagen y escribe una redacción respondiendo a las preguntas que tienes a continuación.

- ¿Cómo es la sala?
- ¿Qué cosas hay en ella?
- ¿Cómo son?
- ¿Dónde están?
- ¿Quiénes son las personas?
- ¿Cómo son?
- ¿Dónde están?
- ¿Cómo están?

6 Haz comparaciones usando *ser* o *estar* con los adjetivos propuestos. Fíjate en el ejemplo.

Ejemplo: *rubio/a* › *La niña es* ***más*** *rubia* ***que*** *el niño.*

1

joven ⊖ ....

2

enfermo/a ⊜ ....

3

grande ⊕ ....

4

moderno/a ⊖ ....

5

enojado/a ⊕ ....

6

sucio/a ⊖ ....

7

bueno/a ⊕ ....

8

abierto/a ⊖ ....

9

cansado/a ⊜ ....

7 Marca si estas informaciones son verdaderas o falsas.

1. El Día de Muertos es una fiesta reconocida por la Unesco como un bien cultural. .... V F
2. En este día los disfraces son los protagonistas. .... V F
3. El cempasúchil es una flor de color blanco que adorna calles y altares. .... V F
4. Octavio Paz escribió *El laberinto de la soledad,* una novela sobre los aztecas. .... V F
5. La Catrina es un esqueleto de mujer vestido elegantemente. .... V F
6. En México la muerte no es un tema tabú. .... V F

Unidad

3 Conectamos

¿Qué te sugieren el título de la unidad y la imagen principal?

Fíjate en las otras fotografías; ¿recién hiciste alguna de estas cosas?

¿Qué es lo más interesante que hiciste esta semana?

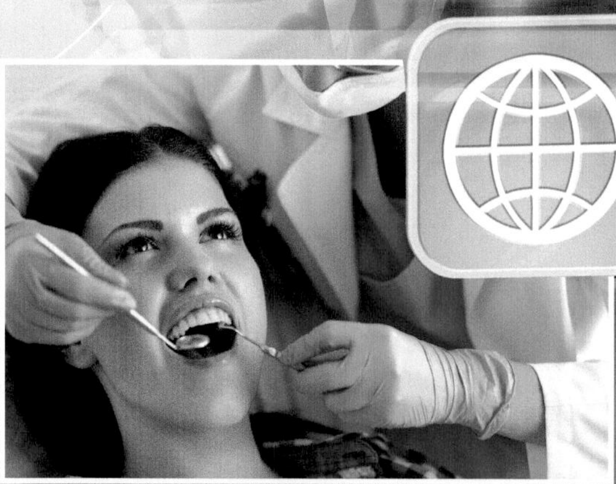

En esta unidad vas a. . .

- Narrar acciones pasadas
- Hablar de experiencias personales
- Expresar la negación de diferentes formas
- Conocer el voluntariado digital

¿Qué sabes?

1 **En parejas** Fíjate en las siguientes imágenes. ¿Sabes cómo se llaman en español estos objetos? Hay dos intrusos. Localízalos y explica por qué lo son.

LÉXICO

Latinoamérica

- computadora, computador: *Flammarie se sentó frente a la* ***computadora****, comenzó su relato.*
- computadora portátil, *laptop*: *La primera* ***computadora portátil*** *fue la Osborne 1. / Viajo siempre con mi* laptop.
- celular: *¿Por qué no me llamaste al* ***celular****?*
- *mouse*: *Dirigió la flecha con el* mouse *al ícono de responder.*

España

- ordenador: *Me instalé ante el* ***ordenador*** *y le di la orden de bajar el correo.*
- portátil: *Gran parte de los usuarios utilizan el* ***portátil*** *siempre conectado a la red eléctrica.*
- móvil: *Si hay algún cambio, avísame por el* ***móvil****.*
- ratón: *Con el* ***ratón*** *del ordenador seleccionó un documento de texto.*

2 **En parejas** Elena y Javi son dos jóvenes españoles que están discutiendo sobre quién depende más de la tecnología. Lee el diálogo y subraya las formas verbales y los marcadores temporales que usan. ¿Se refieren al pasado o al presente?

▶ Vale, Elena, no usas tanto el portátil como yo, es verdad, pero piensa cuántas veces te has conectado a internet esta semana...

▷ No sé, no muchas... Ya te he dicho que yo no uso el ordenador ni el móvil tanto como tú.

▶ ¿Estás segura? Yo te he visto conectada muchas veces últimamente. Has chateado con tu prima de Buenos Aires, hemos navegado por internet durante horas para hacer el trabajo de Historia...

▷ Sí, tienes razón. También he subido a mis redes las fotos del viaje a Bilbao que hicimos la semana pasada...

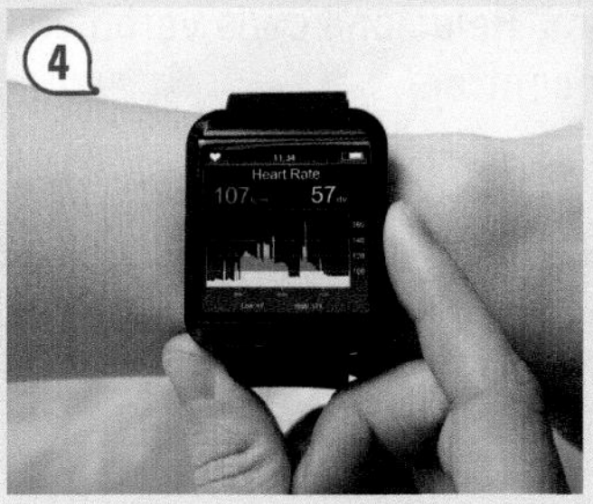

2.1 Lee la información y comprueba tus respuestas anteriores.

Fíjate:

- El **pretérito perfecto** es un tiempo compuesto del pasado que se forma con el presente del verbo auxiliar *haber* y el participio del verbo principal: *he trabajado, has comido, ha vivido, hemos dicho, habéis escrito, han vuelto...*
- Este tiempo verbal se usa en la mayor parte de España para indicar una acción pasada que ocurre en un tiempo presente *(esta mañana, este año, esta semana, hoy...)*:
  *Hoy **ha venido** el profesor y nos **ha dicho** que mañana hay una prueba.*
- En la mayor parte de Latinoamérica, el norte de España y las islas Canarias se usa en estos casos el **pretérito**, el tiempo verbal que ya conoces y que vamos recordar en esta unidad:
  *Hoy **vino** el profesor y nos **dijo** que mañana hay una prueba.*
- El pretérito perfecto también se usa para hablar de **experiencias** vividas o no. En este caso, en Latinoamérica, se usan estos dos tiempos verbales indistintamente:
  *Ya **he visitado/visité** esa reserva natural; es impresionante.*

Distribución Zona

Zona	Freq	Fnorm.[1]
España	368	3,56
México y Centroamérica	57	0,99
Caribe continental	38	1,03
Andina	32	1,37
Antillas	20	0,94
Chilena	16	0,90
Río de la Plata	14	0,33
Guinea Ecuatorial	2	2,22
Estado Unidos	1	0,27

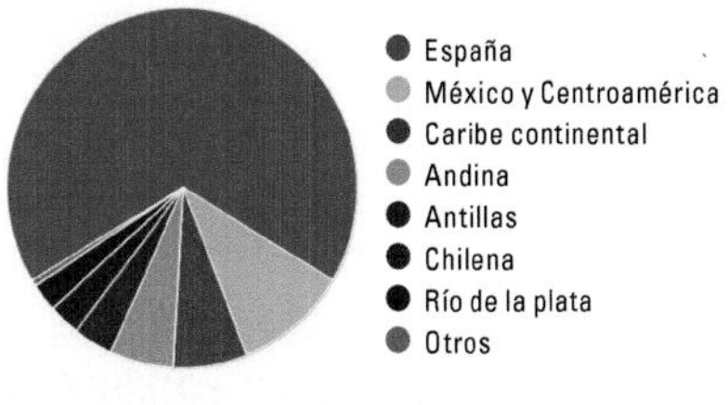

[1] **Freq**: frecuencia conjunta (número total de ocurrencias obtenidas para la consulta realizada).

Fnorm.: frecuencia normalizada (número de ocurrencias de la consulta por cada millón de palabras de la categoría que le corresponde en la distribución).

Muestra de la frecuencia de uso del pretérito perfecto en España y Latinoamérica (CORPES XXI)

2.2 **Todo el grupo** ¿Para qué utilizan Javi y Elena los dipositivos? Y tú, ¿Cuáles utilizas más? ¿Dependes mucho de la tecnología? ¿Cuántas veces te conectaste hoy?

Palabras

1 **En parejas** Relaciona cada verbo con un ícono. ¿Dónde los sueles encontrar?

a. navegar
b. pegar
c. subir, colgar
d. chatear
e. descargar, bajar
f. compartir
g. copiar
h. guardar
i. cortar
j. buscar
k. imprimir
l. borrar

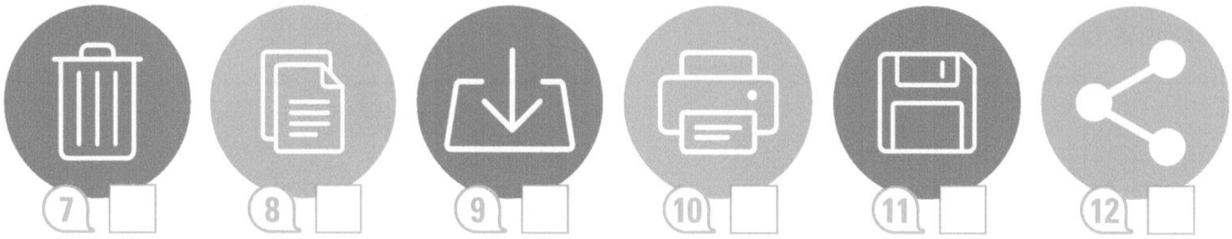

1.1 **En parejas** Forma frases con un elemento de cada columna.

1. Rubén chatea cada día...
2. Para pegar el documento...
3. Si quieres la foto en papel,...
4. Conviene guardar...
5. Busca en el navegador,...
6. Me paso las horas navegando...
7. Luego subimos los videos...
8. Si pagas, puedes descargar...

a. ¿por qué no la imprimes?
b. a menudo para no perder el trabajo.
c. de una página web a otra.
d. con sus amigos de Uruguay.
e. y así los puedes ver.
f. antes debes copiarlo o cortarlo.
g. dos filmes a la semana.
h. seguro que encuentras algo.

1.2 **En parejas** Tomando en cuenta la actividad anterior, escribe las palabras con las que suelen aparecer combinados los siguientes verbos en el contexto de las nuevas tecnologías. Fíjate en el ejemplo. Luego compara con tu compañero/a.

Ejemplo: *chatear* › *con amigos, en las redes*

1. copiar, cortar, pegar › ....
2. navegar › ....
3. buscar › ....
4. subir/bajar › ....
5. imprimir › ....
6. compartir › ....
7. guardar › ....
8. borrar › ....

2 [10] Escucha a esta profesora de Informática y señala, entre las palabras que tienes debajo, las seis que menciona.

- [ ] contraseña
- [ ] celular
- [ ] usuario
- [ ] enlace
- [ ] programa
- [ ] *mouse*
- [ ] dispositivo
- [ ] pantalla
- [ ] aplicación

2.1 [10] Vuelve a escuchar y escribe con tus palabras la definición de cada una.

1. ....
2. ....
3. ....
4. ....
5. ....
6. ....

2.2 **En parejas** ¿Sabes qué significan las otras tres palabras? Busca en internet imágenes que las representen y muéstralas al resto de la clase.

3

En parejas Relaciona estos íconos con las fotografías. Escribe la palabra que representa cada imagen y reflexiona: ¿por qué crees que se usa esa palabra en el campo de la tecnología? ¿Coincides con la opinión de tu compañero/a?

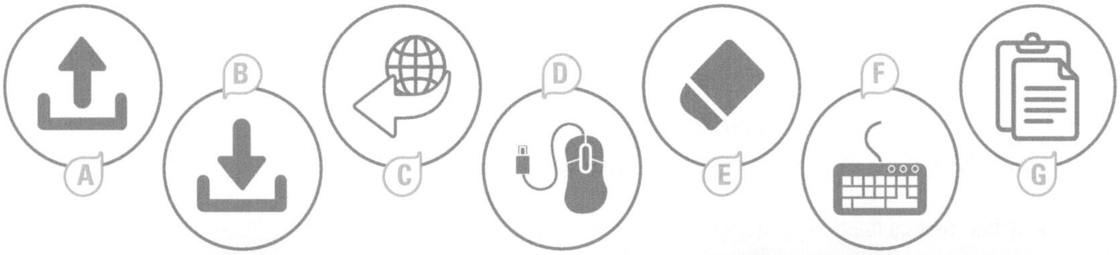

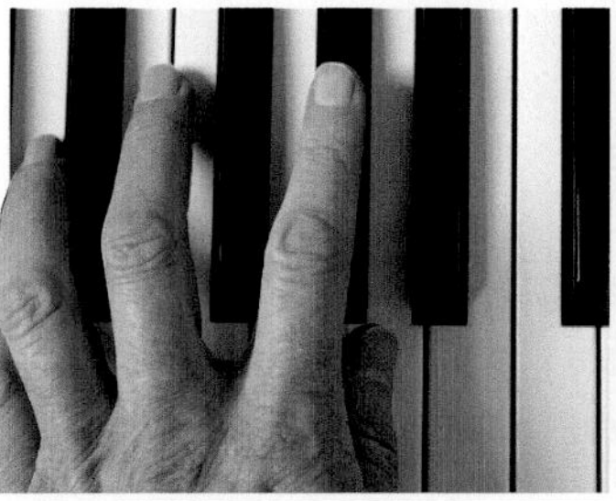

1 ☐ ____________

2 ☐ ____________

3 ☐ ____________

4 ☐ ____________

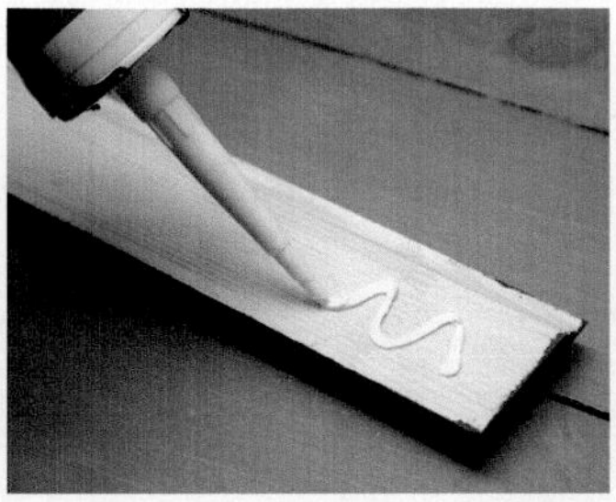

5 ☐ ____________

6 ☐ ____________

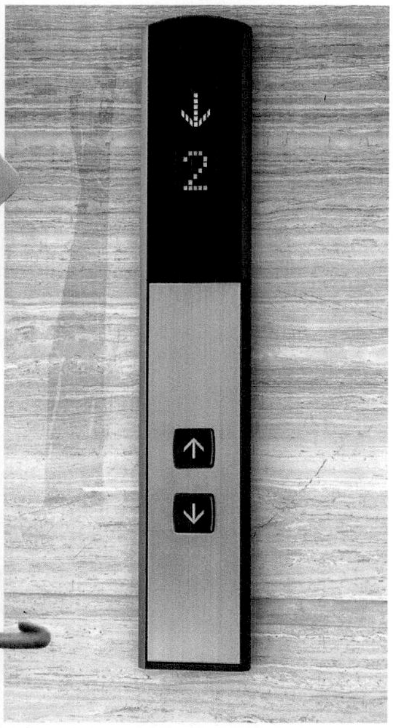

7 ☐ ____________

3.1 **Todo el grupo** ¿En tu idioma sucede lo mismo con estas palabras?

3.2 **Todo el grupo** Las palabras anteriores son polisémicas. ¿Conoces en español otras palabras con más de un significado y la misma forma? Elige dos y lleva a clase imágenes para representar sus diferentes significados. Por último, con las palabras de todos, pueden hacer un cartel para poner en la clase.

Gramática

1 Pretérito regular y algunos irregulares comunes

- El **pretérito** es un tiempo verbal de **pasado**. Las formas regulares tienen las siguientes terminaciones:

	Viajar	Comer	Vivir
yo	viajé	comí	viví
tú	viajaste	comiste	viviste
él, ella, usted	viajó	comió	vivió
nosotros/as	viajamos	comimos	vivimos
vosotros/as	viajasteis	comisteis	vivisteis
ellos, ellas, ustedes	viajaron	comieron	vivieron

Fíjate:
Las terminaciones del pretérito para los verbos en *-er* y en *-ir* son iguales.

- La persona ***nosotros/as*** en los verbos en *-ar* e *-ir* coincide con el presente de indicativo:

*Siempre **viajamos** en avión, pero el año pasado **viajamos** en auto al pueblito.*

*De chicos **vivimos** en Chile durante unos años, pero ahora **vivimos** en Nueva York.*

- Muchas veces, la tilde es la única marca que permite diferenciar formas verbales:

viajo (presente de indicativo, *yo*)/*viajó* (pretérito *él, ella, usted*)

- Algunos de los verbos más comunes son irregulares en pretérito:

	Ser/Ir	Tener	Hacer	Estar	Dar	Poner
yo	**fui**	**tuve**	**hice**	**estuve**	**di**	**puse**
tú	**fuiste**	**tuviste**	**hiciste**	**estuviste**	**diste**	**pusiste**
él, ella, usted	**fue**	**tuvo**	**hizo**	**estuvo**	**dio**	**puso**
nosotros/as	**fuimos**	**tuvimos**	**hicimos**	**estuvimos**	**dimos**	**pusimos**
vosotros/as	**fuisteis**	**tuvisteis**	**hicisteis**	**estuvisteis**	**disteis**	**pusisteis**
ellos, ellas, ustedes	**fueron**	**tuvieron**	**hicieron**	**estuvieron**	**dieron**	**pusieron**

- Los verbos ***ser*** e ***ir*** comparten la misma forma en el pretérito:

*Mi abuelo **fue** un médico muy conocido./El año pasado Ana **fue** a Egipto.*

1.1 **En parejas** Fíjate en las imágenes. ¿Hiciste alguna de estas cosas la semana pasada? ¿Cuáles?

1.2 [11] Escucha a Miguel y a Elena, dos amigos que se encuentran por casualidad en la calle, y responde verdadero o falso.

1. Miguel terminó sus estudios y está de vacaciones. .... V F
2. Elena terminó sus estudios y está trabajando. .... V F
3. Luis Alberto y Mónica se enamoraron desde que se conocieron. .... V F
4. Elena desconfía de los amigos virtuales. .... V F
5. Miguel no tiene amigos de internet. .... V F
6. Miguel cree que no hay que tener tanta precaución en las redes. .... V F

1.3 **En parejas** Y tú, ¿conociste a alguien en internet? Cuéntale tu experiencia a tu compañero/a.

2 Contraste *ya/todavía no, aún no*

Cuando hablamos de planes realizados o no, usamos *ya* para preguntar o confirmar su realización y *todavía no, aún no* para preguntar o indicar su no realización hasta el momento:

▶ *¿Terminaste **ya** el ejercicio?*
▷ *Sí, **ya** lo terminé hace rato.*

▶ *¿**Todavía no** viste el concurso del que te hablé?*
▷ *No, **aún no** lo vi.*

☒ Dejar de mirar el celular a todas horas.
☐ Comprar una computadora.
☐ Visitar Miami.
☐ Aprender a cocinar.
☒ Adoptar un perro.
☒ Cambiarme de departamento.

2.1 **En parejas** Juan tiene una lista de buenas intenciones y planes para este año y marcó con una X todo lo que cumplió hasta ahora. Responde a las preguntas.

1. ¿Dejó ya de mirar el celular a todas horas?
   ....
2. ¿Aprendió ya a cocinar?
   ....
3. ¿Se compró ya una computadora?
   ....
4. ¿Adoptó ya un perro?
   ....
5. ¿Se cambió ya de departamento?
   ....
6. ¿Visitó ya Miami?
   ....

2.2 **Todo el grupo** Y tú, ¿cumpliste alguno de tus planes para este año? ¿Cuáles tienes aún pendientes? Cuéntaselo a tus compañeros/as.

3 Contraste *conocer/saber*

Usamos el verbo *conocer* para referirnos a **experiencias**: lugares donde estuvimos, personas que encontramos, cosas que experimentamos antes. El verbo *saber* sirve, en cambio, para hablar de **conocimientos** y **habilidades**:

*No **conozco** a Juan.*
*¿**Conoces** mi país?*

*¿**Sabes** hablar francés?*
*No **sé** dónde está Ana.*

3.1 Completa la frase con el verbo *saber* o *conocer* y pregunta a tu compañero/a.

1. ¿........ Nueva York?
2. ¿........ de dónde es Salma Hayek?
3. ¿........ a alguien de Perú?
4. ¿........ cómo se apellida el/la profesor/a?
5. ¿Qué países ....?
6. ¿........ tocar algún instrumento?

Practica en contexto

1 **En parejas** Lee el correo que escribió Silvia y luego señala cuáles son las fotos de su viaje a África.

De: Silvia Para: Javi Asunto: En África

¿Qué onda, Javi? ¿Qué tal todo por allá? Perdón por no escribirte antes. ¡Estoy tan ocupada desde que llegué!

Aunque trabajo muchísimo, los fines de semana los tengo libres y estoy viajando y realizando actividades completamente nuevas para mí. Te cuento… Hace dos semanas hice *puenting* (increíble, ¿verdad?), y el fin de semana pasado estuve en un safari, visité un refugio para leones y me tomé fotos con los animales. También mis compañeros y yo viajamos al desierto del Sáhara; es maravilloso.

Cerca de acá hay playas fantásticas, aunque no fui todavía a bañarme y tampoco tuve tiempo aún visitar los mercados para comprar algún recuerdo, pero espero hacerlo pronto porque dicen que los mercados africanos son maravillosos y que puedes encontrar de todo.

Bueno, Javi, te mando unas fotos de mis aventuras. Nos vemos muy pronto.

Un abrazo muy fuerte,

Silvia

1.1 Escribe un correo contándole a un/a amigo/a las cosas que hiciste en alguno de tus viajes y lo que aún no hiciste.

2 Piensa en una cosa muy rara o especial que hiciste y escríbela. Escribe otra igual de extraordinaria, pero falsa.

Auténtica ....

Falsa ....

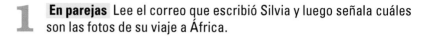

Conocí en persona a Brad Pitt y vi un fantasma.
¿Dónde lo conociste?
¿Conversaste con él?

2.1 **En grupos pequeños** Lee a tus compañeros/as tus dos experiencias insólitas. Ellos tienen que adivinar cuál es la verdadera y cuál la falsa haciéndote preguntas como en el ejemplo.

2.2 **En grupos pequeños** De las experiencias insólitas de tus compañeros/as, ¿viviste alguna? ¿Cuál te sorprendió más?

3 **Todo el grupo** Una experiencia insólita es una experiencia rara, poco frecuente; pero ¿sabes qué es una experiencia vital? ¿Cuál de estas tres definiciones crees que es la correcta? Coméntalo con tus compañeros/as.

1. ☐ Cualquier experiencia vivida que tiene un significado especial.
2. ☐ Cualquier experiencia que cambia la vida positivamente.
3. ☐ Cualquier experiencia que cambia la vida negativamente.

La negación

- Para negar en español, además del adverbio ***no***, podemos usar otros elementos, como ***nunca, jamás, tampoco, nadie, nada...***:
  Nunca viajamos en barco.
- Cuando estas expresiones negativas van después del verbo, se construyen con el adverbio ***no***. Es la doble negación:
  No viajamos nunca en barco.
- La conjunción ***ni*** equivale a ***y no***:
  No lo hice ni lo voy a hacer.
- También es posible usar ***ni... ni***, que hace la negación más enfática:
  No estuvieron ni Marta ni Luisa.

3.1 **En parejas** Lee lo que dicen estas personas acerca de sus experiencias vitales y, con tu compañero/a, completa la tabla.

Nadia

La experiencia que más cambió mi vida fue salir de mi país y pasar un tiempo fuera. Ya soy mamá y trabajé en cosas muy diferentes, pero nada me ha cambiado tanto como vivir en otro país porque aprendí otra lengua, conocí otras costumbres e hice muchos nuevos amigos. Todavía no he regresado a mi país y no sé si lo voy a hacer algún día.

Mirian

La experiencia más interesante para mí fue estudiar en la universidad. ¡Aprendí tanto e hice tantos amigos...! Todavía no he terminado mis estudios, pero sé que estos años nunca los voy a olvidar porque, en ellos, tomé algunas de las decisiones más importantes de mi vida.

Julia

Para mí la experiencia más importante que viví hasta ahora fue empezar a trabajar. Es verdad que soy muy joven y que todavía no me he ido a vivir sola ni tampoco formé una familia, pero empezar a trabajar significó dar el primer paso de una nueva vida.

David

Soy joven y hay muchas cosas que todavía no he vivido, como casarme o ser papá, pero creo que la experiencia más importante hasta ahora fue irme a vivir solo, salir de casa de mis papás y vivir por mis propios medios. Fue difícil, pero también aprendí muchas cosas y me hice una persona más responsable.

Iván

Yo no he encontrado todavía el amor ni el trabajo de mi vida, pero sí hice el viaje de mi vida y puedo decir que me cambió completamente. Este verano viajé a la India y siento que ahora soy otra persona, que mi forma de ver el mundo y a las demás personas cambió.

Recuerda:
En la mayor parte de Latinoamérica se usa tanto el pretérito perfecto *(he vivido, has hecho, hemos estado...)* como el pretérito *(viví, hiciste, estuvimos...)* para hablar de experiencias vividas o no.

	Experiencia vital	Ya...	Todavía no...
Nadia			
Julia			
Iván			
Mirian			
David			

3.2 **Todo el grupo** ¿Qué otras experiencias vitales puedes añadir a las de la actividad anterior? Coméntalo con tus compañeros.

1. Tener hijos.
2. Vivir en otro país.
3. Empezar a trabajar.
4. Hacer un viaje especial.
5. Irse a vivir solo/a.
6. Estudiar en la universidad.
7. ....
8. ....
9. ....
10. ....

3.3 **En parejas** Pregunta a tu compañero/a qué experiencias vitales de la lista anterior vivió ya, cuáles todavía no y cuál fue la más importante para él/ella.

3.4 **Todo el grupo** Cuenta al resto de la clase la información que te dio tu compañero/a.

Michael no vivió nunca fuera de su país ni fue papá todavía...
¿Y nunca vivió solo tampoco?

3.5 Escribe una redacción sobre tus experiencias vitales. Debes utilizar algunas de las expresiones que aparecen en la siguiente lista. Puedes usar como modelo los textos de la actividad 3.1.

Marcar un antes y un después. | Hacernos a nuevas costumbres. | Abrir el círculo de amigos. | Sentirse adulto/a por primera vez. | El cambio puede ser difícil. | Es como volver a empezar.

....

....

....

....

....

....

....

4

[12] Escucha lo que dicen en un programa sobre el uso que hacen de internet los jóvenes y completa el gráfico con los datos que faltan.

Decimales

- Los decimales se pueden separar con una coma (,) o un punto (.).
- Para expresar los decimales puedes usar *con*, *coma* (si el decimal va separado por coma) o *punto* (si va separado por punto):
  90,1/90.1: *noventa con uno* o *coma/punto uno*
  3,9/3.9: *tres con nueve* o *coma/punto nueve*
  0,7/0.7: *cero con siete* o *coma/punto siete*

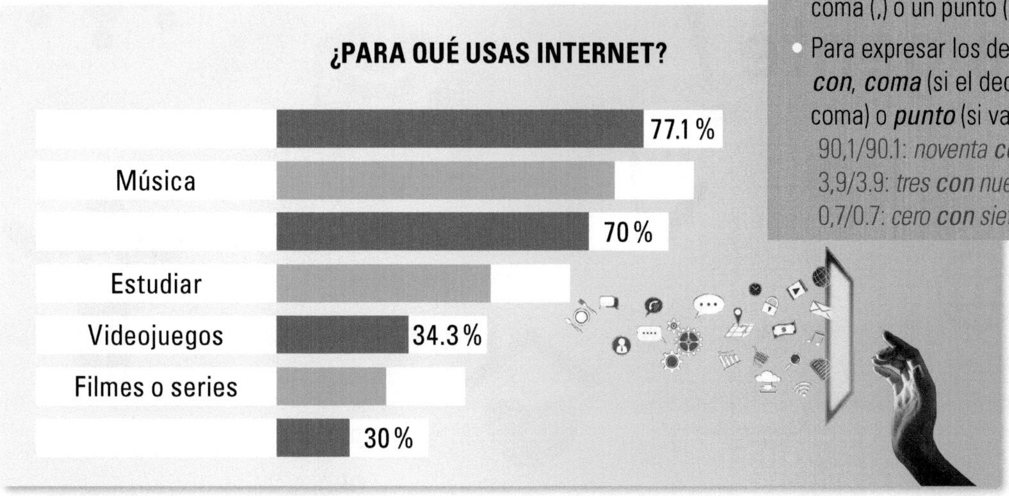

4.1 **En parejas** Pregunta a tu compañero/a si durante esta semana usó internet para las actividades anteriores y ordénalas según el tiempo empleado en cada una.

Actividades	Tiempo empleado

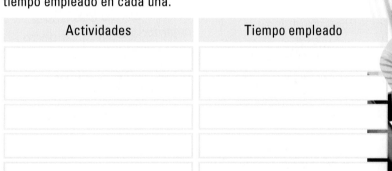

4.2 **Todo el grupo** Con los datos de todos elaboren el gráfico de la clase sobre el uso de internet.

4.3 **Todo el grupo** ¿En qué coinciden los datos de la clase con los del estudio? ¿Crees que las personas de otras edades usan internet de la misma forma que los jóvenes?

5

En parejas ¿Utilizas internet para estudiar y practicar español? Marca con una X los medios que usas.

- ☐ cursos en línea
- ☐ diccionarios
- ☐ blogs de profesores
- ☐ foros
- ☐ sitios especializados
- ☐ redes sociales
- ☐ intercambios por chat
- ☐ prensa en línea
- ☐ filmes y series
- ☐ televisión por cable

5.1 **Todo el grupo** Comparte con el resto de la clase tus conclusiones y el sitio de internet que más te ayuda con tu español.

¡CONÉCTATE a la gente!

Plataforma: Entorno informático.

ONG: Siglas de *organización no gubernamental*, como Unicef, Cruz Roja, Greenpeace, etc.

Voluntario/a: Persona que colabora con una ONG u otras organizaciones sin recibir dinero por su trabajo.

Virtual: Sin presencia física.

Difusión: Acción de dar a conocer una información entre la gente.

1 Lee y completa el texto con las palabras que tienes a la derecha. Luego compara con tu compañero/a.

Cada vez son más las [1] .... que dan la posibilidad de colaborar con ellas de manera [2] ...., desde una [3] .... digital, sin necesidad de movernos de casa.

Los [4] .... pueden realizar desde su computadora muchas tareas importantes de [5] .... y apoyo y, también, participar en proyectos fundamentales para el desarrollo de las regiones más necesitadas.

2 **Todo el grupo** ¿Cuál de estas tres organizaciones te parece más interesante? Razona tu respuesta.

http://campusolidario.unir.net/

unir[1] campus solidario

"El que enseña aprende dos veces".
Si eres bueno en contabilidad, puedes enseñar a un grupo de mujeres en Perú a gestionar sus microcréditos.
Si sabes de educación, puedes mejorar la docencia de un grupo de profesores en Guatemala.
Si lo tuyo es la comunicación, puedes enseñar habilidades sociales a jóvenes inmigrantes en España.
Con tan solo dos o tres horas al mes puedes mejorar la vida de otras personas. Además, no lo haces solo: trabajas en equipo, dentro de un grupo en el que se ayudan unos a otros.

[1]UNIR son las siglas de la Universidad Internacional de La Rioja (España).

http://www.cruzroja.es/

¿No puedes hacer voluntariado presencial? Cruz Roja abre nuevas posibilidades a través del voluntariado digital o voluntariado *online*. Te ponemos algunos ejemplos de cómo ofrecer solidaridad en nuevos espacios y tiempos. Tú también puedes hacerlo.

Rubén tuvo un accidente de tráfico y reside en un centro de recuperación de personas con discapacidad, donde estudia informática. Desde allá se conecta para contar historias con moraleja a los niños y a las niñas del Centro Infantil de Cruz Roja.

Aurélien ayuda con la informática a personas mayores de cualquier lugar desde su casa en París. Estudia Traducción e Interpretación y también pertenece al Equipo de Traductores y Traductoras de Cruz Roja.

Anabel mantiene la red social del proyecto VIH-Sida de Cruz Roja. Semanalmente le dedica dos horas desde Panamá, donde reside actualmente. "Soy gestora de redes sociales y sigo con la Cruz Roja".

Adaptado de http://www.cruzroja.es/principal/web/voluntariado/voluntariado-digital

https://tec.mx/

Tecnológico de Monterrey[2]

¿Quién puede ser voluntario/a?

Cualquier persona que tenga principios solidarios, una formación básica y una buena dosis de voluntad.

Voluntario/a es toda persona que, de una manera reflexiva, solidaria, desinteresada y no remunerada, desarrolla una actividad en beneficio de la comunidad dentro de una organización.

El Tecnológico de Monterrey, Campus Hidalgo, te invita a participar como voluntario/a...

Asesorando a microempresas en:
- Estrategia de ventas
- Contabilidad
- Páginas web
- Planes de negocios

O impartiendo talleres de:
- Servicio a clientes
- Control de calidad
- Comercio en línea
- Derecho laboral
- Finanzas

[2]El Tecnológico de Monterrey es un instituto tecnológico de estudios superiores ubicado en Monterrey (México).

3 **Todo el grupo** ¿Qué otras cosas crees que pueden hacerse desde una computadora para ayudar a otras personas?

4 **Todo el grupo** ¿Colaboraste alguna vez con una ONG o conoces a alguien que lo hace? Cuéntaselo a tus compañeros/as.

HOSTAL Babel

Fotos y más fotos

Antes del video

1 **Todo el grupo** ¿Qué información recuerdas sobre de España? ¿Qué régimen político tiene? ¿Cuáles son sus principales fuentes económicas? ¿Conoces a alguien de allá?

2 **En parejas** Marca las opciones correctas según tu opinión.

1. ☐ En el norte de España hace frío en invierno.
2. ☐ En el sur de España no se puede esquiar.
3. ☐ La gastronomía del norte de España es muy conocida y apreciada.
4. ☐ En el norte de España el agua del mar es cálida.
5. ☐ La gente del sur de España tiene fama de ser muy alegre.

Durante el video

3 Visiona el fragmento 00:30 ▸ 03:12 para comprobar tu respuesta anterior.

4 **En parejas** Completa este diálogo con las formas del pretérito que faltan. Luego visiona el fragmento 02:40 ▸ 04:00 y comprueba tu respuesta.

Hugo: ¿Dónde [1] ....?
Tere: [2] .... unos días en Cádiz y otros días en Sevilla. También [3] .... a unas amigas que viven en Granada, en la montaña, para ver la nieve.
Hugo: ¿Y [4] ....?
Tere: Claro. Un día [5] .... en la playa de Cádiz y, al día siguiente, esquiando en Granada. ¡Me encanta!
Leo: Me gustan esos contrastes.
Tere: Cuando [6] .... a Cádiz mi amiga y yo nos [7] .... un coche y [8] .... recorriendo toda la ciudad.
Leo: ¡Del sol a la nieve!

¿Qué expresiones utiliza Tere en lugar de *rentar* y *tomar fotos*?
.... y
....

Hugo: ¿Y dónde te [9] ....?
Tere: Pues donde pude...
Leo: Seguro que [10] .... que dormir alguna noche en el coche.
Tere: Pues sí, pero la mayoría de veces [11] .... en la tienda de campaña. [12] .... fácil encontrar *campings* baratos.
Leo: Aunque seguro que mucho, mucho no [13] ...., ¿verdad?
Tere: Pues no. Todas las noches hubo fiesta o [14] .... a algún concierto.
Hugo: [15] .... el sol de día y [16] .... de noche. ¡Diversión a tiempo completo!
Tere: Exactamente. Por cierto, Hugo: en un concierto nos [17] .... a unos compatriotas tuyos. Nos [18] .... una foto todos juntos.
Hugo: ¡Ah! Yo también me [19] .... con unos compatriotas en varios lugares del norte. ¡Creo que hay mexicanos viajando por todo el mundo!

5 **En grupos pequeños** Visiona el fragmento 04:01 ▶ 04:20. ¿Dónde crees que estuvo Leo de vacaciones? Imagina con tus compañeros/as de grupo dónde estuvo y con quién fue, dónde se alojó, qué comió y qué hizo.

5.1 **Todo el grupo** Compartan sus hipótesis. ¿Están de acuerdo?

5.2 **Todo el grupo** Ahora visionen el fragmento 04:01 ▶ final para comprobar sus suposiciones. ¿Alguien acertó?

Después del video

6 **Todo el grupo** ¿Conoces ya España? ¿Cuándo fuiste? ¿Qué lugares visitaste? ¿Te gustaron? Y si no, ¿te gustaría hacer un viaje? ¿Al norte o al sur? ¿Por qué?

Picos de Europa, Asturias

La Alhambra, Granada

Barrio de Santa Cruz, Sevilla

Evaluación

1 Escribe el nombre de estos dispositivos.

2 Completa el texto con las palabras del recuadro.

aplicación | contraseña | imprimir | bajar | chatear | usuario | computadora | guardar

Para descargar de internet esa [1] ...., tienes que registrarte primero en la página web. Es muy simple: creas un [2] .... y una [3] .... y ya tienes un perfil para entrar siempre. Es un sitio fantástico, es posible [4] .... todo tipo de programas y también tutoriales que puedes [5] .... en la [6] .... o [7] .... si los quieres en papel. También hay un foro de usuarios y puedes [8] .... con ellos cada vez que tienes un problema.

3 Fíjate en las imágenes y escribe lo que hizo Lourdes el fin de semana.

....

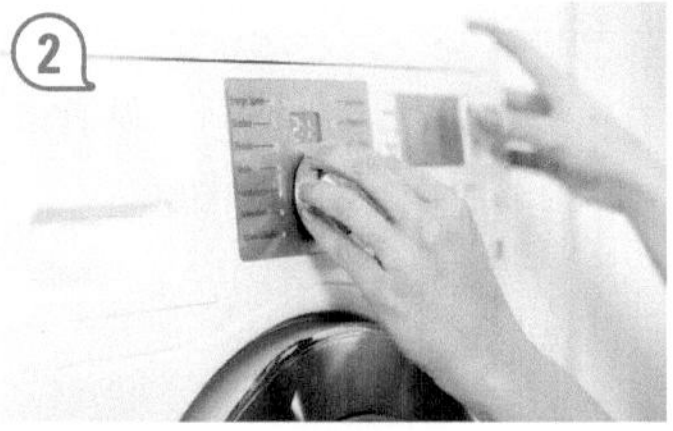

....

....

....

....

....

4 Escribe en tu cuaderno una redacción de ochenta a cien palabras contando lo que hiciste tú el fin de semana.

5 Mira las notas que Pedro escribió en su agenda para esta semana. Fíjate en las actividades marcadas y escribe lo que ya hizo y lo que no hizo aún.

- [x] Ir al dentista.
- [ ] Ver a Pepa.
- [ ] Escribir a Ana.
- [x] Hacer las compras.
- [x] Llamar a Luis.
- [x] Ir a la biblioteca.
- [x] Comer con papá.
- [ ] Comprar una bici.
- [ ] Terminar el libro.
- [ ] Encontrarme con Dani.
- [ ] Empezar a estudiar.
- [x] Ir a nadar.

6 Escribe las preguntas a estas respuestas.

1. ¿............? Sí, estuve en Buenos Aires un par de veces.
2. ¿............? No, no la vi todavía; dicen que está muy bien.
3. ¿............? Sí, ya lo hicimos.
4. ¿............? No, no estuvo nunca acá.
5. ¿............? Sí, dos o tres veces.
6. ¿............? No, aún no lo encontré.
7. ¿............? Sí, ya lo sé, me enteré esta mañana.
8. ¿............? No, no hay nada.

7 Responde negativamente a estas preguntas.

1. ¿Estuviste alguna vez en Montevideo? ....
2. ¿Llegó ya Luis? ¿Y Marta? ....
3. ¿Hiciste las compras y preparaste la cena? ....
4. ¿Preguntó alguien por mí? ....
5. ¿Necesitan algo? ....
6. ¿Se lo contaste a Elvira? ¿Y a Raúl? ....
7. ¿Tuviste algún problema? ....
8. ¿Terminaron ya? ....

8 Indica si las siguientes afirmaciones son verdaderas o falsas.

1. ONG son las siglas de *organización de no gobierno*. .... V F
2. Los voluntarios trabajan por poco dinero. .... V F
3. Campus Solidario trabaja tanto en España como en Latinoamérica. .... V F
4. Cruz Roja no dispone de ningún programa de voluntariado digital. .... V F
5. El Tecnológico de Monterrey asesora a grandes compañías. .... V F
6. El voluntariado digital permite ayudar a otros sin salir de casa. .... V F

9 ¿Vas a ampliar los contenidos de esta unidad usando internet? ¿Dónde vas a buscar? ¿Cómo crees que puedes practicarlos en la red?

Unidad

4

¿Cuál es para ti el mejor invento de la historia?

¿Qué importancia tiene en la actualidad?

¿Sabes quién lo inventó?

Fíjate en el resto de las fotografías; ¿a qué temas hacen referencia?

Vivencias

En esta unidad vas a. . .

- Hablar de sucesos, hechos y acciones del pasado
- Elaborar una biografía
- Hablar de malentendidos culturales
- Conocer la vida de Salvador Dalí, Chavela Vargas y Celia Cruz
- Conocer La Habana (Cuba)

¿Qué sabes?

1 **En parejas** ¿Sabes qué es una biografía? ¿Qué tiempo verbal se utiliza cuando se redacta una?

1.1 **En parejas** ¿Conoces a estos dos personajes? ¿A qué se dedicaron? ¿Sabes a cuál de los dos se refieren las imágenes? Justifica tu respuesta.

A
Chavela Vargas

B
Salvador Dalí

1 ☐

2 ☐

3 ☐

4 ☐

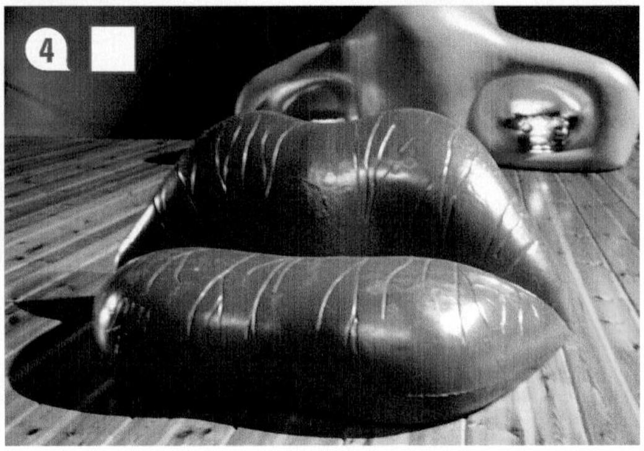

1.2 **Todo el grupo** Tu profesor/a va a dividir la clase en dos grupos (A y B). El grupo A va a elaborar una lista con seis datos biográficos de Chavela Vargas y el grupo B, de Salvador Dalí. Pueden consultar internet. Luego intercambien la información. ¿Qué personaje les parece más interesante? ¿Por qué?

Chavela Vargas nació en 1919 en...

Salvador Dalí nació en 1904 en...

Chavela Vargas grupo A
...
...
...
...
...
...

Salvador Dalí grupo B
...
...
...
...
...
...

2 En parejas Observa las imágenes y escribe para cada una un pequeño texto en pretérito usando el marcador temporal que se propone.

1

Hace tres meses ....

2

Ayer ....

3

Hace diez minutos ....

4

Esta semana ....

5

El año pasado ....

6

Hoy ....

LÉXICO

Latinoamérica › filme, película: *El libro alimentó al **filme** y viceversa.*

España › película: *¿Recuerdas la **película** de Tanner que nos gustó tanto?*

3 En parejas Ahora, pregúntale a tu compañero/a qué hizo y completa la tabla.

Hoy	Esta semana	Hace diez minutos	Ayer	El año pasado	Hace tres meses

Palabras

1 **En parejas** Lee las siguientes palabras y relaciónalas con su significado.

1. personaje	a. Persona, animal o cosa que interpreta el papel principal en una historia.
2. protagonista	b. Tiempo en que se hace o sucede algo.
3. fecha	c. Ser real o imaginario.
4. siglo	d. Escrito que contiene datos de un determinado hecho histórico.
5. documento	e. Conjunto de todas las personas.
6. acontecimiento	f. Periodo de 100 años.
7. humanidad	g. Cosa que se crea, se diseña, se idea o se produce por primera vez.
8. invento	h. Hecho o suceso.

1.1 **En parejas** Completa las frases con las palabras anteriores.

1. Para mí, el .... más importante del siglo XIX fue el teléfono. Nos permite conversar con las personas a miles de kilómetros de distancia.
2. La historia de la .... está llena de descubrimientos.
3. Diego Rivera fue un reconocido muralista mexicano del .... XX.
4. Gracias a la gran cantidad de .... históricos que hay de esa época, se pudo conocer la historia del país con gran exactitud.
5. No sé la .... en la que nació el pintor Salvador Dalí.
6. Yo creo que Pitágoras es el .... más importante de la historia de las matemáticas.
7. La llegada del hombre a la Luna fue un .... histórico.
8. El .... de esta historia es Johannes Gutenberg, el inventor de la imprenta.

2 **En parejas** Fíjate en los siguientes objetos; ¿cómo se llaman y para qué sirven? ¿Qué crees que aportan estos inventos a la vida de las personas?

1

2

3

4

LÉXICO

Argentina › escurridor: *Rosa entra con un balde y un **escurridor**.*
México › trapeador:
*No se preocupe por la gotera en el baño, aquí el agua se seca rápido –Rosa mueve el **trapeador** con el pie.*
Venezuela › coleto: *Estaba limpiando, y al sacar la silla para pasar el **coleto** por debajo de la mesa cayó la bolsa.*
España › fregona: *En la habitación de Guillermo, Elena pasa la **fregona**, guarda los libros, retira las sábanas, suspira.*

Recuerda que en Latinoamérica fregar significa 'molestar, enojar, fastidiar': *No lo dices por **fregarme**, ¿verdad?*

Argentina › abrochadora: *¿Vos tenés una **abrochadora**? Tengo que coser este pliego.*
Colombia › cosedora: *La **cosedora** y la recogedora de pliegos tienen un precio muy alto.*
México › engrapadora:
*Te organizas para tener el material necesario y procuras no pedir cosas como lápices, papel, **engrapadora**, etcétera.*
España › grapadora: *Se le ocurrió enseñarnos la colorista **grapadora** que se había comprado esa misma tarde para ir grapando las tarjetas de visita acumuladas en una libreta..*

2.1 **Escucha con atención el audio y completa la ficha sobre los inventos anteriores.**

[13]

1
Invento: ....
....
Inventor: ....
....
Nacionalidad: ....
Fecha: ....

2
Invento: ....
....
Inventor: ....
....
Nacionalidad: ....
Fecha: ....

3
Invento: ....
....
Inventor: ....
....
Nacionalidad: ....
Fecha: ....

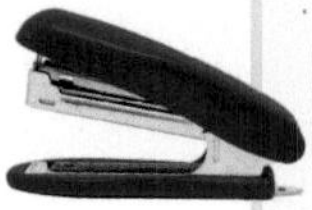

4
Invento: ....
....
Inventores: ....
....
Nacionalidad: *españoles*
Fecha: ....

Para resolver con éxito una actividad de este tipo, es muy importante leer con atención las instrucciones y entender qué información se pide. Haz una escucha selectiva del audio centrándote en las palabras y en la información necesarias para completar la tarea.

3 **En grupos pequeños** **Piensa en un invento importante para la historia de la humanidad según tu opinión y completa la ficha.**

Nombre del invento y breve descripción: ....
....
Nombre del inventor y fecha del invento: ....
Profesión del inventor: ....
Otros datos de interés: ....

3.1 **Todo el grupo** **Ahora, compartan con el resto de la clase la información del invento pero sin decir el nombre. Sus compañeros/as tienen que adivinar de qué se trata. ¿Cuál es el invento que te parece imprescindible hoy en día? ¿Por qué?**

Ejemplo: ▶ *Se inventó en 1879. Estuvo prendido durante 48 horas seguidas.*
▷ *¡El foco!*

Gramática

1 Pretérito irregular: verbos con irregularidad en la tercera persona

Hay un grupo numeroso de verbos que tienen una **irregularidad vocálica** en la raíz o en la terminación de la **tercera persona** singular y plural del pretérito:

| | En la raíz | | En la terminación | |
| | e › i | o › u | i › y | |
	Pedir	Dormir	Oír	Creer
yo	pedí	dormí	oí	creí
tú	pediste	dormiste	oíste	creíste
él, ella, usted	pidió	durmió	oyó	creyó
nosotros/as	pedimos	dormimos	oímos	creímos
vosotros/as	pedisteis	dormisteis	oísteis	creísteis
ellos, ellas, ustedes	pidieron	durmieron	oyeron	creyeron

> **Fíjate:**
> Los cambios en la terminación se producen en los verbos que tienen la raíz terminada en vocal:
> *le-er* › ~~leió~~ › *leyó;*
> *constru-ir* › ~~construió~~ › *construyó;*
> *ca-er* › ~~caió~~ › *cayó…*

- Otros verbos con irregularidad **e › i**: pref**e**rir, el**e**gir, m**e**dir, m**e**ntir, corr**e**gir…
- Otro verbo con irregularidad **o › u**: m**o**rir.
- Otros verbos con la terminación irregular: constr**ui**r, destr**ui**r, incl**ui**r, distrib**ui**r, c**ae**r, l**ee**r…

1.1 En parejas Escribe la tercera persona del singular y del plural del pretérito de los siguientes verbos.

1. morir: ,
2. reír: ,
3. incluir: ,
4. preferir: ,
5. destruir: ,
6. mentir: ,

2 Otros verbos irregulares

- Verbos irregulares en la **raíz verbal**:

poner	› **pus-**	
poder	› **pud-**	
venir	› **vin-**	**e**
querer	› **quis-**	**iste**
hacer	› **hic-/hiz-**	**o**
andar	› **anduv-**	**imos**
estar	› **estuv-**	**isteis**
tener	› **tuv-**	**ieron**
traer	› **traj-**[1]	
decir	› **dij-**[1]	

[1]Los verbos *traer* y *decir*, así como los terminados en *-cir/-ucir*, pierden la *i* de la terminación en tercera persona del plural:
~~trajieron~~ › **trajeron** ~~dijieron~~ › **dijeron**

- Verbos **totalmente irregulares**:

	Ser/Ir	Dar
	fui	**di**
	fuiste	**diste**
	fue	**dio**
	fuimos	**dimos**
	fuisteis	**disteis**
	fueron	**dieron**

> **Recuerda:**
> Los verbos *ser* e *ir* tienen la misma forma en pretérito. Solo pueden distinguirse por el contexto de la frase:
> *Ayer **fui** al cine. ≠ De joven **fui** actor de teatro.*

2.1 **Completa la biografía de la cantante Chavela Vargas con la forma adecuada del pretérito de los siguientes verbos.**

estar (2) | vestirse | hacer | nacer | irse | ponerse | lanzar
morir | construir | hacerse | ir

Chavela Vargas [1] .... en San Joaquín de Flores, Costa Rica, el 17 de abril de 1919. [2] .... a vivir a México en su adolescencia para buscar mejores oportunidades musicales. Durante sus primeros años [3] .... cantando por las calles y [4] .... su imagen: [5] .... de hombre y [6] .... un poncho rojo. Diez años después de su llegada a México [7] .... famosa y con 42 años [8] .... su primer álbum, *Noche bohemia*. [9] .... muchos años sin actuar, pero en la década de los 90 [10] .... a España y reapareció en algunos filmes de Pedro Almodóvar. Al cabo de 10 años [11] .... una intervención en el filme *Frida* interpretando la canción *La llorona* y en 2011 publicó un álbum con poemas de Federico García Lorca. [12] .... el 5 de agosto de 2012 en Cuernavaca, México.

3 Marcadores temporales de pretérito

En una biografía encontramos **indicaciones temporales** (fechas, periodos, edades) y expresiones para relacionar unos hechos con otros.

- Para hablar de una **fecha**:
  - **en...**
  - **el** 17 **de** abril **de** 1919
  - ***a los/con*** + edad

  En 2011 lanzó un álbum con poemas de Federico García Lorca.
  *Nació **el** 17 **de** abril **de** 1919.*
  ***A los** 42 años publicó su primer álbum,* Noche bohemia.
- Para hablar de la **duración** de una acción:
  - **desde... hasta...**
  - **de... a...**

  *Chavela Vargas vivió en Costa Rica **desde/de** 1919 **hasta/a** 1935.*
- Para **relacionar** dos momentos del pasado:
  - **al cabo de...**
  - **después de...**
  - **a los** dos días/tres meses
  - **a las** cinco semanas
  - **a la** mañana/**al** día **siguiente**
  - poco (tiempo)/dos días/un mes/un año **más tarde/después**

  *Diez años **después de** su llegada a México se hizo famosa.*
  ***Al cabo de** 10 años interpretó "La llorona" en el filme* Frida.

3.1 [14] **Escucha a esta persona hablar sobre su vida y completa la información.**

1. Alberto nació ....
2. .... se fue con su familia a Bogotá.
3. Vivió en Bogotá ....
4. .... se fue a los Estados Unidos.
5. .... regresó con su familia a Bogotá.
6. .... su regreso a Bogotá, murió su papá.

Practica en contexto

Contar una anécdota

- Una **anécdota** es un **relato breve** sobre algún acontecimiento **curioso** o **divertido**.
- En la conversación es frecuente introducir la anécdota con expresiones como:
  - **¿Sabes lo que me pasó** ayer/el lunes/el otro día/cuando llegué a...?
  - **Te voy a contar una cosa** que me pasó ayer/el lunes/el otro día/cuando llegué a...
  - **Pues resulta que** ayer/el lunes/el otro día/cuando llegué a...
- El/La interlocutor/a contesta con:
  - **¿Qué te pasó?**
  - **Cuenta, cuenta...**
- Y reacciona a lo largo del relato con expresiones como:
  - **¡No me digas!**
  - **¡Qué bien/mal!**
  - **¡Qué buena/mala suerte...!**
  - **¡Es increíble!**

Fíjate:
En español es necesario ir reaccionando ante lo que narra tu interlocutor/a. El silencio absoluto se interpreta como falta de interés.

1 **En parejas** Lee las anécdotas que vivieron estas personas en distintos países y comenta con tu compañero/a qué crees que sucedió.

(1) Alba

¿A que no sabes qué me pasó el año pasado cuando estuve en Japón visitando a unos amigos? Pues resulta que un día fuimos a almorzar a casa de otros amigos y contaron un chiste. Me hizo tanta gracia que me reí abiertamente, a carcajadas. Noté que me miraron extrañados y no sé el motivo.

(2) Víctor

Te voy a contar una cosa que me ocurrió cuando estuve en Tailandia viajando por todo el país. Resulta que un día, en el tren, vi a un niño muy simpático. Le hablé y le hice un gesto cariñoso tocándole la cabeza. Enseguida me di cuenta de que su papá me miró con desconfianza y se enojó.

(3) Ayaka y Nori

Pues resulta que mi esposa y yo vivimos diez años en Argentina. Recién llegados al país, unos conocidos aparecieron en nuestro departamento por sorpresa: "Venimos a visitarles porque seguro que están solos y no conocen a nadie". Nos pareció tan extraño...

(4) Sara y sus amigos

Verás lo que me pasó en mi viaje a la India y Pakistán. El primer día entramos en un restaurante y, como soy zurda, comí con la mano izquierda. Noté que el mesero me miró de una manera extraña.

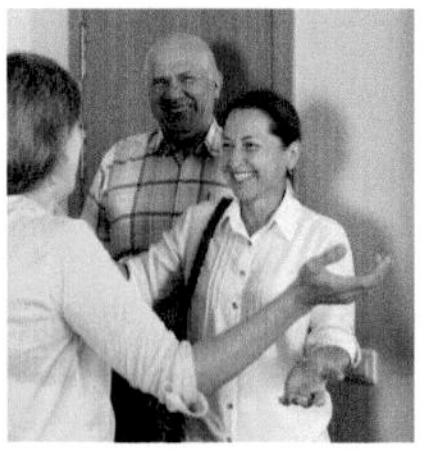

1.1 [15] Ahora escucha las explicaciones que dan estos mediadores culturales y comprueba tus respuestas anteriores.

1.2 **Todo el grupo** ¿Te sucedió alguna vez algo similar? Cuéntaselo a tus compañeros/as. ¿Sabes a qué se debió el malentendido?

1.3 **Todo el grupo** ¿Qué actos creen que pueden causar malentendidos si un extranjero visita tu país, región o comunidad?

Ejemplo: *Pues acá, si alguien te hace un regalo, debes abrirlo inmediatamente y decir que te gusta muchísimo porque, si no, la persona lo puede considerar como un desprecio...*

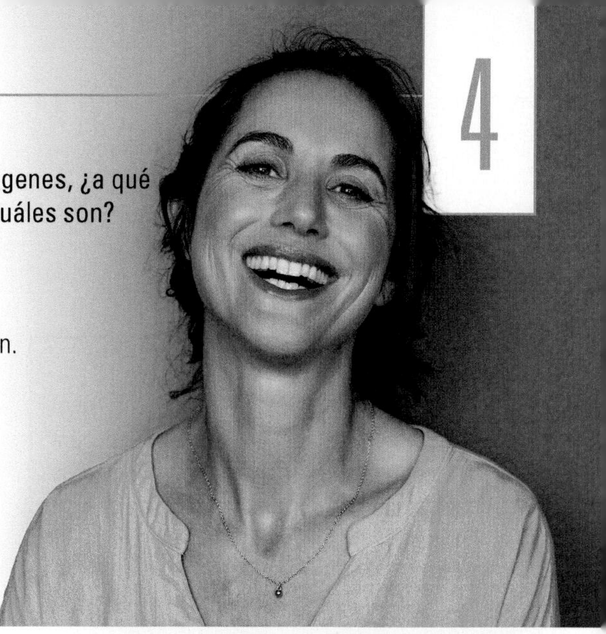

2 **En parejas** Lee los datos biográficos de Ana. Después mira las imágenes, ¿a qué datos hacen referencia? Hay cuatro datos que no tienen imagen, ¿cuáles son?

a. Lugar y fecha de de nacimiento: Buenos Aires, Argentina, 20/10/1980.
b. Estudios cursados en la Universidad de Buenos Aires.
c. Tiene un grado en Ciencias Políticas y otro en Traducción e Interpretación.
d. Habla cuatro lenguas además del español.
e. Está casada con Pierre, un diplomático francés, desde 2005.
f. Primer trabajo: profesora de español.
g. Trabajo actual: traductora oficial en la sede de la ONU en Nueva York.
h. Lugar de residencia: Nueva York desde 2008.
i. Hijos: Mateo y Marina.
j. Viajes: Japón, India, España, Francia, México…

2.1 **Todo el grupo** Combina los elementos de la tabla para escribir la biografía de Ana en tu cuaderno.

Verbo	Preposición	Complemento
1. Viajó		Nueva York.
2. Estudió		profesora.
3. Trabajó		muchos países.
4. Habla	en	Pierre.
5. Se casó	a	cinco lenguas.
6. Nació	de	Buenos Aires.
7. Trabaja	con	la ONU.
8. Vive	ø	dos carreras.
9. Tiene		la Universidad de Buenos Aires.
10. Se graduó		dos hijos.

Elaborar una biografía

- La biografía es un texto narrativo donde se **cuentan los hechos más importantes de la vida de una persona** desde su nacimiento hasta el momento actual.
- Las biografías se elaboran utilizando principalmente **el pretérito**, que es un tiempo que expresa **acciones que sucedieron en el pasado**.
- Incluyen siempre los siguientes datos:
  - Fecha y lugar de **nacimiento**.
  - **Estudios** y formación.
  - Acontecimientos importantes relacionados con la **actividad profesional** de la persona.
  - Acontecimientos importantes relacionados con la **vida privada** de la persona.

3 **En parejas** A continuación te damos algunos datos importantes de la vida del pintor español Salvador Dalí. Léelos con atención y elabora su biografía.

> Recuerda:
> Para elaborar una biografía necesitas usar los conectores temporales que sirven para expresar fechas, relacionar dos momentos del pasado e indicar la duración de una acción.

- **1904** Nace el 11 de mayo en Figueras, Gerona.
- **1910** Se matricula en el Colegio Hispano-Francés de la Inmaculada Concepción de Figueras. Aprende francés.
- **1922** Va a Madrid para estudiar en la Escuela de Bellas Artes. Se aloja en la Residencia de Estudiantes y allá conoce a Lorca y a Buñuel. Se hacen grandes amigos.
- **1926** Participa en varias exposiciones en Madrid y Barcelona. Realiza su primer viaje a París y conoce a Pablo Picasso.
- **1929** Entra en contacto con el grupo de artistas surrealistas. Conoce a su futura esposa, Gala.
- **1934** Contrae matrimonio civil con Gala.
- **1935** Regresan a Figueras.
- **1936** Participa en una exposición del MOMA en Nueva York.
- **1940** El matrimonio se traslada a vivir a los Estados Unidos.
- **1948** Regresan a España.
- **1958** Se casan por la Iglesia.
- **1974** Se inaugura el Teatro-Museo Dalí de Figueras.
- **1982** Muere Gala, su esposa.
- **1989** Muere el 23 de enero.

Detalle de la casa de Dalí en Portlligat, Cadaqués, Gerona

4 [16] **Madeleine es una muchacha francesa que está estudiando español y que escribió una breve biografía sobre su profesor Elías. Sin embargo, hay tres datos que no son correctos. Lee la biografía, escucha con atención y corrige la información falsa.**

> Recuerda que en las actividades de comprensión auditiva hay que leer antes las instrucciones de la tarea que tienes que realizar y tomar notas rápidas mientras escuchas.

Elías nació en Valdivia, Chile, en 1975, pero a los dos años se fue a vivir a Buenos Aires con su familia. Allá empezó la escuela y comenzó a interesarse por la música. Su tío lo inscribió en el conservatorio, pero a los tres años lo tuvo que dejar porque se trasladó de nuevo con su familia a Valdivia. En 1993 empezó a estudiar Medicina, pero abandonó pronto estos estudios y ese mismo año se matriculó en Filología Hispánica. En cuarto de carrera estuvo en Francia con una beca de intercambio. Le encantó el país: el paisaje, la gastronomía, la gente… Cuando terminó el curso, volvió a Chile para terminar la carrera, pero con la idea de regresar a Francia algún día. En el año 2000 hizo su sueño realidad y volvió. Primero estuvo en Cannes dos años; al principio trabajó como mesero y pronto empezó a dar clases privadas de español. Al cabo de tres años conoció a Zoe, se enamoraron y se fueron a vivir a París. Allá empezó a trabajar en una escuela dando clases de español: en mi escuela… Es mi profesor desde hace dos años y ¡me encantan sus clases!

3.1 **En grupos pequeños** Elige con tus compañeros/as a un personaje famoso: pintor/a, cantante, escritor/a, actor/actriz... Busca sus datos más interesantes y elabora una lista con fechas como la de la actividad 3.

3.2 **Todo el grupo** Ahora cuenten al resto de la clase la vida de su personaje, utilizando los marcadores temporales adecuados y sin decir su nombre. Sus compañeros/as deben adivinar de quién se trata.

Dalí y Man Ray en 1934

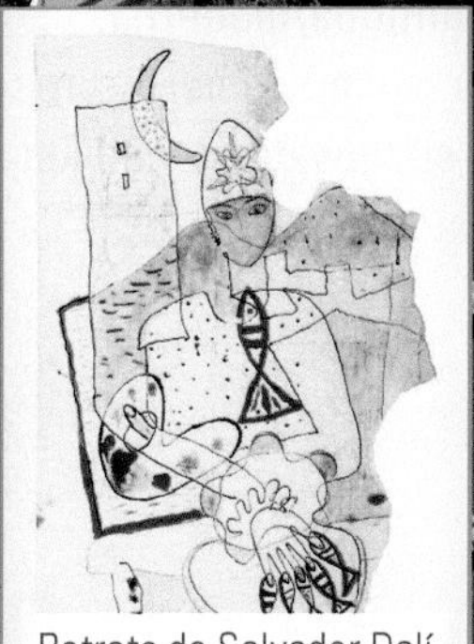

Retrato de Salvador Dalí hecho por García Lorca

Dalí en la década de 1960

Dalí Atomicus, fotografía de 1948 de Philippe Halsman

1. Dato falso: ....
   Dato correcto: ....
2. Dato falso: ....
   Dato correcto: ....
3. Dato falso: ....
   Dato correcto: ....

4.1 Ahora vas a escribir tu propia biografía. Debes incluir la siguiente información y tres datos falsos.

- fecha y lugar de nacimiento
- estudios realizados
- etapas más importantes de tu vida
- acontecimientos positivos y negativos

4.2 **Todo el grupo** Lee tu biografía a tus compañeros/as. Ellos deben hacerte preguntas para adivinar los datos falsos. ¿Quién tuvo hasta ahora la vida más interesante? ¿Por qué?

¡AZÚCAR!

COMIDA CRIOLLA
Y SUS TRAGOS EN
LA BODEGUITA
DEL MEDIO

1 **En grupos pequeños** Observa las siguientes fotografías de La Habana. ¿Cómo crees que es? Con tus suposiciones, elige la opción correcta.

1. La Habana es una ciudad **alegre/seria**.
2. Es una ciudad **antigua/moderna**.
3. Sus habitantes son **muy abiertos/reservados**.
4. Es famosa por **su música/su comida**.
5. Añade otros datos que sabes sobre La Habana.

....

....

....

....

1.1 **En parejas** Eva es una muchacha de Guatemala que el año pasado visitó La Habana. Mira las fotos que subió y lo que escribió en sus redes sociales.

Eva_miredsocial

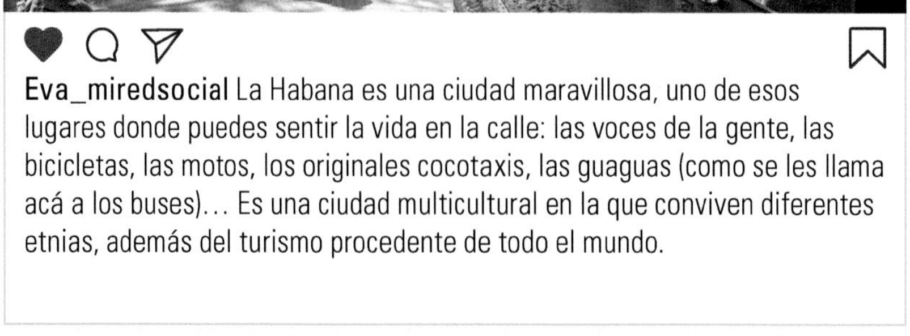
Bailando salsa
Turistas en La Bodeguita del Medio

Eva_miredsocial La Habana es una ciudad maravillosa, uno de esos lugares donde puedes sentir la vida en la calle: las voces de la gente, las bicicletas, las motos, los originales cocotaxis, las guaguas (como se les llama acá a los buses)… Es una ciudad multicultural en la que conviven diferentes etnias, además del turismo procedente de todo el mundo.

Ayer estuvimos en La Habana Vieja, el casco antiguo de la ciudad, que se caracteriza por sus calles rectas, los lindos edificios de la época colonial, sus casas de diferentes colores y los autos americanos de los años 40 y 50.

Esta mañana paseamos por el Malecón, el paseo marítimo, y ahora vamos a cenar en un *paladar*, una casa particular donde se sirven comidas. La ciudad tiene una vida nocturna muy intensa: cines, teatros, salas de baile, clubs de *jazz*... Lo tiene todo, pero lo que más me gusta es lo simpática y cercana que es su gente, siempre sonriendo a pesar de las dificultades políticas y económicas que sufren.

1.2 **En parejas** ¿Sabes por qué este apartado se llama *Azúcar*? Elige una de estas tres explicaciones.

- ☐ Porque La Habana es famosa por su café con azúcar.
- ☐ Porque Cuba es el primer productor mundial de azúcar.
- ☐ Porque una cantante de salsa introducía en sus canciones el grito de "¡azúcar!".

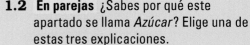

1.3 [17] Ahora escucha y comprueba tus respuestas anteriores.

1.4 **Todo el grupo** Revisa tus respuestas de la actividad 1. ¿Qué información nueva tienes sobre La Habana? ¿Te gustaría visitar Cuba? ¿Por qué? Justifica tu respuesta.

HOSTAL *Babel*

Hostal Mabel

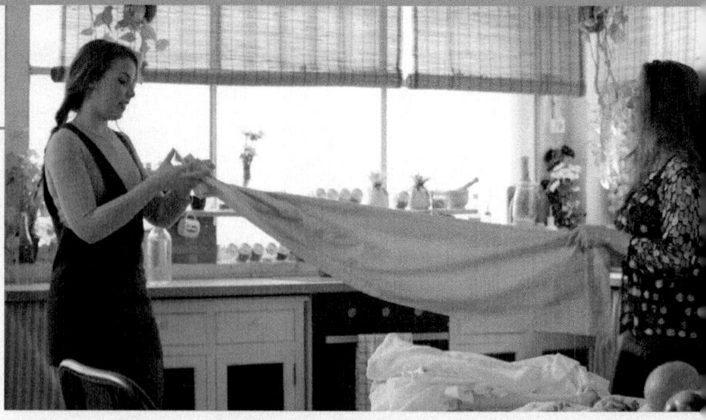

Antes del video

1 Observa la imagen y di qué están haciendo Tere y Bea.

2 En este momento, alrededor de las sábanas, Bea le cuenta a Tere la historia del hostal Babel. Relaciona las columnas según tu opinión.

1. ¿De quién era el hostal Babel?
2. ¿Cuándo se abrió por primera vez este negocio?
3. ¿Cuál era el nombre del hostal?
4. ¿Cuándo cerró?
5. ¿Cuándo se volvió a abrir?
6. ¿Quién es la dueña del hostal ahora?

a. Bea.
b. 2011.
c. 15 de mayo de 2016.
d. Mabel.
e. 1967.
f. Los abuelos de Bea.

3 Con la información anterior, completa las frases que explican la historia del hostal.

- El hostal Babel fue de ....
- Se puso el nombre de Mabel porque ....
- Cerró en el año 2011 porque ....
- La dueña actual del hostal es ....

4 **En parejas** Cuéntale la historia a tu compañero/a. ¿Coinciden?

Durante el video

5 Visiona el fragmento 02:04 ▶ 04:09 y comprueba si la historia verdadera del hostal Babel coincide con la tuya.

6 **En parejas** Visiona de nuevo el fragmento anterior, localiza las siguientes frases y explica su significado con tus propias palabras. Luego compara con tu compañero/a. ¿Coinciden?

1. Mis abuelos **heredaron** este edificio de un tío de mi abuela. ....
2. El turismo **se disparó** en España. ....
3. Mis abuelos **sacaron adelante** a la familia. ....
4. La abuela Mabel **se hizo cargo** ella sola del negocio. ....
5. Mi abuela intentó **traspasar** el negocio. ....
6. Estaba un poco cansada de estar **de aquí para allá**. ....

7 **En parejas** Visiona el fragmento 04:38 ▶ final, escribe quién dice estas frases (Bea o Tere) y ordena el diálogo. Sigue el ejemplo.

a. .... ☐ ¡Sí! ¡Además huelen a superlimpio y están muy suaves!

b. .... ☐ ¡Qué suerte he tenido de encontrar el mejor hostal del mundo! Y además te he conocido a ti, Bea...

c. .... ☐ Sí, así que el 15 de mayo de 2016 abrió sus puertas por primera vez el hostal Babel.

d. .... ☐ ¡Me encanta!

e. .... ☐ Como este hostal...

f. .... ☐ Y le cambiaste el nombre...

g. .... ☐ ¡Qué emocionante!

h. .... ☐ Sí.

i. .... ☐ ¡Uy, ven, que te quiero dar un abrazo!

j. .... ☐ Sí, la verdad es que se conservan muy bien.

k. .... ☐ ¡Gracias! Yo también estoy encantada de tener una huésped como tú, Tere.

l. .... ☐ Sí. Y la primera invitada de honor fue mi abuela Mabel.

m. .... ☐ ¿Entiendes ahora por qué aún conservo estas viejas sábanas?

n. *Bea* [1] Y decidí convertirlo en un hostal de estudiantes.

8 **Todo el grupo** Visionen de nuevo el fragmento para corregir la actividad anterior. ¿Ordenaron el diálogo correctamente? ¿Cómo realizaron la actividad?

1. ☐ Recuerdo la historia perfectamente.
2. ☐ Busco las palabras claves de cada intervención.
3. ☐ Ordeno primero las intervenciones.
4. ☐ Marco primero las frases en las que reaccionan y luego me centro en las intervenciones largas.
5. ☐ Otros: ....

Después del video

9 **En parejas** Escribe en tu cuaderno un resumen del episodio de unas 120 palabras. Sigue estas pautas:

1. Piensa en la idea principal.
2. Selecciona las acciones más importantes.
3. Haz una lista de las ideas principales y secundarias para relacionarlas.
4. Escribe un borrador.
5. Intercambia el borrador con tu compañero/a y comenta el suyo.
6. Escribe la versión final tomando en cuenta la opinión de tu compañero/a.

10 **Todo el grupo** Ahora piensa en alguna cosa u objeto que heredaste y que tiene un gran valor sentimental para ti. ¿Qué es? Explica su historia a tus compañeros/as.

Ejemplo: *Yo heredé de mi abuelo un juego de ajedrez. Es muy importante para mí porque fue él quien me enseñó a jugar y ¡con ese ajedrez!*

Evaluación

1 Piensa en cinco palabras que aprendiste en esta unidad relacionadas con la historia y elabora una frase con cada una de ellas.

1. ....
2. ....
3. ....
4. ....
5. ....

2 Escribe el nombre de dos de los inventos que se trataron en esta unidad y explica qué aportaron a la vida de las personas.

1. ....
....
....
....
2. ....
....
....
....

3 Escribe tres datos biográficos de Chavela Vargas y tres de Salvador Dalí.

Chavela Vargas

1. ....
2. ....
3. ....

Salvador Dalí

1. ....
2. ....
3. ....

4 Clasifica los siguientes marcadores temporales en la tabla según lo que expresan.

al cabo de dos días | en 1985 | pocos días después | al día siguiente | de... a... | el 23 de mayo

Fecha	Duración de una acción	Relación entre dos momentos

5 Escribe la tercera persona del singular y del plural del pretérito de los siguientes verbos.

Elegir	Morir	Caer	Oír
....	....	....	....
....	....	....	....

6 Mira la imágenes y contesta a las preguntas. Sigue el ejemplo.

1. ▶ ¿Estuvieron en el parque ayer?
   ▷ *No, estuvimos en el cine.*
2. ▶ ¿Quiénes fueron a la excursión?
   ▷ ....
3. ▶ ¿Dónde durmieron?
   ▷ ....
4. ▶ Nosotras pedimos una hamburguesa, ¿y tu amiga vegetariana?
   ▷ ....
5. ▶ ¿Qué hizo María en casa?
   ▷ ....
6. ▶ ¿Trajiste el Monopoly al final?
   ▷ ....

7 Escucha la biografía de Celia Cruz y completa con la información correcta.

[18]

1. .... a estudiar Magisterio, pero no se ....
2. Los primeros años .... en algunas orquestas y .... en espectáculos de teatro.
3. Desde 1960 .... en los Estados Unidos, donde .... en julio de 2003.
4. Siempre .... y .... sus conciertos gritando: "¡azúcar!".
5. Los 5 premios Grammy .... los premios más importantes que ....

8 Forma frases relacionando las dos columnas.

1. Celia Cruz nació...	a. por ser la reina de la salsa.
2. Abandonó los estudios de Magisterio...	b. recibió muchos premios.
3. Cantó en una de las orquestas...	c. y entró en el Conservatorio Nacional de Cuba.
4. Celia Cruz fue famosa...	d. en La Habana en 1925.
5. Durante su carrera artística...	e. más famosas antes de la Revolución.

9 Responde a las siguientes preguntas sobre La Habana.

1. ¿Cómo se les llama a los buses en Cuba? ....
2. ¿Qué es un *paladar*? ....
3. ¿Cómo se llama el paseo marítimo de La Habana? ....
4. ¿Cómo se llama el casco antiguo? ....
5. ¿Qué caracteriza su vida nocturna? ....
6. Describe La Habana con tres palabras: ....

Unidad

5

Fíjate en la imagen principal. ¿Qué te sugiere?

¿La puedes relacionar con el título de la unidad?

¿Tienes todavía algún casete? ¿Y un *walkman*?

¿Sueles leer el periódico? ¿Cuándo? ¿Dónde?

¿Hace buen tiempo hoy?

¿Cómo era antes?

En esta unidad vas a...

- Hacer descripciones en pasado
- Narrar sucesos e historias en pasado
- Hablar del tiempo atmosférico
- Conocer algunos barrios latinos emblemáticos de los Estados Unidos

¿Qué sabes?

1 **En parejas** ¿Qué tiempo hace? Observa las imágenes, relaciónalas con las frases y, después, compara con tu compañero/a.

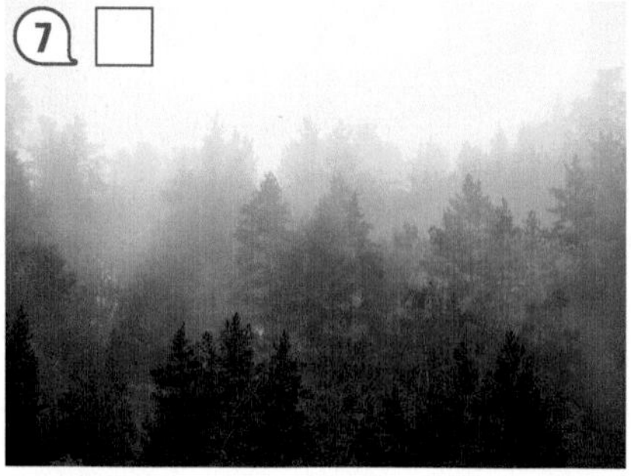

a. Llueve./Está lloviendo.
b. Hay nubes./Está nublado.
c. Hace frío.
d. Hace calor.
e. Hay niebla.
f. Hace viento.
g. Hay tormenta.

1.1 **En parejas** ¿Con qué estaciones relacionas las imágenes de la actividad 1?

1. ...... ☐ .... ☐ .... ☐ .... ☐
2. ...... ☐ .... ☐ .... ☐ .... ☐
3. ...... ☐ .... ☐ .... ☐ .... ☐
4. ...... ☐ .... ☐ .... ☐ .... ☐
5. ...... ☐ .... ☐ .... ☐ .... ☐
6. ...... ☐ .... ☐ .... ☐ .... ☐
7. ...... ☐ .... ☐ .... ☐ .... ☐

Las estaciones del año en Latinoamérica y España cambian según la situación geográfica de los diferentes países:

Fecha de inicio	Hemisferio norte	Hemisferio sur
20-21 marzo	primavera	otoño
21-22 junio	verano	invierno
22-24 septiembre	otoño	primavera
21-22 diciembre	invierno	verano

2 **En parejas** Lee los diálogos y subraya los verbos conjugados.

1
Ayer en el cole hablamos del cambio climático. ¿Sabes qué es, abuelo?
Sí, claro, que la temperatura en la Tierra subió. Antes llovía más que ahora y no había tantos desastres naturales.

2
¡Es increíble! Cuando yo era chica, nomás sabíamos lo que pasaba en el mundo por la radio y los diarios. Ahora lo pueden ver todo en el celular.

3
Ayer estuvimos en la playa con un sol espléndido y hoy llueve y hace frío. ¡El tiempo está loco!

4
Ayer tuve que detenerme en la autopista. Había tanta niebla que no veía el carro de delante. En realidad no veía ni el mío. Pasé mucho miedo.
Esta mañana también hubo niebla, pero se quitó pronto. ¡Menos mal!

2.1 **En parejas** Clasifica cada verbo de los diálogos anteriores en su lugar correspondiente de la tabla. Trabaja con tu compañero/a.

Presente	Pretérito	Otro tiempo

2.2 **En parejas** ¿Sabes qué tiempo es el de los verbos que aparecen en la última casilla de la tabla? ¿Crees que expresa acciones en presente, pasado o futuro?

2.3 **En parejas** Di tres cosas que cambiaron en el mundo desde que eras chico/a.

Palabras

1 **En parejas** ¿Recuerdas cómo se llama en español lo que lee el hombre de la foto? ¿Conoces el nombre de alguna de sus secciones?

1.1 **En parejas** Pon el nombre de cada sección del periódico debajo de la imagen correspondiente y escribe una frase para indicar qué contenidos trata. Compara con tus compañeros/as.

El tiempo | Política | Economía | Deportes | Sociedad | Cultura y espectáculos | Ciencia y salud | Internacional | Opinión

1.2 **Todo el grupo** ¿Cuál es tu diario preferido? ¿Con qué frecuencia lo lees? ¿Lo lees en papel o en formato digital? ¿Por qué? ¿Cuál es tu sección favorita? ¿Y la que menos te interesa? Argumenta tus respuestas.

2 **En parejas** En la sección del tiempo de cualquier periódico puedes encontrar símbolos como estos. Relaciona cada símbolo con su nombre correspondiente.

sur | sol | calor | nublado | nieve | norte | tormenta | este | viento | frío | oeste | lluvia

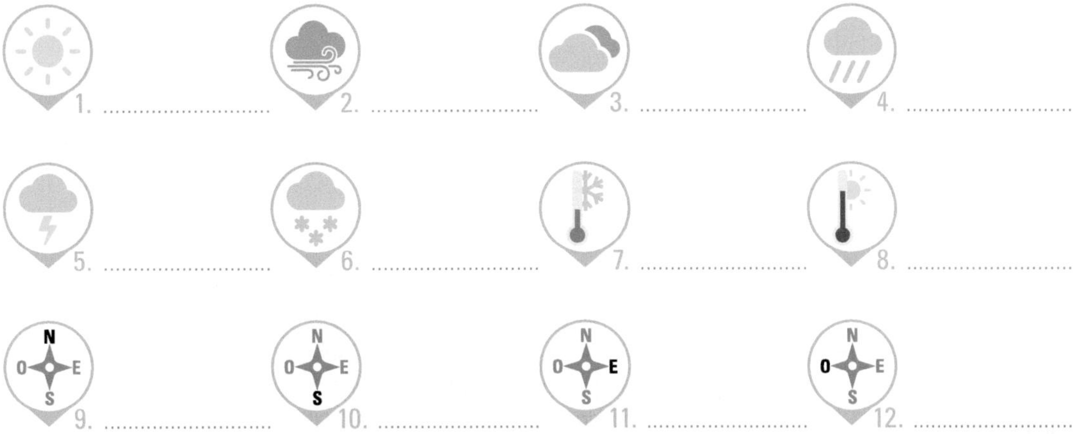

2.1 [19] Escucha la siguiente información sobre el tiempo en Argentina y escribe el número de los símbolos en su lugar correspondiente.

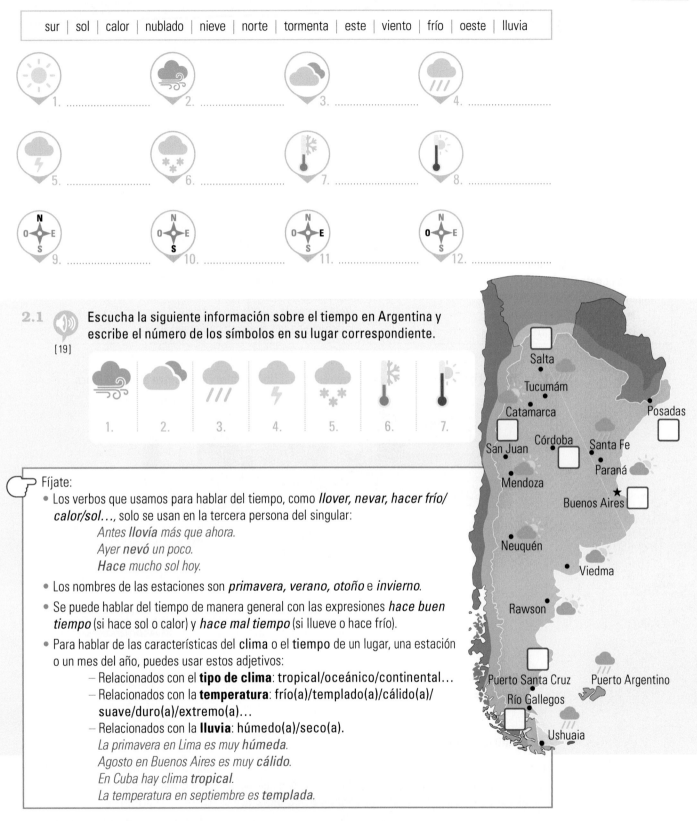

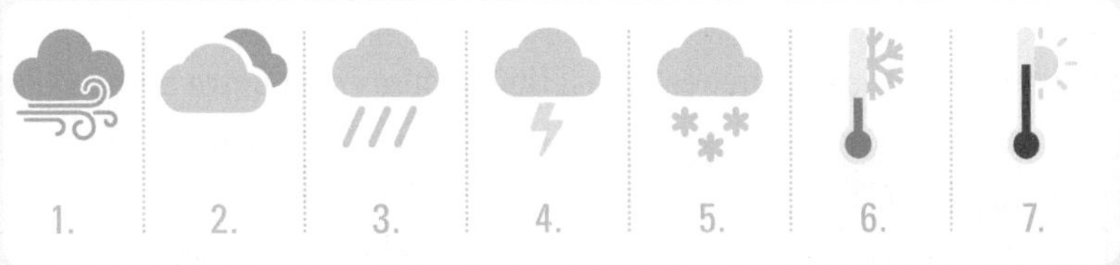

Fíjate:

- Los verbos que usamos para hablar del tiempo, como *llover, nevar, hacer frío/calor/sol...*, solo se usan en la tercera persona del singular:
  Antes ***llovía*** *más que ahora.*
  Ayer ***nevó*** *un poco.*
  Hace *mucho sol hoy.*
- Los nombres de las estaciones son *primavera, verano, otoño* e *invierno*.
- Se puede hablar del tiempo de manera general con las expresiones *hace buen tiempo* (si hace sol o calor) y *hace mal tiempo* (si llueve o hace frío).
- Para hablar de las características del **clima** o el **tiempo** de un lugar, una estación o un mes del año, puedes usar estos adjetivos:
  - Relacionados con el **tipo de clima**: tropical/oceánico/continental...
  - Relacionados con la **temperatura**: frío(a)/templado(a)/cálido(a)/suave/duro(a)/extremo(a)...
  - Relacionados con la **lluvia**: húmedo(a)/seco(a).

  La primavera en Lima es muy ***húmeda****.*
  Agosto en Buenos Aires es muy ***cálido****.*
  En Cuba hay clima ***tropical****.*
  La temperatura en septiembre es ***templada****.*

2.2 **Todo el grupo** ¿Cómo es el clima de tu país o región? ¿Cuál es tu estación favorita? ¿Por qué?

Gramática

El imperfecto solo tiene **tres verbos irregulares**:

Ser	Ir	Ver
era	**iba**	**veía**
eras	**ibas**	**veías**
era	**iba**	**veía**
éramos	**íbamos**	**veíamos**
erais	**ibais**	**veíais**
eran	**iban**	**veían**

Fíjate:
El imperfecto se usa también para pedir algo con **cortesía**. En este caso, el imperfecto equivale al presente:

▶ *Quería pedirte un favor...*
▷ *Dime. Si puedo ayudarte...*

1 Imperfecto de indicativo

- El **imperfecto** tiene dos terminaciones distintas, una para los verbos que terminan en *-ar* y otra para los que terminan en *-er* e *-ir*:

	Hablar	Leer	Escribir
yo	hablaba	leía	escribía
tú	hablabas	leías	escribías
él, ella, usted	hablaba	leía	escribía
nosotros/as	hablábamos	leíamos	escribíamos
vosotros/as	hablabais	leíais	escribíais
ellos, ellas, ustedes	hablaban	leían	escribían

- El **imperfecto** es un tiempo del pasado que se usa para:
  - **Describir** en pasado:
    *La clase **era** grande. La profesora **se llamaba** Inés y **era** chilena.*
  - Hablar de **acciones habituales** en el pasado:
    ***Me levantaba** a las ocho, **salía** a las nueve y **tomaba** el bus.*
  - Hablar de una **acción** en pasado **interrumpida** por otra acción en pasado:
    ***Veía** una serie cuando me llamaste.* (La acción de *ver* es interrumpida por la acción de *llamar*).

1.1 **Todo el grupo** Fíjate en las imágenes y describe la diferencia entre antes y ahora.

1.2 **En grupos pequeños** ¿Cómo eras hace cinco años? Piensa en cinco cosas que ahora son diferentes y cuéntaselas a tus compañeros/as.

2 Contraste imperfecto/pretérito

El **imperfecto** presenta la acción en un tiempo pasado, pero **sin especificar el comienzo o el final** de la misma. Por esta razón, el imperfecto es el tiempo que usamos para la **descripción** y para hablar de las **circunstancias** que rodean a los **hechos o acciones**, que se expresan en **pretérito**:

*Era medianoche y **llovía** mucho. La calle **estaba** oscura y **había** poco tráfico. De repente, un carro se detuvo, la ventanilla del chofer se abrió y vi que **era** Luisa, una compañera de la universidad.*

2.1 **En parejas** Lee esta noticia, subraya las formas verbales que aparecen y clasifícalas según su función: descripción o narración. Luego compara con tu compañero/a. ¿Coinciden?

A los 94 años se graduó en la universidad con excelentes notas

Amy Craton tenía 94 años cuando terminó los estudios, que empezó en 1962, y lo hizo con una nota media de 10.

Craton sentía que debía terminar la carrera que dejó cincuenta años antes para cuidar a sus hijos: "Siempre me gustó estudiar, pero mis hijos eran chiquitos y yo estaba sola. Ahora que son adultos, decidí regresar a la universidad", dijo en una entrevista a la NBC News.

Así fue como, en 2013, Amy decidió inscribirse en la SNHU (Southern New Hampshire University) para continuar sus estudios, pero *online* porque Amy estaba en silla de ruedas y tenía dificultades para oír. Desde su casa en Honolulu, Craton asistió a todas las clases y no solo consiguió obtener el título de Escritura Creativa, sino que también fue la alumna con mejores calificaciones de toda su clase.

Adaptado de https://eldiariony.com/2017/05/20/video-tiene-94-anos-y-se-graduo-en-la-universidad-con-notas-brillantes/

2.2 **En grupos pequeños** ¿Conoces alguna historia de superación personal como esta? Toma notas de las circunstancias y de los hechos y luego cuéntasela a tus compañeros/as. Si no conoces ninguna, puedes buscar en internet.

3 Posesivos pospuestos

- Los posesivos **pospuestos** concuerdan en género y número con la cosa poseída o la persona con la que se establece algún tipo de relación (parentesco, amistad, jerarquía...). Estas son sus formas:

	Singular		Plural		
	Masculino	Femenino	Masculino	Femenino	
Un poseedor	mío tuyo suyo	mía tuya suya	míos tuyos suyos	mías tuyas suyas	(yo) (tú) (él, ella, usted)
Varios poseedores	nuestro vuestro suyo	nuestra vuestra suya	nuestros vuestros suyos	nuestras vuestras suyas	(nosotros/as) (vosotros/as) (ellos, ellas, ustedes)

- Estos posesivos, a diferencia de los antepuestos *(mi, tu, su...)*, pueden acompañar al nombre o aparecer sin él cuando este es conocido. Este último es su uso más frecuente:

▶ *Es un **error tuyo**.*
▷ *¿Mío?*
▶ *Sí, **tuyo**.*

*Esa es **mi bolsa**. **La tuya** está en el clóset.*
***Su jefe** no trabaja hoy, pero **el nuestro** ya llegó.*

3.1 Transforma las frases con el posesivo pospuesto correcto.

1. Esta es tu camisa. ..... *Es la tuya.* .....
2. Son tus tiendas. ....
3. Es su bufanda. ....
4. Son sus hijos. ....
5. Es mi libro de español. ....
6. Son mis papás. ....

Practica en contexto

1 **Vas a leer un artículo sobre el mundo antes de internet. Antes de hacerlo, marca las afirmaciones que crees que son ciertas. Luego lee el texto y comprueba las respuestas.**

1. ☐ Antes la gente conversaba mucho menos por teléfono.
2. ☐ Las únicas redes sociales eran los cafés, el trabajo, la escuela y las calles.
3. ☐ Había que imprimir las fotos en papel para verlas.
4. ☐ En el cine y en la televisión había más *spoilers*.
5. ☐ Existían tiendas de discos donde se compraba la música.
6. ☐ Los estudiantes iban a bibliotecas y librerías cuando necesitaban información para sus trabajos.

Así era la vida antes de internet

¿Cómo era el mundo en 1991, antes de la aparición de internet? Porque sí, hubo un tiempo en que vivíamos sin internet, sin wifi, sin teléfonos inteligentes... Un tiempo en que teníamos que describir con nuestras palabras lo que ocurría a nuestro alrededor porque no existían enlaces que compartir en ningún lado. Los cafés, el trabajo, la escuela y las calles eran las únicas redes sociales.

Muchas acciones habituales eran diferentes: no nos enviábamos correos ni mensajes, platicábamos mucho por teléfono y nos escribíamos cartas; íbamos a bibliotecas y librerías cuando necesitábamos información para los trabajos de clase; tomábamos las fotos con películas que debíamos llevar a las tiendas de fotografía, donde las revelaban y nos las daban en papel; la música se compraba en tiendas en las que los discos estaban ordenados por géneros y en orden alfabético; veíamos caricaturas o telenovelas en la tele y nadie hacía *spoilers* de las series porque todos las veíamos al mismo tiempo. ¿Vivíamos desconectados? No, antes de 1991 compartíamos todo de otra manera: en persona y con nuestra voz. La vida no era mejor. Nomás era distinta.

Adaptado de Javier Martínez Staines http://www.univision.com/estilo-de-vida/trending/asi-era-la-vida-antes-de-internet

LÉXICO

La RAE define la palabra caricatura como 'un dibujo satírico en que se deforman las facciones y el aspecto de alguien': *Me firmó un libro de autógrafos donde hizo una* ***caricatura*** *suya de Charlot.*

Sin embargo, en El Salvador y México la palabra caricaturas equivale a dibujos animados, cómics o tebeos: *En las mañanas veía* Plaza Sésamo *y cuando regresaba de la escuela, me entretenía con las* ***caricaturas*** *de los* Amos del universo *y* El hombre araña, *entre otras.*

Latinoamérica › nomás: *Pero si no sé bailar, le dije. Tú* ***nomás*** *siente, siente la música y muévete, me dijo.*

España › solamente, solo: *En el vestuario del gimnasio hay* ***solamente*** *un banco largo y estrecho.*

1.1 **Todo el grupo** ¿Qué información te sorprendió más? ¿Cómo imaginas tu vida sin las nuevas tecnologías?

2 **En grupos pequeños** Antes de la llegada de internet y de los celulares, muchas otras cosas también eran diferentes. ¿Cómo imaginas que se hacía lo que tienes a continuación?

1 Viajar sin la ayuda de mapas digitales ni GPS.

2 Telefonear cuando estabas fuera de casa.

3 Guardar los números de teléfono y datos de contacto de amigos y conocidos.

4 Organizar los viajes y las vacaciones: hacer reservación de vuelos, hoteles, etc.

5 Comprar ropa y otras cosas donde había pocas tiendas o ninguna.

6 Consultar tus cuentas bancarias, hacer transferencias, etc.

7 Conocer a gente de otros lugares.

8 Ver filmes que no ponían ni en los cines ni en la televisión.

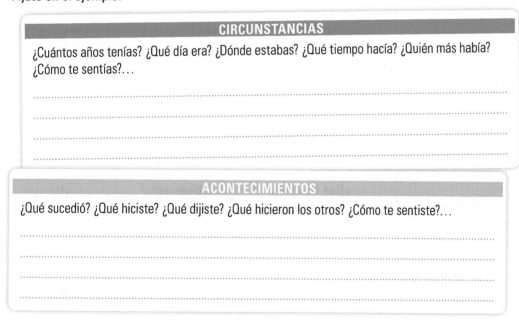

2.1 [20] **En grupos pequeños** Adelaida le explica a su hijo cómo se hacían esas cosas en aquel tiempo. Escuchen y tomen notas. ¿Acertaron en sus suposiciones anteriores?

2.2 **En parejas** Seguro que también muchas cosas eran diferentes cuando tú eras chico/a. Cuéntaselo a tu compañero/a y responde a sus preguntas.

3 **En grupos pequeños** Piensa en un momento especial de tu vida. Primero anota las circunstancias y luego los acontecimientos. A continuación cuéntaselo a tus compañeros/as. Fíjate en el ejemplo.

CIRCUNSTANCIAS

¿Cuántos años tenías? ¿Qué día era? ¿Dónde estabas? ¿Qué tiempo hacía? ¿Quién más había? ¿Cómo te sentías?...

....

....

....

....

ACONTECIMIENTOS

¿Qué sucedió? ¿Qué hiciste? ¿Qué dijiste? ¿Qué hicieron los otros? ¿Cómo te sentiste?...

....

....

....

....

Ejemplo: *Tenía 10 años, era el día de mi cumpleaños y mis abuelos me regalaron una bicicleta. Yo estaba muy contenta. Enseguida agarré la bici y di un paseo. Ese día me sentí mayor por primera vez.*

3.1 **Todo el grupo** Cuenta a tus compañeros/as aquella vez que…

Recursos para introducir una anécdota
- ¿Sabes qué me pasó/ocurrió…?
- ¿A que no sabes qué me ocurrió?

Mostrar interés
- ¿Y qué pasó/ocurrió después?
- Sigue, sigue…/Cuenta, cuenta…

Expresar sorpresa o incredulidad
- ¿Ah, sí?
- ¡No me lo puedo creer!
- ¡Qué me dices!
- ¿De verdad/veras?

Estaba muy nervioso/a…
Me enojé mucho…
Estaba muy preocupado/a…
Me divertí mucho…
Tenía ganas de llorar…
Tenía mucho miedo…
Me sentía feliz…
Me sentí chévere…
No podía dejar de reír…
Mis papás se enojaron conmigo…

Fíjate:
Los marcadores temporales ***antes, después, mientras, siempre*** y ***cuando*** son un recurso fundamental de la narración porque **relacionan dos acciones** y permiten saber en qué momento ocurre cada una de ellas:

- *Antes* se usa para indicar una acción que **precede** a otra u otras:
  *Juan llegó **antes**, luego vine yo.*
- *Después* sirve para expresar **posterioridad**; equivale a *más tarde, luego*:
  *Ayer almorcé y **después** me fui a clase.*
- *Mientras* se utiliza para hablar de acciones **simultáneas**:
  ***Mientras** cenábamos, vimos el noticiero.*
- *Siempre*, que significa 'en todo o cualquier tiempo', se usa para hablar de **hábitos**:
  ***Siempre** se bañaba antes de acostarse.*
- *Cuando* sirve para indicar el tiempo en el que **ocurre algo**:
  ***Cuando** nací, mi mamá tenía 27 años.*

4 **En parejas** Lee la siguiente noticia y completa la tabla.

El pasado mes de julio, un grupo de muchachos de la localidad de Exeter, en Inglaterra, protestó contra el estricto código de vestuario de su escuela llevando faldas, cuando no les permitieron usar bermudas a pesar de las elevadas temperaturas del verano. Los adolescentes argumentaron que hacía demasiado calor: la temperatura superaba los 30 °C.

Un día antes, un muchacho fue expulsado de la escuela por llevar bermudas.

Según cuentan, la directora del centro escolar hizo el comentario irónico de que podían usar falda si tenían tanto calor, así que los estudiantes le tomaron la palabra.

La televisión local Devon Live pudo grabar la escena cuando el jueves en la mañana las muchachas les entregaban sus faldas de repuesto a sus compañeros de clase. Uno de ellos declaró que usar falda escocesa era "bastante refrescante".

Los británicos no están acostumbrados a unas temperaturas tan altas, pero sí a ver hombres con falda. Esta prenda forma parte del traje nacional escocés y no es raro ver a escoceses usarla por las calles de Gran Bretaña.

Adaptado de http://www.telemundo.com/noticias/2017/06/23/ninos-protestan-con-faldas-prohibicion-de-usar-shorts-pese-al-calor

¿Qué ocurrió?	¿Quiénes?	¿Dónde?

¿Cuándo?	¿Cómo?	¿Por qué?

4.1 **En grupos pequeños** Los titulares que aparecen a continuación son reales. Elige uno y escribe la noticia como la imaginas. Trabaja con tus compañeros/as de grupo.

Unos ladrones robaron un carro con un niño dentro y lo llevaron a la escuela.

Una anciana aprendió a leer y a escribir hace dos años y ya tiene publicados 35 cuentos.

Un pingüino recorre 8000 km cada año para ver al hombre que le salvó la vida.

Un hombre estuvo durante dos años metiendo sus cartas en un contenedor de basura convencido de que era un buzón.

Un joven australiano despertó del coma hablando chino.

Una mujer de 91 años consiguió lo que muchos desean: trabajar en Silicon Valley, en la compañía que diseñó el primer *mouse* de Apple.

4.2 **Todo el grupo** Comparte la noticia con tus compañeros/as y decide cuál es más interesante para la portada de un diario. Después comparen su noticia con la real que les va a dar su profesor/a. ¿Se parecen?

5 **En parejas** Luis, Adela y Carla estudian juntos en la universidad. Acaban de mudarse de departamento y están organizando sus cosas. Observa las imágenes y completa el diálogo con los posesivos pospuestos adecuados. Después compara el resultado con tu compañero/a.

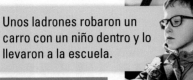

Carla: ¿De quién es esta tableta?
Luis: Es [1] .... Por favor, ponla sobre la estantería.
Adela: Acá hay unas cobijas. ¿De quién son?
Carla: [2] .... y de Luis.
Luis: ¿Y estos libros? ¿Son [3] ...., Adela?
Adela: Sí, pero también son [4] .... *(dice señalando a Carla).*
Luis: Entonces los pongo en este cuarto. No, mejor en el [5] ...., Adela, así los tienes a mano si los necesitas.
Adela: ¡Gracias! Y acá hay un mando de la videoconsola y una computadora...
Luis: ¡Ah, sí! El mando es [6] .... y la computadora es [7] .... *(dice mirando a Carla).*
Carla: ¿Sabes? Tenemos una bicicleta.
Luis: ¿La bici que hay al lado de la puerta es [8] ....?
Carla: Sí, es [9] ...., la compramos a medias.
Adela: ¿De quién es esta raqueta?
Carla: [10] .... La traje porque voy a jugar al tenis.
Luis: ¿Y estos lentes que hay encima de la mesa?
Adela: ¡Uy! Son [11] .... Suerte que los encontraste. No veo nada... Bueno, Carla, parece que todo lo [12] .... ya está organizado, ¿verdad?
Carla: Sí, ¡por fin! Y creo que lo de Luis también, porque no queda ninguna caja...

5.1 [21] Ahora escucha y comprueba.

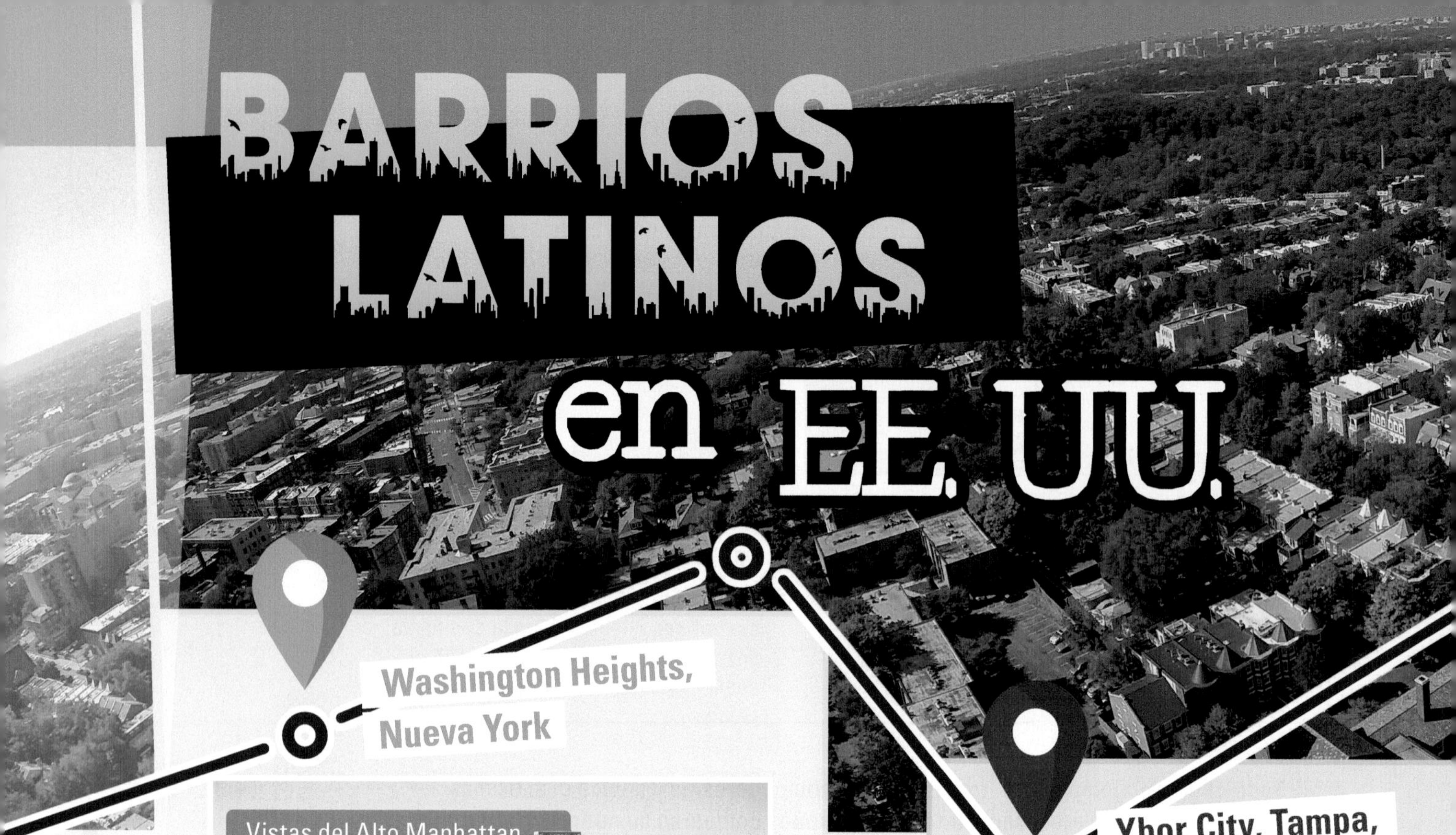

BARRIOS LATINOS en EE. UU.

Washington Heights, Nueva York

Vistas del Alto Manhattan

Situado en el Alto de Manhattan, es el principal barrio dominicano de Nueva York. A mediados del siglo xx, llegaron muchos dominicanos esta zona porque los departamentos eran amplios y se rentaban baratos. Su intención era trabajar y echar su familia para adelante.

"Detrás de una mamá que vendía empanadas en la 181 y 182, en San Nicolás, había un hijo que estudiaba para ser doctor" declara el concejal de origen dominicano Ydanis Rodríguez.

También es el lugar donde nació, en 1982, el desfile del Día Dominicano, que festejaba la cultura dominicana, su folclore y sus tradiciones. Fue una creación de Miguel Amaro, un activista comunitario que trabajó para promover los valores dominicanos e inculcar orgullo y patriotismo en la población dominicana de Nueva York.

Fort Washington, calle principal del barrio

Ybor City, Tampa, California

Centro Español de Tampa

Ybor City era una zona de pantanos hasta que a finales del siglo xix el español Vicente Martínez Ybor fundó en ese lugar la primera fábrica de puros. Los tabaqueros eran españoles y cubanos que rápidamente convirtieron la comunidad en un lugar próspero.

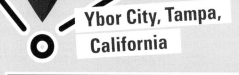

Famoso cartel de la Séptima Avenida

Mount Pleasant desde el aire

Mount Pleasant, Washington D. C.

Los salvadoreños llegaron a Washington en los años 80 huyendo de su guerra civil. Por aquel entonces, Washington era una ciudad que tenía un 70 por ciento de población afrodescendiente.

Cuando llegaban, buscaban un departamento en Mount Pleasant, un barrio que recuerdan sucio y pobre. En aquellos momentos, las rentas de los apartamentos eran muy baratas.

Pronto, el barrio se llenó de *pupuserías* (restaurantes típicos salvadoreños), supermercados con productos del país, peluquerías e, incluso, una Clínica del Pueblo.

Según datos de la Oficina del Censo de 2018, en Washington D. C. residen más de 79 000 latinos; los salvadoreños son el grupo más numeroso y representan el 24.4 por ciento de la población.

Convertido en un barrio de moda, hoy en día las rentas son muy caras y muchos de sus antiguos vecinos tuvieron que mudarse.

Pupusería

Se fundaron sociedades como el Centro Español de Tampa o el Círculo Cubano, que tenían una gran relevancia cultural, social y económica.

Después de la Gran Depresión de 1929, la ciudad comenzó a decaer y, a mediados del siglo XX, fue prácticamente abandonada. En los años 80 empezó a poblarse de nuevo con grupos de artistas. Actualmente, es un atractivo turístico por su oferta de entretenimiento y de vida nocturna.

1 **Todo el grupo** ¿Hay en tu ciudad o región un barrio latino? ¿Lo conoces bien? ¿De qué país son originarios sus vecinos y vecinas? ¿Qué crees que aportó la cultura latinoamericana a los Estados Unidos? ¿Y a tu comunidad?

HOSTAL Babel

Tarde de lluvia

Antes del video

1 **Todo el grupo** Fíjate en la imagen. Tere está *resoplando.* ¿Qué crees que expresa ese gesto? Marca una de las siguientes opciones. ¿Coincides con tus compañeros/as? ¿Existe este gesto en tu país? ¿Significa lo mismo?

1. Que está cansada.
2. Que tiene sueño.
3. Que tiene frío.
4. Que tiene hambre.

2 **En parejas** Visiona sin sonido el fragmento 00:30 ▸ 01:03 del video y, con tu compañero/a, escribe un diálogo fijándote en los gestos y en las intervenciones de los personajes.

2.1 **Todo el grupo** Con el video sin sonido, doblen estos treinta primeros segundos usando el diálogo que escribieron.

2.2 **Todo el grupo** ¿Cuál de los diálogos es el más imaginativo? ¿Y el más chistoso?

Durante el video

3 Visiona de nuevo el fragmento 00:30 ▸ 01:03, ahora con sonido, y comprueba si alguno de los diálogos se parece al original.

4 Visiona el fragmento 01:04 ▸ 01:23 en el que Tere cuenta una anécdota. Escríbela con tus propias palabras.

....

....

....

5 Visiona el fragmento 01:27 ▸ 02:00 y relaciona cada intervención con un personaje, Bea o Tere. Luego ordena el diálogo y visiona el fragmento de nuevo para comprobar tu respuesta.

- ☐ a. ¿Has vivido en Galicia? .... B T
- ☐ b. Pues imagínate yo, que pasé parte de mi infancia en Galicia, ¡y allí sí que llueve! .... B T
- ☐ c. Y allí llueve mucho, ¿verdad? .... B T
- ☐ d. ¡Uf! A mí no me gusta nada la nieve. .... B T
- ☐ e. Sí, recuerdo que cuando era niña llovía mucho más. .... B T
- ☐ f. La verdad es que antes llovía más que ahora. .... B T
- ☐ g. Sí, de pequeña. Durante cuatro años de mi vida, viví allí con mi familia. .... B T
- ☐ h. Y entonces llovía más aún. ¡Y muchas veces hasta nevaba! .... B T

6 **En parejas** Visualiza el fragmento 02:00 ▶ 03:07 e indica si las siguientes afirmaciones son verdaderas (V) o falsas (F).

1. Tere es del sur y por eso casi nunca vio la nieve. .... V F
2. Bea le propone a Tere hacer una excursión para ver la nieve. .... V F
3. Bea explica a Carla que estaban de compras cerca del café. .... V F
4. Bea añade que, como empezó a llover, pasaron a verla. .... V F
5. Tere quiere tomar un café con leche. .... V F
6. Bea quiere merendar un trozo de bizcocho de chocolate. .... V F

6.1 Corrige las respuestas falsas y visiona de nuevo el fragmento para comprobar tus respuestas.

7 **En parejas** Visiona el fragmento 03:16 ▶ 03:57 y completa la información.

1. El papá de Bea era médico y ....
2. Así que toda la familia ....
3. Bea todavía recuerda ....
4. Bea dice que siempre llovía ....
5. Tere dice que le encantan ....

8 **En parejas** Ahora visiona el fragmento final 03:58 ▶ final y cuéntalo con tus propias palabras.

....

....

....

Después del video

9 Señala cuál de las tres imágenes muestra un bizcocho de chocolate. ¿Cómo se llaman los otros dos dulces?

A 

B 

C 

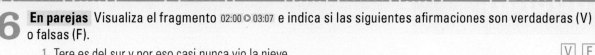

LÉXICO

Cono Sur › bizcochuelo: *Aparte, para el **bizcochuelo**, mezcle todos los ingredientes secos.*
México y Centroamérica › panqué: *Pidió otro té, otro café y un **panqué** de nata.*
Colombia y Venezuela › ponqué: *Me senté a merendar en un café. Tomé café y **ponqué**.*
España › bizcocho: *Allí estaban las tartas de nata y **bizcocho**, grandes y pequeñas, y las de chocolate.*

10 **Todo el grupo** ¿Dónde vivías cuando eras chico/a? ¿Qué tiempo hacía? ¿Donde vives ahora llueve con frecuencia? ¿En qué época llueve más?

11 **Todo el grupo** ¿Te gustan los días de lluvia? ¿Por qué? ¿Qué te gusta hacer cuando llueve?

Evaluación

1 Sustituye los símbolos por palabras.

De: Inés Para: Carol Asunto: Tiempo

¡Hola! ¡Qué onda! ¿Qué tal por allá?

Vi en el periódico que [1] ...., ¡qué suerte! Acá [2] .... y hoy no pudimos ir a la playa. Ayer  [3] ...., pero se estaba chévere y nos bañamos varias veces. En la tarde, tuvimos que regresar al hotel porque [4] ....
Este sitio tiene un tiempo muy inestable, por el día  [5] .... y en la noche [6] ...., pero bueno, estamos descansando... ¡Nos vemos muy pronto!

Un abrazo,
Inés

2 Forma frases con un elemento de cada columna.

1. En verano normalmente hace...
2. Para ser junio hacía...
3. Cuando cambia el tiempo hay...
4. En invierno hacía mucho frío...
5. En septiembre suele...

a. demasiado frío.
b. pero casi nunca nevaba.
c. llover bastante.
d. buen tiempo.
e. más tormentas.

3 Completa con el marcador adecuado.

antes | mientras | siempre | cuando | después

[1] .... salíamos de casa juntos. Raúl llegaba a la oficina a las 9, yo entraba en el hospital [2] ...., a las 8:30. [3] ...., a mediodía, nos veíamos en algún restaurante del centro para almorzar. [4] .... comíamos, conversábamos de nuestras cosas. [5] .... terminábamos de comer, él regresaba a la oficina y yo me iba de nuevo al hospital.

4 Fíjate en las imágenes y escribe cómo se hacen estas cosas ahora y cómo se hacían antes.

1

Ahora ....
Antes ....

2

Ahora ....
Antes ....

3

Ahora ....
Antes ....

4

Ahora ....
Antes ....

5 Completa las frases libremente.

1. Ayer, cuando salía de clase, ...
2. Marcos es vegetariano, pero antes ....
3. Anoche no te telefoneé porque ....
4. Cuando salimos esta mañana ....
5. Siempre que nos veíamos ....
6. Leí tu correo mientras ....
7. Vimos un filme y después ....
8. Cenábamos siempre allá porque ....

6 Conjuga los verbos de esta noticia en el tiempo adecuado.

Carmelo Flores, el hombre más viejo del mundo, cumplió 123 años

Carmelo Flores [1] .... (cumplir) 123 años el pasado 16 de julio; es indio aimara y siempre [2] .... (vivir) en un pueblito de los Andes bolivianos, a 4000 metros sobre el nivel del mar. Toda su vida [3] .... (comer) alimentos naturales que él mismo [4] .... (cultivar) porque, como nos [5] .... (contar), antes no [6] .... (haber) tiendas ni supermercados. Carmelo recuerda que una vez, cuando [7] .... (ser) joven, [8] .... (ir) al doctor, aunque no recuerda por qué.
Según el *Libro Guinness de los récords*, la persona más longeva de la historia [9] .... (ser) la francesa Jeanne Calment, que [10] .... (morir) en 1997: [11] .... (tener) 122 años. El *Libro Guinness* todavía no [12] .... (registrar) a Carmelo Flores como el hombre más longevo del mundo.

Adaptado de http://www.eldia.com.ar/edis/20130815/El-hombre-mas-viejo-mundo-tiene-anos-vive-Bolivia-mts-altura-informaciongeneral6.htm

7 Sustituye la parte subrayada por el posesivo correcto.

Ejemplo: *Este es el número de mi habitación. Dame tu número de habitación.* › *Dame el* ***tuyo***.

1. Estas son las fechas en las que ellos están fuera de vacaciones. ¿Coinciden con nuestras fechas de vacaciones? ....
2. Ahí están los hijos de Manuel, pero no veo a tus hijos. ¿Dónde están? ....
3. Acá está nuestra valija. Y su valija, ¿dónde está? ....
4. Tu casa es mucho más grande que mi casa. ....
5. Mi carro es más chico que el de Luis, mejor vamos en el carro de Luis. ....

8 ¿Reconoces este edificio?¿Sabes a qué barrio latino pertenece? ¿Dónde está el barrio? Resume su historia en 80 palabras.

Unidad

6

Fíjate en las imágenes; ¿a qué hacen referencia?
Justifica tu respuesta.

¿Tienes carro? ¿De qué tipo es?

¿Reciclas tu basura? ¿Por qué?

Dentro de 50 años

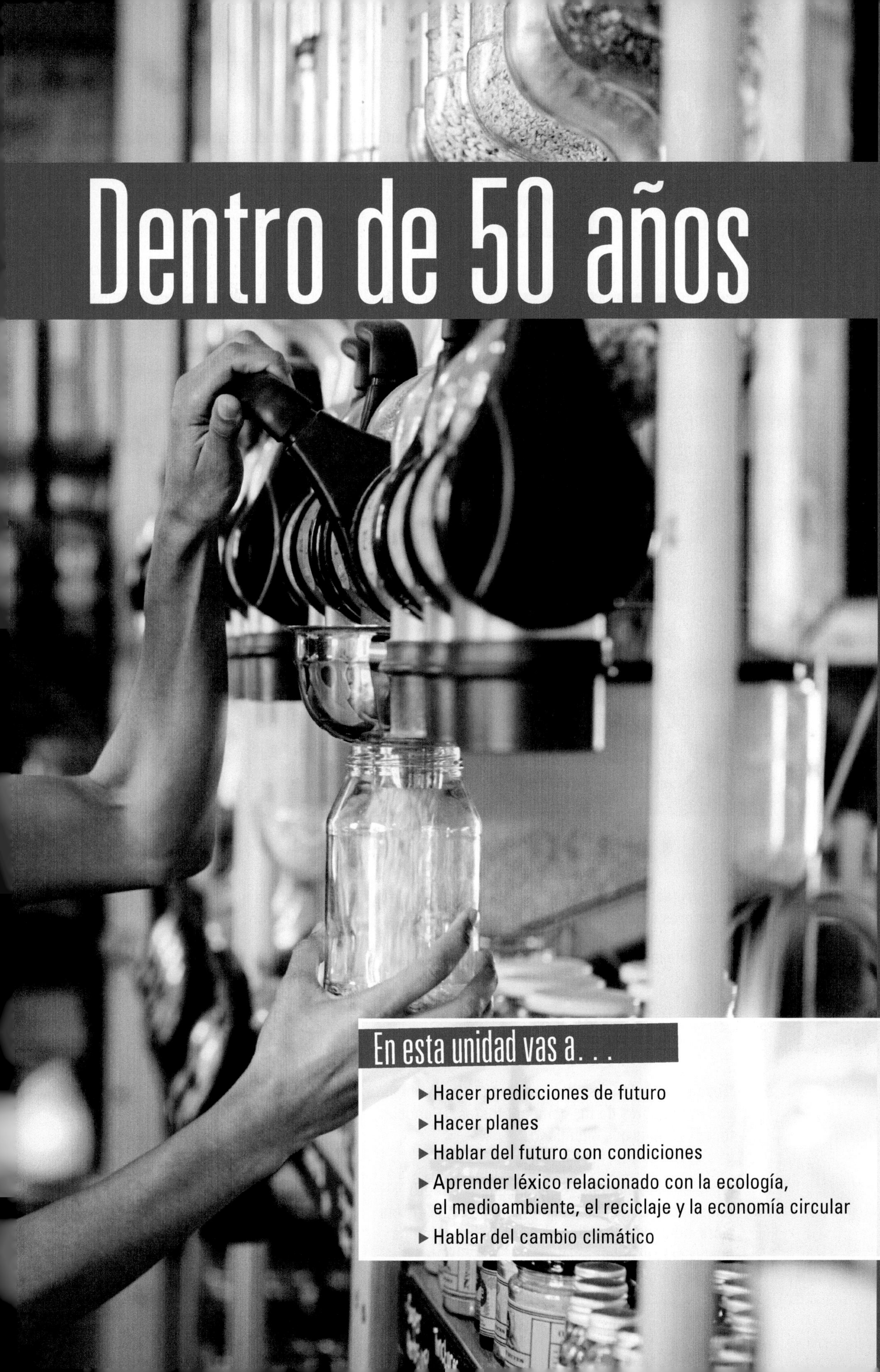

En esta unidad vas a. . .

- Hacer predicciones de futuro
- Hacer planes
- Hablar del futuro con condiciones
- Aprender léxico relacionado con la ecología, el medioambiente, el reciclaje y la economía circular
- Hablar del cambio climático

¿Qué sabes?

1 **Todo el grupo** Fíjate en las siguientes palabras; ¿a qué tema se refieren? Justifica tu respuesta.

TEMA ....

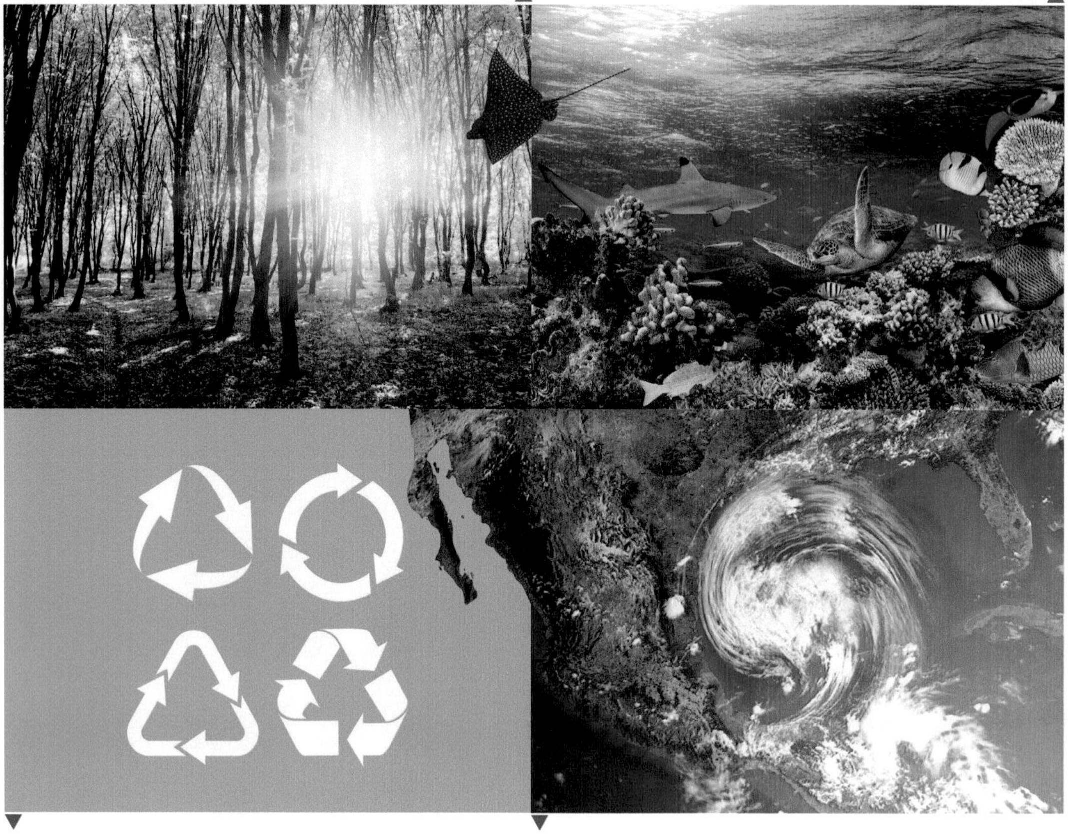

1.1 **En parejas** Escribe en la tabla dos términos relacionados con cada una de las palabras anteriores que tengan que ver con el tema general al que se refieren.

Naturaleza	Reciclaje	Océanos	Clima

1.2 **Todo el grupo** Di las palabras de tu lista y completa con las palabras de tus compañeros/as. ¿Conoces todas? ¿Sabes qué significan?

2 Fíjate en esta imagen. ¿Sabes a qué concepto relacionado con el medioambiente se refiere? Una pista: tiene que ver con una tendencia ecológica que va más allá del reciclaje.

3 [22]

Estas personas hablan sobre sus planes en relación con el medioambiente. ¿Qué van a hacer? Completa los bocadillos.

Voy a ....

Pienso ....

Vamos a ....

Quiero ....

3.1 [22] Vuelve a escuchar y completa estas frases.

1. Voy a andar a mi universidad en bici; así .... deporte todos los días.
2. Voy a limpiar la playa y, de esta manera, ... a mejorar la calidad del agua en mi zona.
3. Vamos a ahorrar en calefacción, no contaminaremos y el aire .... más limpio.
4. En mi tienda .... de todo: muebles, ropa, objetos para el jardín…, todo hecho a partir de productos reciclados.

3.2 **En parejas** Analiza las formas que anotaste. ¿A qué tiempo se refieren las acciones? ¿Conocías este tiempo verbal?

> Recuerda:
> Para hablar del futuro puedes usar las estructuras: *ir a*, *querer* o *pensar* + infinitivo.

4

Todo el grupo ¿Sabes qué es la huella ecológica? Lee la definición en el siguiente texto para averiguarlo. ¿Tienes tú algún plan relacionado con tu huella ecológica?

> De la misma forma que al caminar se deja una huella, el modo de vida de cada uno deja una huella ecológica, es decir, provoca un impacto ambiental determinado que depende, principalmente, de nuestros hábitos y de nuestro grado de concienciación.

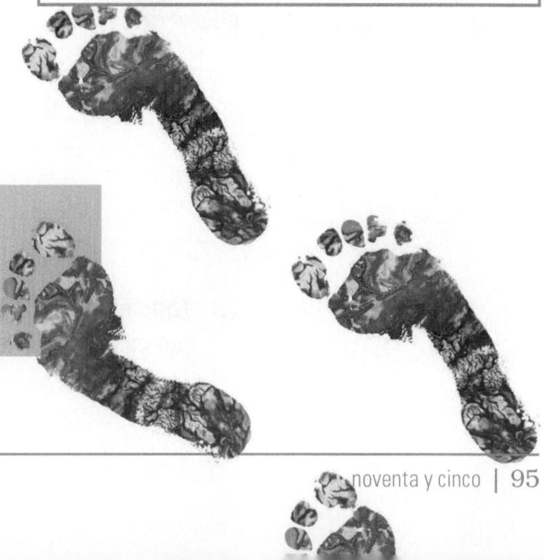

Palabras

1 **En parejas** ¿En qué contenedor reciclas esta basura? Relaciona y compara con tu compañero/a.

1. desechos en general	a. contenedor azul
2. basura orgánica	b. contenedor gris
3. vidrio	c. contenedor marrón
4. plástico y latas	d. contenedor rojo
5. papel	e. contenedor verde
6. residuos peligrosos	f. contenedor amarillo

1.1 [23] Vanessa está muy concienciada con el medioambiente y les explicó a sus hijos con un juego cómo se reciclan los residuos en el lugar donde viven. Escucha sus explicaciones. ¿Los colores de los contenedores coinciden con los de tu comunidad? ¿Cuáles son diferentes?

1.2 **En parejas** Clasifica los siguientes desechos en su contenedor correspondiente según las explicaciones de Vanessa. Puedes volver a escuchar el audio si lo necesitas. ¿Hay algún producto que no puedes reciclar en ningún contenedor?

cartón de leche | botella de vidrio de jugo de naranja | computadora rota | tapón de corcho | paño
papel de cocina usado | bolsa de plástico | lata de refresco | caja de cartón | jeringa usada
bolsa de papas fritas | periódico | restos de plantas y hojas | trozo de carne | libro viejo | pañal

Fíjate:
En muchos países, los residuos que no se pueden reciclar en ninguno de estos contenedores se llevan al "centro de acopio" (también llamado "punto limpio" en países como Chile o España). En este lugar se someten a un proceso de reciclaje específico o se eliminan de forma segura.

1.3 **Todo el grupo** ¿Reciclas habitualmente? ¿Es obligatorio en tu país o comunidad? ¿Crees que es importante?

2 En grupos pequeños ¿Conoces las 5 erres de la ecología? Relaciónalas con estas acciones.

1. Regalar un suéter que te queda chico.
2. Llevar una bolsa de tela al mercado.
3. Reparar un lavarropas que se descompuso.
4. Tirar la lata de refresco al contenedor correspondiente.
5. Utilizar una botella de vidrio para confeccionar una lámpara.

2.1 En parejas Ahora lee estos textos y escribe cuál de las 5 erres se describe en cada uno.

① ______

Casi todo se puede reparar: ropa, productos electrónicos, muebles, calzado, celulares... pueden repararse y alargar así su vida útil.

② ______

Menos consumo en todos los sentidos: menos desperdicio, menos peso y distancia para el transporte, menos energía, menos productos no degradables o no reciclables...

③ ______

De muchos objetos de desecho se pueden rescatar algunos de sus componentes para ser utilizados nuevamente; un buen ejemplo son los metales, que pueden ser separados de los distintos objetos que desechamos y ser utilizados de nuevo.

④ ______

Crear un artículo nuevo usando materiales reciclados o reciclables siempre que sea posible. El papel, por ejemplo, es una de las industrias que más utiliza este principio.

⑤ ______

Hay ropa, calzado, libros y objetos de papelería, envases, componentes electrónicos que se pueden vender o donar... Todo puede tener una segunda vida antes de terminar en la basura.

Gramática

> Fíjate:
> En el futuro las terminaciones son las mismas para las tres conjugaciones, incluidos los verbos irregulares.

> Fíjate:
> Este tiempo se usa también para hacer **suposiciones** o **hipótesis** referidas al presente:
> ▶ *¿Por qué no vino Pedro?*
> ▷ *Es que está enfermo.* (Lo sé).
> ▷ *No sé; **estará** enfermo.* (Lo supongo).
> En este caso, el futuro equivale al presente.

1 Futuro

- El **futuro** se forma con el infinitivo y las siguientes terminaciones:

	Estudiar	Beber	Vivir
yo	estudiaré	beberé	viviré
tú	estudiarás	beberás	vivirás
él, ella, usted	estudiará	beberá	vivirá
nosotros/as	estudiaremos	beberemos	viviremos
vosotros/as	estudiaréis	beberéis	viviréis
ellos, ellas, ustedes	estudiarán	beberán	vivirán

- En este tiempo verbal solo hay doce verbos irregulares:

caber › **cabré**	saber › **sabré**	valer › **valdré**
haber › **habré**	poner › **pondré**	venir › **vendré**
poder › **podré**	salir › **saldré**	decir › **diré**
querer › **querré**	tener › **tendré**	hacer › **haré**

- Utilizamos el **futuro** para hablar de **acciones** y **planes** que se van a realizar en un tiempo que está por llegar (un tiempo **futuro**):
  *La próxima semana **iré** a Santiago de Chile.*
- También sirve para hacer **predicciones** y para hacer **promesas** con ***te prometo/juro* + *que***:
  *El próximo verano **será** muy caluroso.*
  ***Te prometo que** te **llamaré** lo antes posible.*

1.1 **En parejas** Encuentra en esta sopa de letras tres formas regulares y tres formas irregulares de futuro y completa las frases con ellas.

1. Yo creo que .... estudiando todo el fin de semana. El lunes tengo una prueba.
2. La próxima semana Raúl .... mucho tiempo libre. Nomás trabaja en las mañanas.
3. Si vas a ese restaurante, ... muy bien. ¡Está todo riquísimo!
4. Hoy me quedo en casa. Ordenaré y .... todos los libros en el librero.
5. Tranquilo, pronto .... la verdad.
6. .... un correo a Julita para contarle lo que pasó.

T	O	C	É	G	T	V	N	L	R	D	Q
F	E	S	T	A	R	É	E	N	S	N	U
U	S	Á	R	P	E	T	L	L	Á	O	E
S	U	E	E	S	I	P	O	N	D	R	É
H	A	V	S	U	M	P	A	H	A	Z	R
Í	D	B	C	B	P	A	T	E	C	D	U
T	O	C	R	É	U	S	E	S	O	T	R
E	S	I	I	E	S	E	Y	A	M	P	I
N	Ó	T	B	S	M	R	A	N	E	D	O
D	D	É	I	Ó	R	O	E	T	R	É	S
R	E	P	R	E	O	D	S	N	Á	C	H
Á	S	O	É	N	M	A	O	I	S	P	Ó

1.2 **En parejas** Decide si el verbo destacado se refiere al futuro o a una hipótesis en presente.

1. ¿**Vendrán** ustedes a Irlanda a visitarme?
2. No es buena idea ir ahora a la biblioteca, **estará** llena de gente.
3. Esta tarde **llegarán** los nuevos diccionarios.
4. Imagino que el director **estará** reunido, no contesta a las llamadas.

2 Marcadores temporales de futuro

Estos son algunos de los marcadores temporales de futuro más comunes:

- **esta** tarde/noche/semana
- la semana **próxima**
- **dentro de...**
- **este** mes/año
- el mes/año **próximo**
- **desde/a partir de...**
- **en...**
- la semana/el mes/el año **que viene**

*El año **que viene/próximo** será un gran año.*
*A **partir de** mañana estaré de vacaciones.*
***Esta** tarde iré al cine.*
***Dentro de** dos años viajaremos a África.*
***Este** año compraremos un auto nuevo.*
***En** agosto nos cambiaremos de casa.*

Fíjate:
Con el demostrativo *(esta tarde, este mes)* podemos referirnos al pasado o al futuro:
*Esta tarde **fui** al cine.*
*Esta tarde **iré** al cine.*

2.1 [24] ¿Qué planes tiene Sara? Fíjate en las imágenes; ¿qué crees que va a hacer en cada caso? Anótalo. Luego escucha, comprueba si acertaste y escribe cuándo realizará esos planes.

1 ....
....

2 ....
....

3 ....
....

4 ....
....

5 ....
....

2.2 **En grupos pequeños** ¿Y tú? Comenta con tus compañeros/as cuáles son tus planes para esta noche, esta semana, este año, el año que viene, dentro de tres años y dentro de quince años.

Recuerda:
Para hablar del futuro también puedes usar:

- **Presente de indicativo**: *Mañana **ceno** con mis amigas.*
- ***Ir a*** + infinitivo: *El mes que viene **voy a** viajar a Lima.*
- ***Pensar/Querer*** + infinitivo:
  *A partir de mañana **pienso/quiero** cambiar mis hábitos de consumo.*

GRAMÁTICA
En Latinoamérica se suele utilizar más la forma *ir a* + infinitivo para hablar del futuro:
*Oficialmente, la semana que viene **van a empezar** a implementar los cambios que a usted se le ocurrieron...*

Practica en contexto

1 **Todo el grupo** Fíjate en las siguientes frases. ¿Con qué concepto las relacionas?

Extraer para tirar | Somos ricos en basura | Tus residuos son mis recursos

1.1 **En parejas** Ahora fíjate en esta infografía, elige uno de los dos gráficos y explícaselo a tu compañero/a.

ECONOMÍA CIRCULAR

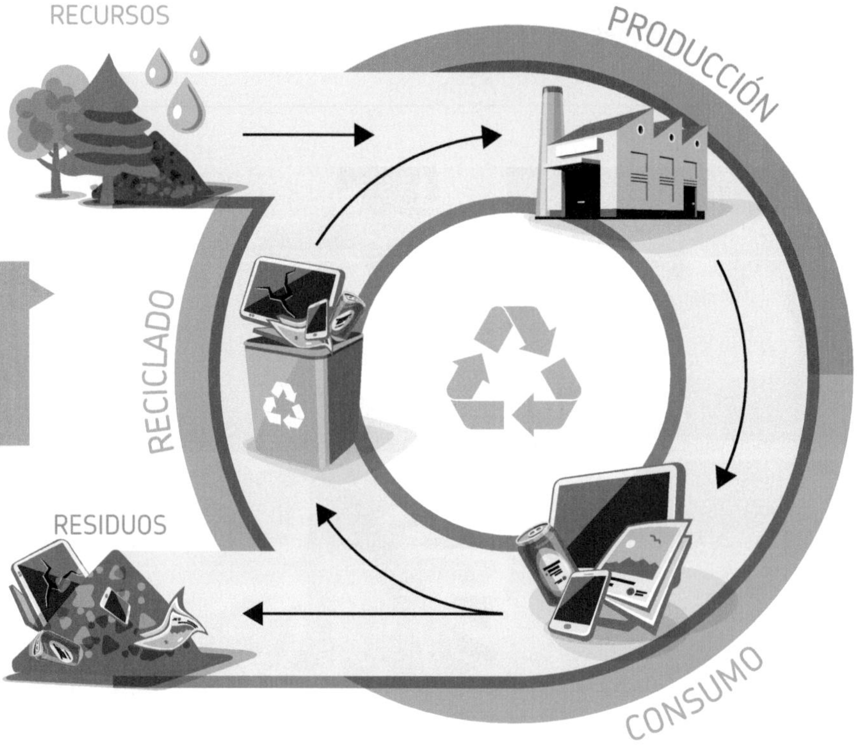

Infografía
La infografía combina **imágenes** (ilustraciones, gráficos, pictogramas...) y **textos** con el fin de comunicar información de manera visual y facilitar su transmisión.

ECONOMÍA LINEAL

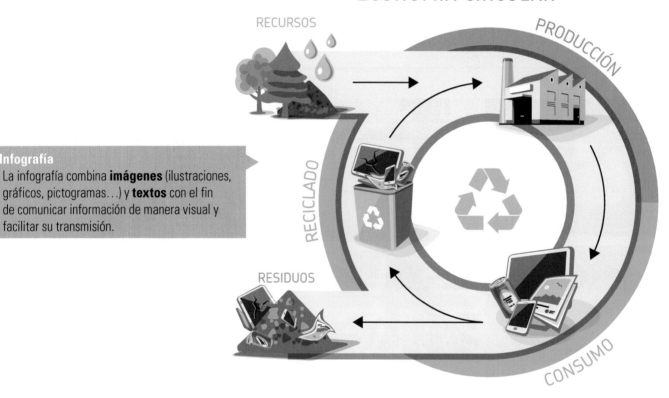

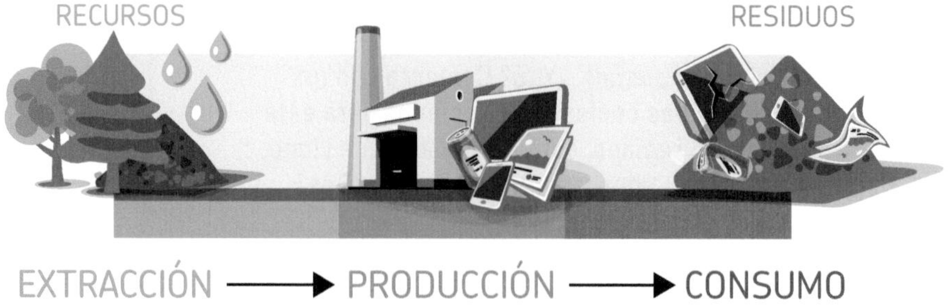

1.2 **En grupos pequeños** Relaciona de manera lógica las frases de la actividad 1 con los gráficos. Compara las respuestas de tu grupo con las del resto de la clase. ¿Se parecen?

2 **En parejas** Vas a leer un artículo sobre economía circular. Antes relaciona estos conceptos con su significado: podrás comprender mejor el texto.

1. sustentar
2. nutriente
3. desechar
4. biodegradable
5. contribuir
6. generar

a. Sustancia que alimenta.
b. Producir.
c. Que puede descomponerse en elementos químicos naturales por la acción del sol, el agua, las bacterias, las plantas o los animales.
d. Tirar algo porque ya no nos sirve.
e. Mantener, sostener.
f. Ayudar para algún fin.

2.1 **En parejas** Ahora lee el texto y resume cada párrafo en dos frases.

Está claro que el modelo económico actual –extraer, producir, consumir y tirar– no será posible en el futuro. La ONU calcula que para mediados de siglo la población mundial será de unos 9100 millones de personas: "Con estas cifras, se necesitarán casi tres planetas Tierra para conseguir los recursos naturales necesarios para mantener el modo de vida actual". Según el profesor Antonio Valero, "el ser humano tendrá que vivir de sus residuos, como hace la naturaleza". Y es que serán los residuos que generamos los que deberán sustentar buena parte del ciclo productivo.

1. ....
....

En el mundo natural no hay residuos: los residuos de una especie se convierten en alimento para otra. La energía proviene del sol, los seres vivos nacen y mueren, y la tierra recupera siempre los nutrientes de forma segura. Pero los seres humanos adoptamos siempre un enfoque lineal en la manera de producir: primero descubrimos algo, luego lo producimos, lo usamos y finalmente lo tiramos. Por ejemplo, un nuevo celular sale al mercado, lo compramos y tiramos el antiguo, nuestro lavarropas se descompone y compramos otro... Cada vez que hacemos esto generamos residuos tóxicos que no se recuperan y contaminan el planeta.

2. ....
....

Pero, si adoptamos el modelo que nos ofrece la naturaleza para producir las cosas, lograremos pasar de la economía lineal –extraer, producir, consumir y tirar– a la economía circular; es decir, podremos convertir nuestros residuos en nuevos materiales en lugar de tener que desecharlos. Si volvemos a diseñar los productos, sus componentes y sus envases, crearemos materiales seguros que contribuirán a generar otros productos, o serán biodegradables y no dañarán ni contaminarán la Tierra. Aun así, tenemos que pensar qué hacer con los residuos no biodegradables, como los lavarropas, los celulares o las heladeras.

3. ....
....

Adaptado de https://gestoresderesiduos.org/noticias/espana-ya-tiene-listo-el-borrador-de-su-primer-plan-de-economia-circular y de www.ellenmacarthurfoundation.org

LÉXICO

Latinoamérica › refrigerador, heladera: *No tenemos **refrigerador** ni despensa, pero puedo ofrecerles un taco de frijoles.*
*Abrí la **heladera** y metí las dos botellas.*

España › nevera, frigorífico: *En la **nevera** hay de todo. Anda, haz algo, pon música.*
*¿Sabes deshelar el **frigorífico**?*

Latinoamérica › *freezer*: *El helado, en el* **freezer**. *El otro afuera está bien.*

España › congelador: *Después tapamos el recipiente y lo ponemos en el **congelador** del frigorífico por espacio de dos horas como mínimo.*

Latinoamérica › lavarropas: *El **lavarropas** se pone en marcha siguiendo el programa automático.*

España › lavadora: *Carmen saca ropa mojada del tambor de la **lavadora** y la mete en la centrifugadora.*

2.2 **En grupos pequeños** Comparen sus resúmenes con los de otra pareja. ¿Se parecen?

Primera condicional

Para hablar de acciones futuras que dependen de una **condición** se usa la estructura *si* + presente de indicativo + futuro:

Si tengo tiempo, te ***telefonearé****.*

3 **En grupos pequeños** En el último párrafo del artículo se plantea una cuestión: ¿qué podemos hacer con los materiales que no son biodegradables? Fíjate en la estructura de la siguiente frase y, siguiendo el modelo, plantea soluciones al problema.

Si volvemos a diseñar los productos, sus componentes y sus envases, crearemos materiales seguros y biodegradables que contribuirán a generar otros productos o a cultivar la Tierra.

3.1 **Todo el grupo** Comparte las ideas de tu grupo con la clase. Tu profesor/a va a anotar en el pizarrón todas las propuestas que se hacen.

3.2 [25] Estas personas contestaron también a la pregunta. Escucha y completa sus respuestas.

1. Si .... una licencia de uso de los dispositivos electrónicos, las compañías .... los componentes al finalizar su uso.

2. Si la compañía nos .... los nuevos componentes de los dispositivos por una pequeña cantidad a cambio de los antiguos, ... la vida útil de los aparatos.

3. Si se .... energías renovables en los transportes, el problema de la contaminación .... menor.

4. Si .... productos de cercanía, ... el transporte aéreo, que es el que más contamina.

3.3 **Todo el grupo** Compara las ideas de estas personas con las del pizarrón. ¿Coinciden? ¿Cuáles piensas que son fáciles de aplicar y cuáles no? ¿Por qué? ¿Crees que educar y concienciar sirven para cambiar los comportamientos actuales?

4 [26] Escucha la opinión de estos expertos que hablan sobre energías alternativas y actividades sostenibles. Relaciona cada intervención con su imagen correspondiente. ¿Cuál de ellas no se menciona? ¿Sabes en qué consiste?

- [ ] energía eólica
- [ ] auto eléctrico
- [ ] energía solar
- [ ] ecoturismo

5 **En parejas** ¿Cómo crees que serán dentro de 50 años la salud, los robots, los autos, la energía o los viajes espaciales? Tienes que justificar tu respuesta. Fíjate en el ejemplo.

Ejemplo: *Probablemente en 20 o 30 años la temperatura del planeta aumentará en 2 o 3 grados y por eso desaparecerán algunas especies y nacerán otras nuevas. Lo malo es que no serán cambios naturales, sino provocados por la acción del hombre.*

Hacer predicciones

- Seguramente
- Probablemente
- Posiblemente
- Creo que
- Me imagino que
- Seguro que
- Supongo que

\+ futuro

Seguro que en 50 años habrá menos enfermedades.

5.1 **Todo el grupo** Esto es lo que se prevé con respecto a los temas anteriores. ¿Coincides con los expertos?

opinionesdeciencia.es

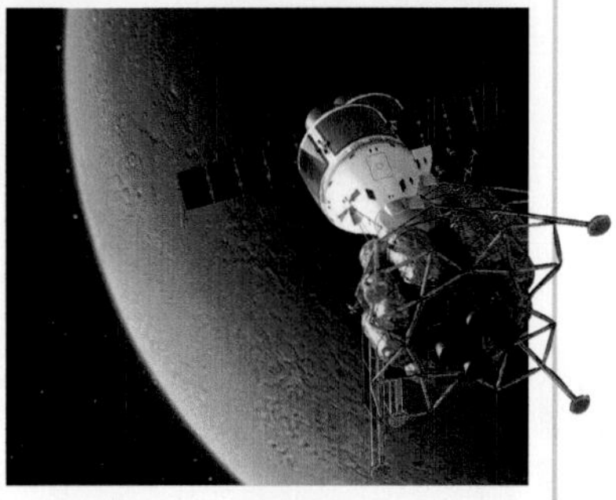

José Luis Cordeiro, profesor de la Singularity University, en California, afirma: "Creo que los avances científicos nos darán la posibilidad de curar el envejecimiento. Ya se está haciendo a nivel celular y de tejidos, pero podremos hacerlo en todo el organismo. Yo no pienso morir, no está entre mis planes", aseguró.

De acá a 50 años probablemente llegaremos a Marte. Los viajes espaciales responderán a la necesidad de supervivencia de nuestra especie por el impacto negativo que estamos provocando en el planeta y por la superpoblación.

En cuanto al transporte terrestre, estamos seguros de que dentro de medio siglo los autos serán autónomos y no necesitarán choferes.

Los expertos imaginan un futuro en el que el aumento de la esperanza de vida y la soledad se convertirán en un problema y la robótica jugará un importante papel para su solución. En Japón ya se dan los primeros pasos en robots de acompañamiento de personas mayores y los avances son muy rápidos.

Si alguien piensa que dentro de 50 años las energías limpias y renovables moverán el mundo, se equivoca. O eso opina el geólogo Pedro Alfaro, catedrático de Geodinámica Interna. "Estamos viendo que el cambio a renovables va muy lento y el petróleo en 50 años no se acabará, así que seguiremos igual que ahora". Alfaro considera que el problema para generalizar el uso de las energías renovables y limpias es el costo. ¿La gente estará dispuesta a pagar más? Ya veremos…

Adaptado de http://www.laopiniondemalaga.es/sociedad/2017/06/12/futuro-espera-50-anos/936860.html

NO HAY UN PLANeta B

1 **Todo el grupo** Fíjate en el título del apartado. Reproduce un eslogan que se repite en las manifestaciones por el medioambiente; ¿qué juego de palabras esconde? ¿Puedes expresar lo que quiere decir con otras palabras?

El problema

En los últimos cien años, la temperatura media global aumentó 0.76 °C (168.8 °F). La emisión de gases de efecto invernadero derivada de la acción del ser humano está provocando variaciones no naturales en el clima. Debido a esa emisión excesiva e incontrolada, la atmósfera retiene más calor del necesario y se produce lo que denominamos el "calentamiento global".

Las causas

- Uso de combustibles fósiles para producir energía
- Transporte
- Ganadería y agricultura intensivas
- Generación de basura que tarda años en descomponerse: plásticos, componentes electrónicos…

Las consecuencias

- Derretimiento de los polos con el consiguiente aumento del nivel del mar
- Fenómenos meteorológicos violentos y destructivos: sequías, incendios, inundaciones, desertificación…
- Pérdida de especies vegetales y animales y, como consecuencia, el empobrecimiento cada vez más alarmante de la biodiversidad
- Contaminación de océanos y su efecto negativo en la salud humana

Existirá un futuro si…

- se sustituyen los combustibles fósiles por energías renovables.
- se reduce el consumo de carne y lácteos y el desperdicio de comida.
- se consumen productos de proximidad.
- se racionaliza el transporte.
- se aplican las cinco erres de la ecología: reducir, reparar, recuperar, reutilizar y reciclar.
- nuestros hogares se hacen sostenibles.

2 **Todo el grupo** La solución al problema ¿es individual o colectiva? ¿Qué están haciendo los diferentes gobiernos para resolver esta situación? ¿Te parecen útiles las cumbres del clima que se celebran cada cierto tiempo? Argumenta tus respuestas.

Video

HOSTAL Babel

Dentro de mil años

Antes del video

1 Fíjate en los siguientes recipientes y escribe su nombre.

1  ....

2 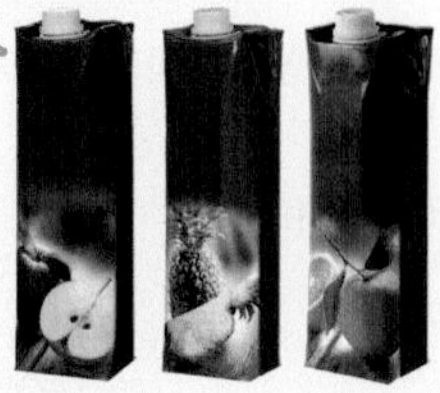 ....

3  ....

4  ....

1.1 **Todo el grupo** ¿Qué tienen en común estos envases? Discútelo con tus compañeros/as.

2 Carla, Leo y Tere preparan una cena especial. Completa la conversación con las palabras del recuadro y comprueba tu respuesta anterior.

residuos | bandejas | bolsas | desechables degradarse | de vidrio | contaminantes tetrabrik | plástico

Hugo: Pero... ¿qué compraron? ¡Verduras en envases de [1] ....! ¡Eso no se debe comprar nunca!

Tere: ¿No te gusta?

Hugo: No es por la verdura, es por esos horribles envases. Son muy contaminantes. ¿Sabes cuántos [2] .... producirá esta cena?

Carla: Pero, Hugo...

Hugo: ¡La fruta y la verdura nunca se deben comprar envasadas!

Leo: Vale, lo tendremos en cuenta para la próxima vez.

Hugo: ¡Esas [3] .... tardarán más de 30 años en degradarse! ¡Son muy [4] ....!

Tere: ¡Vaya!

Hugo: Y todas esas [5] .... de plástico están hechas de un material que se llama *polietileno*.

Leo: ¿Cómo?

Hugo: PO-LIE-TI-LE-NO... Esas cosas tardarán 150 años en desaparecer. ¡150 años!

[...]

Tere: Hugo, tranquilo. Mira, te hemos comprado zumo. ¿Te apetece uno?

Hugo: ¿Jugo en [6] ....? ¿Pero tú sabes cuánto tiempo necesitará eso para [7] ....?

Tere: Ay, hijo, ni idea...

Hugo: ¡Eso desaparecerá dentro de 500 años! ¡Ay! No me digan que también compraron vasos [8] ....…

Carla, Leo y Tere: ¡Sí!

Hugo: Esos vasos se hacen con polipropileno y estarán contaminando este planeta durante ¡1000 años!

Tere: ¡Qué pesadilla!

Hugo: ¿Para qué usamos vasos desechables si aquí en la cocina tenemos vasos [9] ....?

Carla: Bueno, pensamos que es más cómodo, porque no hace falta lavarlos. Se usan, se tiran y chau.

Durante el video

3 Visiona el fragmento 01:53 ▶ 04:01, comprueba si tus respuestas anteriores son correctas y corrígelas en caso necesario.

4 Visiona todo el episodio y haz un resumen de este. Recuerda que debes escribir las ideas principales de la historia.

5 Observa estos gestos en el video. ¿Qué transmiten? ¿Enojo, extrañeza, tranquilidad...? Anótalo en cada caso y escribe también qué palabras usan los protagonistas para acompañarlos.

1

▶ 00:36

2

▶ 01:11

3

▶ 02:33

4

▶ 02:40

5

▶ 02:58

6

▶ 03:10

7

▶ 03:28

8

▶ 04:00

Después del video

6 **En parejas** En el video se mencionan las palabras *patatas*, *zumo*, *jugo* y *papas*. ¿A qué variedad del español pertenece cada una?

7 **En parejas** ¿Crees que el uso de términos diferentes dificulta el entendimiento entre los hispanohablantes de distintas zonas? ¿Por qué?

8 **Todo el grupo** ¿Con cual de los personajes te identificas más en la discusión? ¿Estás de acuerdo con Hugo? ¿Crees que es demasiado exagerado? ¿Por qué?

Evaluación

1 Elabora una lista de seis palabras o expresiones relacionadas con la economía circular.

1. ....
2. ....
3. ....
4. ....
5. ....
6. ....

2 Escribe debajo de cada imagen qué tipo de residuo es.

vidrio | otros residuos | peligroso | plástico y metal | cartón y papel | orgánico

1 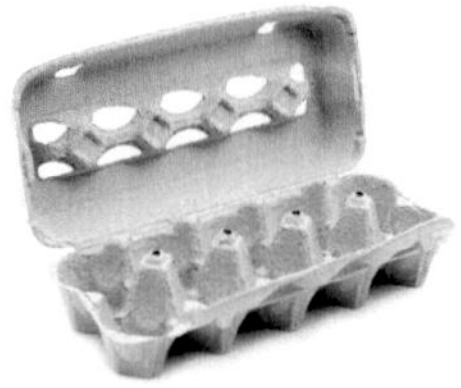

....

2 

....

3 

....

4 

....

5 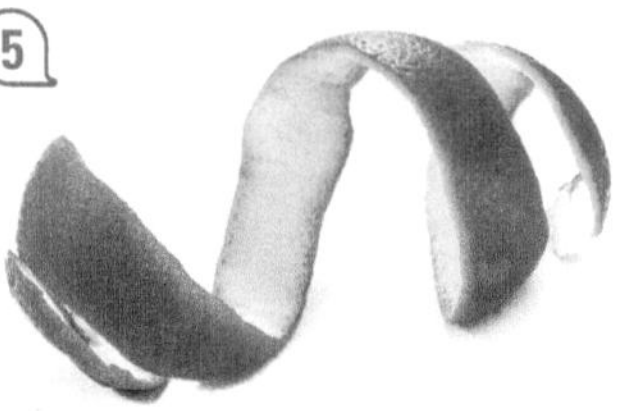

....

6 

....

3 Escribe dos usos del futuro y pon un ejemplo de cada uno.

1. ....
2. ....

4 Completa las frases con el futuro del verbo correspondiente.

acostarse | llegar | pasar | hablar | llamar

1. No me gusta trabajar tantas horas. Mañana .... con mi jefe.
2. Si termino pronto, ... a mis amigos para salir un rato.
3. Esta noche .... temprano. Estoy cansadísima.
4. Si estudias, ... la prueba.
5. Lo siento, me dormí y .... tarde.

5 Escribe el futuro de los siguientes verbos irregulares. Puedes escribir la forma *vosotros/as* si quieres practicarla.

	Saber	Valer	Salir	Haber	Poner	Caber
yo						
tú						
él, ella, usted						
nosotros/as						
vosotros/as						
ellos, ellas, ustedes						

6 Escribe frases explicando tus planes para...

esta noche: ....

mañana: ....

el año que viene: ....

dentro de 10 años: ....

7 ¿Pensaste alguna vez cómo será tu español dentro de 15 años? Escribe una breve redacción.

Mi español dentro de 15 años ....

....

....

....

....

8 Lee la siguiente afirmación y continúa las frases con condiciones que, si se cumplen, mejorarán la salud del planeta.

"Cada uno de nosotros, con nuestra forma de vida, puede ayudar a mejorar el estado de salud del planeta en el que vivimos"

– Si ....

– Si ....

– Si ....

9 Marca las afirmaciones correctas.

1. ☐ El cambio climático es consecuencia de factores naturales.
2. ☐ La agricultura intensiva contribuye al calentamiento global y al cambio climático.
3. ☐ Fenómenos derivados del cambio climático son la lluvia y la nieve, por ejemplo.
4. ☐ El uso de energías renovables contribuirá a reducir el aumento de la temperatura en el planeta.

Unidad 7

¿Qué significa 'en línea'? ¿Cómo se traduce en tu lengua?

Fíjate en este equipo de personas y analiza la imagen; ¿a qué crees que se dedican? ¿Y si relacionas su profesión con el título de la unidad?

¿Te gusta la publicidad? ¿De qué tipo?

En línea

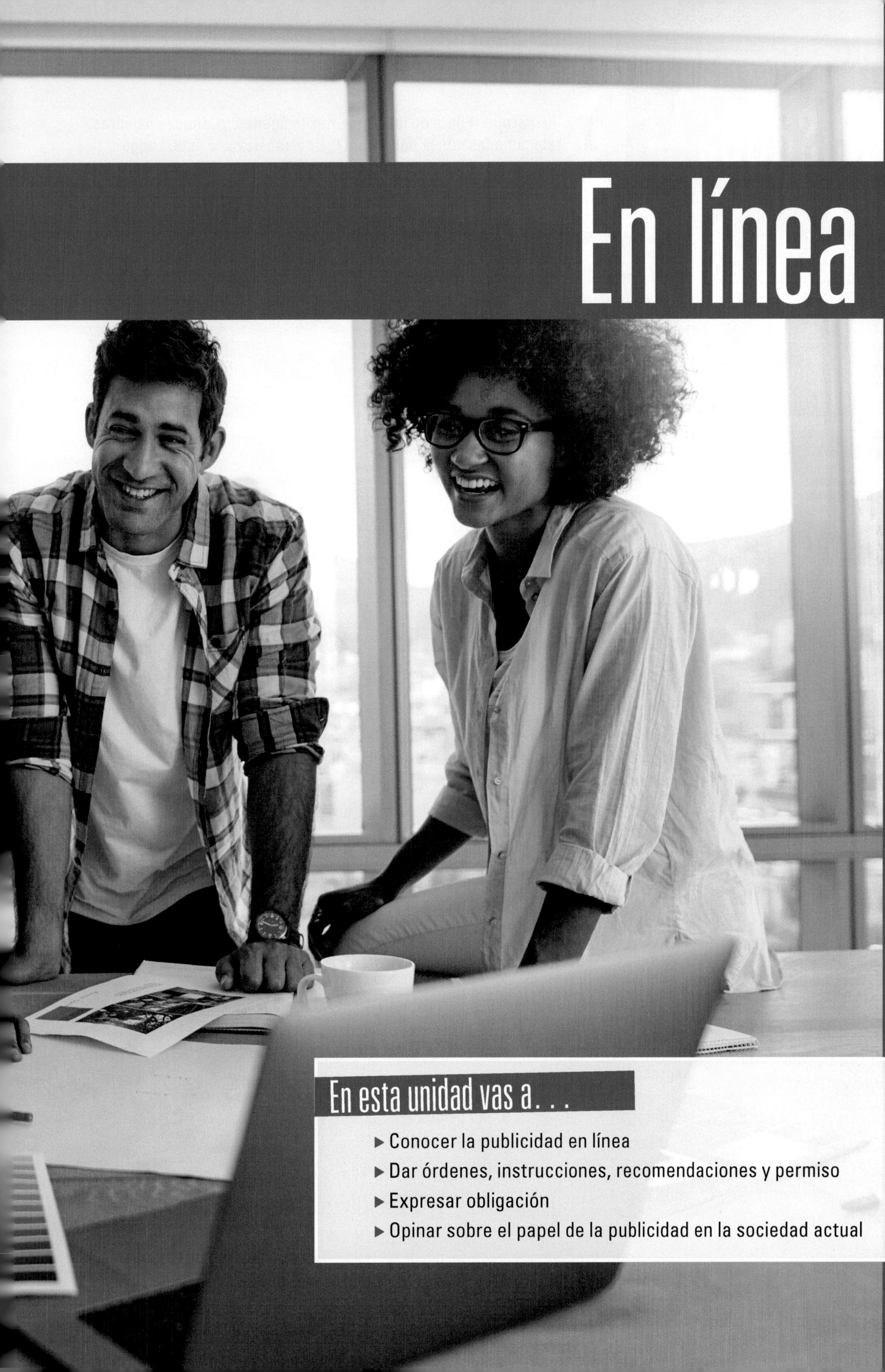

En esta unidad vas a. . .

- Conocer la publicidad en línea
- Dar órdenes, instrucciones, recomendaciones y permiso
- Expresar obligación
- Opinar sobre el papel de la publicidad en la sociedad actual

¿Qué sabes?

1 **En parejas** Fíjate en las siguientes imágenes. ¿Conoces palabras relacionadas con la publicidad? ¿Cuáles? Haz una lista. Luego compártela con tu compañero/a para hacer una lista común.

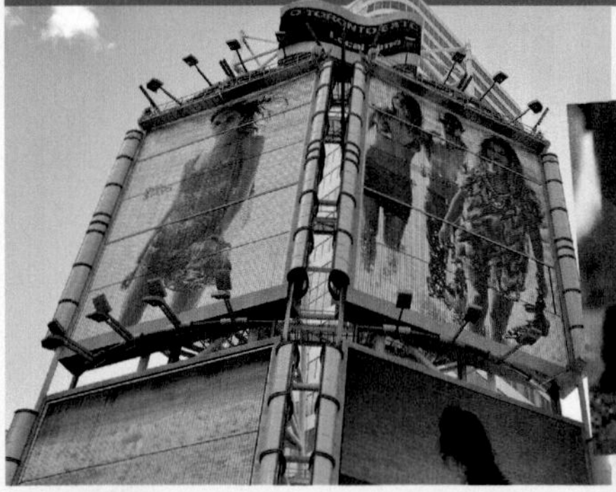

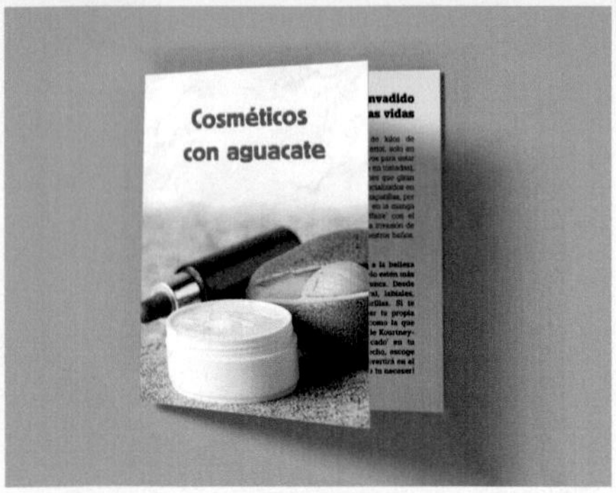

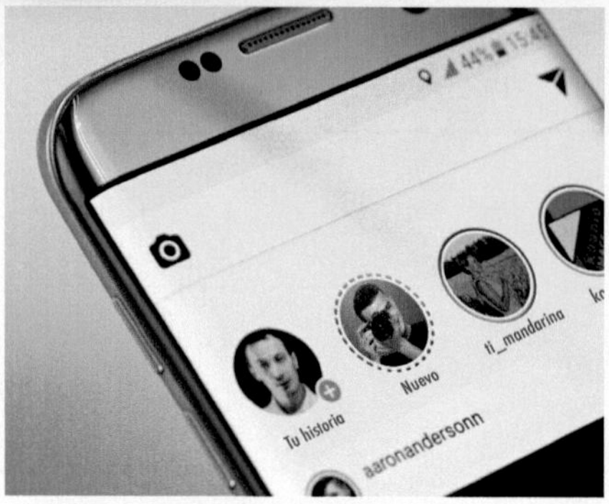

2 [27] Escucha los siguientes diálogos y completa las frases con la forma verbal que utilizan. ¿Recuerdas cómo se llama este modo verbal?

1. Sí, un poco... Mejor [1] .... el metro hasta la estación Plaza Universidad y después [2] .... caminando cinco minutos hasta la Gran Avenida.
2. [3] .... a Costa Rica. Es una zona bien linda, rodeada de naturaleza, y no hace mucho calor. ¡Te encantará!
3. Sí, claro. [4] .... la heladera y [5] .... la botella.
4. ¿Qué haces? ¡[6] .... ahora mismo y [7] .... las tareas!

2.1 [27] Vuelve a escuchar y relaciona cada diálogo con lo que expresa.

Diálogo 1	a. Dar permiso.
Diálogo 2	b. Dar órdenes.
Diálogo 3	c. Recomendar y aconsejar.
Diálogo 4	d. Dar instrucciones.

1.1 **En parejas** Lee el siguiente texto y explica de qué modo hace Miguel sus compras. Señala las palabras que te ayudan a deducir la respuesta.

> Yo siempre hago las compras así porque es más barato, más cómodo y puedes leer información y opiniones de otros usuarios. Compro siempre con tarjeta de crédito porque muchas compañías protegen a los clientes que utilizan este tipo de tarjetas. También leo atentamente la información sobre privacidad de datos. ¡Hazlo siempre!

1.2 **Todo el grupo** ¿Qué recursos utilizaste para aprender de manera eficaz las palabras relacionadas con la publicidad y las compras en línea? Ordénalos de más a menos eficaces según tu opinión. Luego comparte tu clasificación con tus compañeros/as.

1. ☐ Relaciono las palabras con imágenes.
2. ☐ Escribo listas de palabras relacionadas con ese ámbito.
3. ☐ Aprendo las palabras mediante la lectura de textos breves.
4. ☐ Memorizo las nuevas palabras.
5. ☐ Otros recursos: ....

....

3 **En grupos pequeños** ¿Sabes expresar órdenes o peticiones? Mira las imágenes. ¿Qué les dices a estas personas? Hay varias posibilidades. Fíjate en el ejemplo.

Ejemplo: *Apaga la tele, es tarde.*
¿Puedes apagar la tele, por favor?

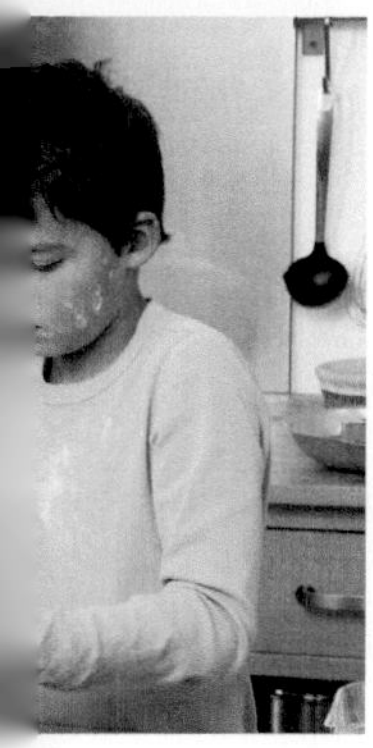

Palabras

1 **En parejas** Estas palabras están relacionadas con internet y el mundo de la publicidad. ¿Sabes qué significan? Coméntalo con tu compañero/a.

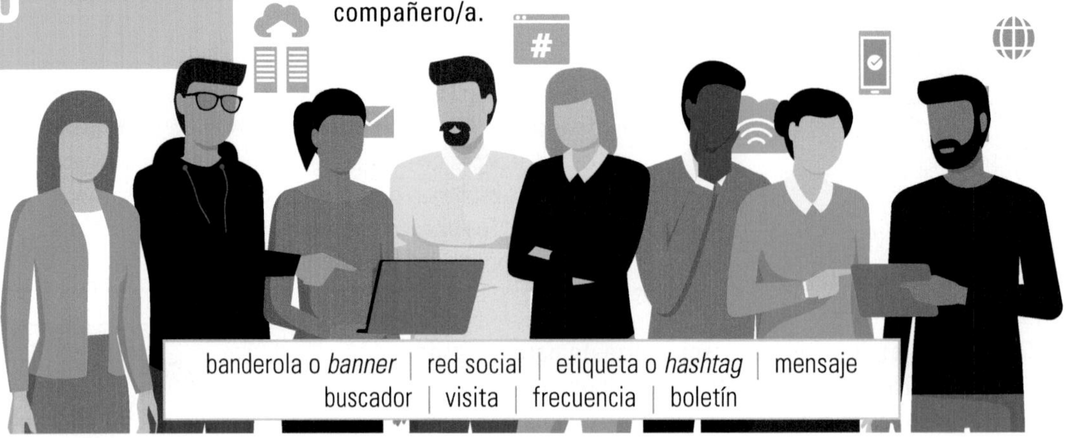

banderola o *banner* | red social | etiqueta o *hashtag* | mensaje
buscador | visita | frecuencia | boletín

1.1 **En parejas** Relaciona las definiciones con las palabras anteriores para comprobar tu respuesta.

1. ______ Número de veces que se publica un comercial en un sitio web.
2. ______ Palabra o serie de palabras precedida por el símbolo de almohadilla (#).
3. ______ Página web en la que los internautas intercambian información creando una comunidad virtual.
4. ______ Acceso de una persona a un sitio web.
5. ______ Formato publicitario en internet con imágenes. A veces es interactivo y animado.
6. ______ Publicación periódica enviada por correo electrónico a los usuarios de una web.
7. ______ Sistema informático para encontrar información almacenada en servidores web.
8. ______ Texto escrito u oral que se envía a otra(s) persona(s).

LÉXICO

En Latinoamérica es más frecuente que en España utilizar algunos de estos términos en inglés.

› *banner*:
La versión gratis se financia mostrando un banner *con publicidad en su interfaz.*

› *hashtag*:
El hashtag *se incluye dentro del mensaje anteponiendo el símbolo # a la palabra.*

1.2 **En parejas** Lee las frases y sustituye las palabras destacadas por las correctas. Fíjate en el contexto.

1. Me encanta lo que dicen **los buscadores** de la red social de Ana. ¡Son tan divertidas!
2. Ayer me llegó al correo electrónico el último **mensaje** de tu web.
3. Lo que menos me gusta de internet son **las redes sociales**. Me pongo muy nervioso cuando aparece uno de ellos porque no me deja leer la noticia.
4. Raúl no puede vivir sin **las etiquetas**. Dice que es la mejor forma para comunicarse con amigos, conocer gente, hacer publicidad…
5. Sara fue muy desagradable en su último **boletín**. Si sigue así, la voy a bloquear.
6. Para saber si una web es de calidad, debemos contabilizar **la frecuencia**.
7. **Las visitas** de un comercial en un sitio web es un factor importante para su éxito.
8. Mi vida profesional es más fácil con **los *banners***. Si tengo alguna duda o quiero buscar algo, los consulto.

2 **En grupos pequeños** Ana hace muchas compras en línea. Reescribe las frases utilizando las expresiones del recuadro.

- garantía por daño
- tarjeta de crédito
- reputación
- costos de envío
- política de devolución y reembolso del dinero

1. Me gusta saber la opinión de otros consumidores, comprobar si están satisfechos o no.
   › Me gusta investigar sobre la .... de la compañía.
2. Quiero saber qué pasa si un producto está dañado.
   › Quiero saber si existe ....
3. Me informo sobre qué sucede si un producto no me gusta y quiero regresarlo. ¿Me depositan el dinero en mi cuenta?
   › Me informo sobre la ....
4. Quiero saber si tengo que pagar por el envío de la compra.
   › Quiero saber si existen ....
5. No me gusta que retiren el dinero inmediatamente de mi cuenta bancaria.
   › Utilizo una ....

2.1 [28] Ahora escucha a Ana, comprueba si las respuestas anteriores son correctas y corrígelas en caso necesario.

2.2 [28] Escucha de nuevo y relaciona la información.

1. Ana busca siempre la identidad de las compañías...
2. En la página web se debe informar de si existe política de devolución...
3. Muchas compañías no informan de los costos de envío...
4. Las tarjetas de crédito...
5. Ana quiere saber si hay una garantía en la compra del producto...

a. y luego los cobran.
b. son más seguras que las tarjetas de débito.
c. porque algunas no son conocidas.
d. porque a veces se compran cosas y al poco tiempo no funcionan.
e. y de cómo hacen el reembolso.

3 **Todo el grupo** ¿Y tú? ¿Compras por internet como Ana? Comenta con tus compañeros/as lo que haces normalmente y por qué.

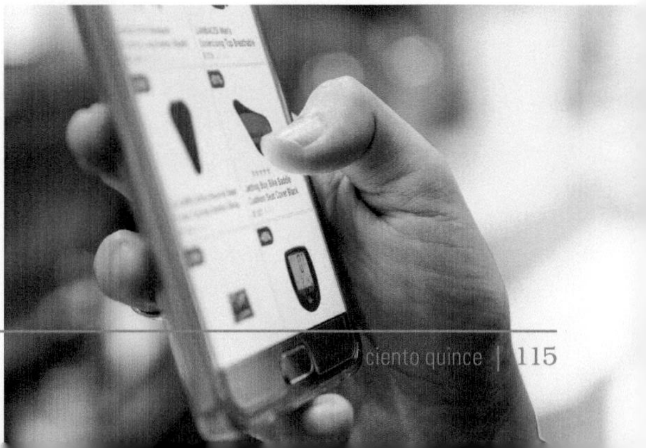

Gramática

> Recuerda:
> Hay verbos con cambios ortográficos: *no apa**gu**es, practi**qu**e, no eli**j**as, reali**c**e...*

1 Imperativo afirmativo y negativo

- **Imperativo afirmativo regular**:

	Hablar	Beber	Vivir
tú	habla	bebe	vive
usted	hable	beba	viva
vosotros/as	hablad	bebed	vivid
ustedes	hablen	beban	vivan

- El **imperativo afirmativo irregular** mantiene las irregularidades vocálicas del presente de indicativo:
  - e › ie: p**ie**nsa, p**ie**nse, pensad, p**ie**nsen
  - o › ue: c**ue**lga, c**ue**lgue, colgad, c**ue**lguen
  - u › ue: j**ue**ga, j**ue**gue, jugad, j**ue**guen
  - e › i: p**i**de, p**i**da, pedid, p**i**dan
  - i › y: hu**y**e, hu**y**a, huid, hu**y**an

- Otros irregulares:
  - **sé**, **sea**, sed, **sean**
  - **ten**, **tenga**, tened, **tengan**
  - **haz**, **haga**, haced, **hagan**
  - **pon**, **ponga**, poned, **pongan**
  - **sal**, **salga**, salid, **salgan**
  - **ven**, **venga**, venid, **vengan**
  - **ve**, **vaya**, id, **vayan**
  - **di**, **diga**, decid, **digan**
  - **oye**, **oiga**, oíd, **oigan**

- El **imperativo negativo** se forma a partir de la forma *usted* del afirmativo añadiendo *-s* para *tú* e *-is* para *vosotros/as*:

	Hablar	Beber	Vivir
tú	no hables	no bebas	no vivas
usted	no hable	no beba	no viva
vosotros/as	no habléis	no bebáis	no viváis
ustedes	no hablen	no beban	no vivan

- El **imperativo negativo irregular** tiene, por regla general, las mismas irregularidades que la forma *usted* del imperativo afirmativo:

Empezar	Dormir	Pedir	Sentir	Tener	Salir	Decir
no emp**ie**ces	no d**ue**rmas	no p**i**das	no s**ie**ntas	no **tengas**	no **salgas**	no **digas**
no emp**ie**ce	no d**ue**rma	no p**i**da	no s**ie**nta	no **tenga**	no **salga**	no **diga**
no empecéis	no d**u**rmáis	no p**i**dáis	no s**i**ntáis	no **tengáis**	no **salgáis**	no **digáis**
no emp**ie**cen	no d**ue**rman	no p**i**dan	no s**ie**ntan	no **tengan**	no **salgan**	no **digan**

GRAMÁTICA

- El pronombre vos tiene una forma propia para el imperativo afirmativo que es siempre regular: *decí, salí, vení, tené, hacé, poné, medí, jugá, queré, oí...*
- La forma voseante del imperativo negativo, tanto regular como irregular, se forma a partir de la persona *vosotros/as* del imperativo negativo que acabas de estudiar, suprimiendo la ***i*** de la terminación: *no cantéis › no cantés; no seáis › no seás; no tengáis › no tengás; no durmáis › no durmás...*

*No **empecés** a interrumpirme, Maruja. Vos sabés que en los sueños pasa de todo.*

1.1 Transforma los imperativos afirmativos en negativos.

1. Compra esa computadora. ....
2. Deja prendida la pantalla. ....
3. Deme sus datos bancarios. ....
4. Regresen ustedes mañana. ....
5. Respondan en español. ....
6. Escribe en el libro. ....
7. Miren las soluciones. ....
8. Haz una lista. ....

1.2 Completa la frases con los verbos en imperativo afirmativo o negativo, según corresponda.

1. .... (Abrir) usted la valija y .... (mostrar) el contenido.
2. Niños, ... (cruzar), que hay muchos carros.
3. Ustedes dos, ... (dormirse), que empieza el filme.
4. Okey, dale, voy, pero tú .... (gritarme), que me pongo nerviosa.
5. .... (Caminar, usted) todos los días media hora a paso rápido para hacer ejercicio.
6. Paco, por favor, ... (ir) al súper y .... (comprar) aceite, arroz, un pollo y algo de fruta, pero .... (traer) tortillas, que las compré yo esta mañana.
7. Está bien rico, pero un poco soso, ... (poner, tú) una pizca de sal.
8. .... (Pensar) ustedes en la dificultades, ... (ser) positivos.
9. Carlitos, por favor, ... (ordenar) ahora mismo tu cuarto.

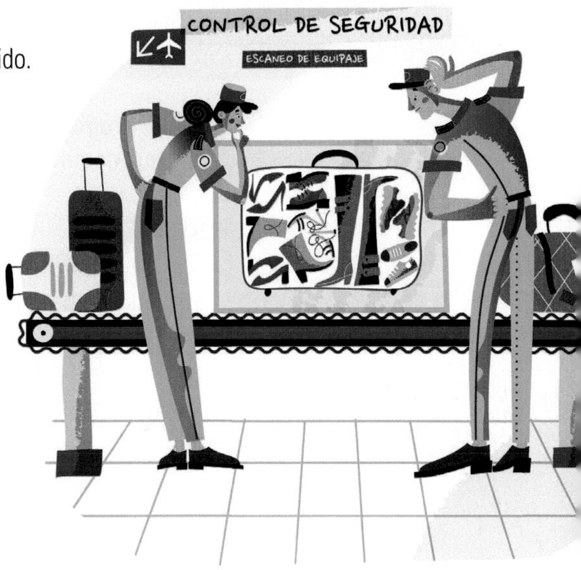

2 Imperativo y pronombres

- En el imperativo **afirmativo** los pronombres van después del verbo y forman una sola palabra con él *(ábre**la**, levánte**se**)*.
  - Cuando hay dos pronombres, uno de objeto directo y otro de objeto indirecto, el orden es: imperativo + pronombre de OI + pronombre de OD: *dímelo*.
  - Como ocurre con otras formas verbales, si el objeto indirecto es de 3.ª persona *(le, les)* y coincide con un objeto directo *(lo, la, los, las)*, *le, les* se sustituyen por *se*: *díselo*.
- En el imperativo **negativo** los pronombres se colocan delante del verbo, igual que ocurre con otros tiempos verbales:

  *No **lo** comas.* *No **se** acuesten tan tarde.* *No **se lo** den.*

2.1 **En parejas** Nicole publica un artículo en sus redes sociales con instrucciones de cómo hacer una compra en línea de forma segura. Sustituye las palabras resaltadas por un pronombre.

Para hacer una **buena compra por internet**, debes tomar en cuenta muchos factores:

- Es importante asegurarse de que la compañía existe. Busca la compañía por internet. Mira si tiene página web y visita la página web.
- Un buen antivirus te va a ayudar a hacer la compra de manera segura. Utiliza el antivirus.
- ¿Conoces el producto que vas a comprar? Lee con mucha atención la descripción del producto y no compres el producto sin leer antes las condiciones.
- Tu computadora es el mejor lugar para hacer compras en línea. No realices compras en línea desde una computadora ajena o desde una red wifi abierta.
- Introduce el número de tu tarjeta de crédito o débito. Si hay gente a tu alrededor, no muestres tu número a la gente.

¡Disfruta de comprar por internet!

Practica en contexto

1 **En grupos pequeños** Observa estos comerciales y di qué tienen en común. ¿Cuál de los tres medios publicitarios te parece más efectivo? ¿Por qué?

1.1 Lee los comentarios de este foro sobre publicidad y escribe una entrada. Fíjate en las expresiones en negrita que indican obligación o posibilidad.

Publicidad y éxito

Ana Con la publicidad en internet **se puede llegar** a muchas personas y no es necesario invertir mucho dinero. El comercial **tiene que tener** un buen diseño y su título o eslogan **debe ser** claro, original y breve.

Esteban Internet **puede ser** un buen medio para anunciar un producto, pero, si quieres tener éxito, **debes hacerlo** en televisión. Casi todos vemos la tele a diario y siempre escuchamos lo que nos quieren vender. En cambio, cuando leemos un artículo por internet y aparece un *banner* lo cerramos rápidamente sin mirarlo.

Marcos Primero **tienes que conocer** bien el medio y saber por qué la publicidad en internet es tan importante. Luego **puedes ver** qué tipos de comerciales existen y asesorarte. Si lo haces bien y creas una buena campaña de publicidad en línea, ganarás mucho dinero.

Sara Ahora la televisión o la radio ya no son tan efectivos como antes. Por ello **debes tener** una presencia activa en las redes sociales. También es muy importante contar con una buena estrategia de *marketing* en línea.

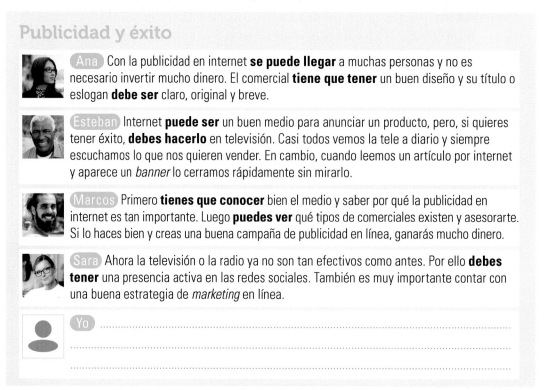

Yo ....

....

....

1.2 **En grupos pequeños** Ahora intercambia impresiones sobre este tema con tus compañeros de grupo.

Yo creo que una buena publicidad en televisión o radio puede ser muy efectiva.
Sí, pero cada vez menos. Hoy en día debes anunciar tu producto en internet porque si no...

Expresar obligación

- ***Deber*** + infinitivo
  *El título de un comercial **debe** ser breve y conciso.*
- ***Tener que*** + infinitivo
  *Los comerciales **tienen que** tener un diseño llamativo y un* banner *muy visual.*

Expresar posibilidad o capacidad

- ***Poder*** + infinitivo
  *Haremos la fiesta dentro de casa porque **puede** llover.*
  *Con internet **podemos** llegar a un mayor número de personas por poco dinero.*

2 [29] **Adriana escribe a un amigo para contarle lo que oyó en una conferencia sobre publicidad en internet, pero no entendió todo bien y hay cuatro datos incorrectos. Lee el correo, luego escucha la conferencia, anota los errores y corrígelos.**

De: adriana@mail.com Para: david@mail.com Asunto: Nuevo negocio a la vista

¡Hola, David! ¡Qué onda! ¿Cómo estás?

Yo sigo entusiasmada con la idea de montar nuestra compañía. Ayer fui a una conferencia en la que un experto hablaba de la importancia de las redes sociales para promocionar cualquier tipo de producto. La charla fue muy interesante, aunque hay cosas que creo que no entiendo.

Lo primero que dice es que tenemos que elegir una sola red social: una relacionada con nuestro negocio y con muchos seguidores. Además comenta que es muy importante incluir etiquetas específicas para nuestra audiencia, pero sin almohadilla para no destacarlas demasiado del resto de la información... A mí esto me parece un poco raro, la verdad. También habló de los comerciales. Cree que tenemos que usar comerciales en las redes, pero con cuidado, porque pueden tener un efecto negativo en nuestro negocio. Y le parecía que utilizar material audiovisual no aportaba nada; ¡qué extraño! ¿no crees?

Hay cosas que me parecen poco lógicas... ¿Qué te parece si buscamos la conferencia en internet y la escuchamos juntos? Yo creo que no me enteré muy bien... ¿Me ayudas?

¡Muchos besos!

Adriana

Error	Correcto
1. *[...] elegir una sola red social: una relacionada con nuestro negocio.*	1.
2.	2.
3.	3.
4.	4.

Dar consejos, instrucciones y órdenes

- Para dar **consejos** e **instrucciones** es muy frecuente el uso del imperativo:

  Lean bien los enunciados del examen antes de contestar. Así evitarán errores.

  Disfuten. ¡Están de vacaciones!

  Sigue recto y *toma* el metro en la plaza de América.

- Para dar **órdenes** se usa el imperativo en situaciones familiares o donde hay confianza. También se puede usar en otros contextos, pero acompañado de palabras como ***por favor, si no te importa, si no es molestia***, etc., para no ser descorteses:

  No entres en la cocina. El piso está mojado.

  Mario, *por favor, si no te importa, tráeme* el informe del Sr. Ávalos.

- En las órdenes generales y letreros dirigidos a un interlocutor desconocido, también puede usarse el imperativo:

  Maneje con precaución.

  Tengan cuidado con el escalón.

3 **En grupos pequeños** Tu mejor amigo/a quiere hacer publicidad de su nuevo negocio en internet y está un poco confuso/a. Combina los verbos y las expresiones para darle consejos e instrucciones utilizando el imperativo. Puede haber varias opciones.

elegir · utilizar, usar · buscar · poner en marcha · incluir · publicar · incentivar · diseñar

Publica videos sobre el funcionamiento de tus productos: cómo se preparan, cuáles son sus ventajas...

dominio · etiqueta o *hashtag* · red social · comercial · mensaje · banderola o *banner* · foto impactante · video · usuario · imagen de marca · concurso · contenido · palabra clave

3.1 **Todo el grupo** ¿Alguna vez hiciste tú o alguien de tu entorno publicidad en internet? ¿De qué? ¿Cómo lo hicieron? ¿Obtuvieron buenos resultados?

4 **Todo el grupo** Fíjate en la siguiente imagen. ¿A qué tipo de compañía crees que hace referencia? ¿Cuáles son las más conocidas tu país? ¿Tú usas alguna? ¿Cuál?

4.1 [30] Tres personas hablan de sus experiencias al comprar por internet. Escúchalas con atención, lee las afirmaciones y señala a quién corresponde cada una.

	Alba	Martín	Juanjo
1. Cree que debemos desconfiar cuando un producto es demasiado barato.	☐	☐	☐
2. Lo más seguro es comprar en foros donde la comunidad es más o menos conocida.	☐	☐	☐
3. Compró un producto de segunda mano y poco después de comprarlo ya no funcionaba.	☐	☐	☐
4. Compra y también vende muchas cosas por internet y nunca tuvo problemas.	☐	☐	☐
5. No tuvo ningún problema con la compra de ropa por internet.	☐	☐	☐

4.2 ¿Tuviste tú o alguien de tu entorno alguna experiencia similar? ¿Con quién te sientes más identificado/a? Escribe un texto para explicar tu experiencia y dar tus propios consejos para comprar por la red de manera segura. Toma como muestra el audio de la actividad anterior.

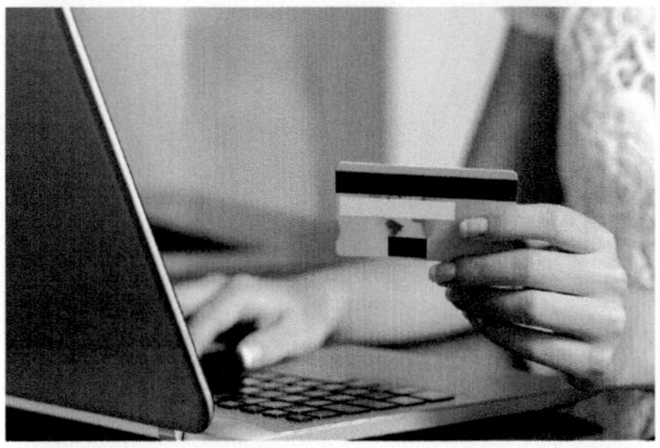

No compres en una página o compañía desconocida porque…

4.3 **Todo el grupo** Comparte con tus compañeros/as tu experiencia y tus consejos. ¿Cuál de ellos crees que es el más importante?

5

En parejas Mira las fotos y, según la situación, pide permiso o formula peticiones a tu compañero/a o bien concédele permiso o responde afirmativamente.

Ejemplo: ▶ *¿Puedo tomar prestado tu paraguas?/ Préstame tu paraguas, por favor; es que está lloviendo y tengo que salir un momento.*

▷ *Por supuesto, dale, tómalo.*

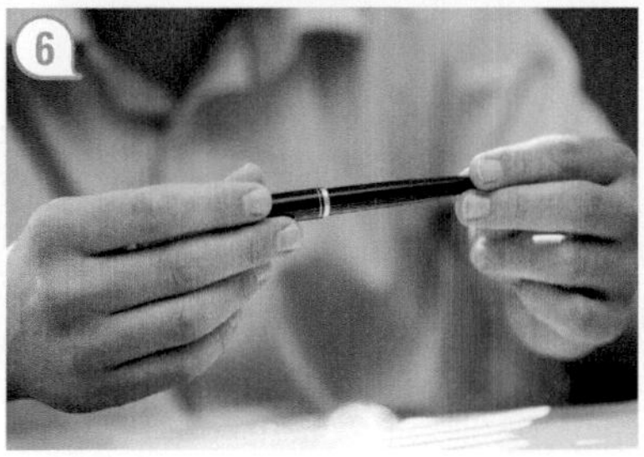

Pedir permiso y formular peticiones

Para **pedir permiso** y **formular peticiones**, puedes usar:

- ¿*Poder* + infinitivo?
  ¿Puedo pasar?
  ¿Podemos salir antes de clase?
- Imperativo
  Ayúdame a terminar este trabajo, por favor.
  Compren el pan antes de regresar a casa.

Conceder permiso

Para **conceder permiso** y **responder afirmativamente** a una petición, puedes usar:

- ***Sí, sí,/Claro que sí,/Desde luego,/Por supuesto/Dale,*** + imperativo
  ▶ *¿Puedo entrar?*
  ▷ *Por supuesto, pasa.*
- Imperativo **repetido**
  Sí, pasa, pasa.

Negar el permiso

Para **negar el permiso** y **responder negativamente** a una petición, se usa:

- ***No, lo siento, es que*** + excusa o justificación
  ▶ *¿Puedo cerrar la ventana?*
  ▷ *No, lo siento, es que hace muchísimo calor.*

PUBLICIDAD (NO) RESPONSABLE

1 **Todo el grupo** Fíjate en los comerciales ficticios de estas páginas. ¿Te parecen éticos? Justifica tu respuesta.

nuevo
PRISMA 360
100 % eléctrico
Porque te lo mereces
TOTALMENTE ELÉCTRICO
610 km autonomía estimada
3.7 sg 0 a 100 km hora
120 km en 10 min de carga
PRISMA

NUEVO
LAVARROPAS HQ800
CON HOGAR CONECTADO
¡SUPER OFERTA!
CÓMPRASELO
POR EL DÍA DE LA MADRE
Deja que ella se despreocupe de la colada gracias al nuevo lavarropas ALVA con inteligencia HQ800, que detecta por sí solo el tipo de tejido, el nivel de carga y el grado de suciedad de la ropa, ofreciendo una limpieza perfecta en menos de 1 hora gracias al programa AV-59, que elimina todo tipo de manchas sin ningún esfuerzo.
Además, con el exclusivo sensor HOGAR CONECTADO, podrá controlar el lavarropas desde su propio celular.
ELECTRODOMÉSTICOS
ALVA

L as compañías gastan millones todos los años en publicidad. Para muchos es un dinero que se podría dedicar a mejorar la calidad del producto, a bajar los precios o a mejorar la atención al cliente. Otros, sin embargo, creen que la publicidad cumple una función importante en la sociedad.

2 Lee las siguientes frases sobre la publicidad y subraya la información con la que estás de acuerdo.

💬 "Soy publicista […] Os drogo con novedad, y la ventaja de lo nuevo es que nunca lo es durante mucho tiempo. Siempre hay una nueva novedad que consigue envejecer a la anterior. […] En mi profesión nadie desea vuestra felicidad, porque la gente feliz no consume".

Extraído y adaptado de *13.99 euros*, de Frédérick Beigbeder

💬 "La publicidad es el arte de convencer a la gente para gastar el dinero que no tiene en cosas que no necesita".

Will Rogers

💬 "La publicidad y la promoción por sí solas no van a sostener un mal producto o un producto que no es el adecuado para la época".

Akio Morita

💬 "El *marketing* es un mecanismo para comprometerse con los consumidores en cuestiones que realmente les importan".

Grupo Unilever

2.1 En grupos pequeños ¿Qué piensas tú de la publicidad? Usa la información anterior y los siguientes argumentos a favor y en contra de esta actividad para defender tu postura.

A FAVOR

✓ Es una herramienta para cambiar el mundo debido a su capacidad de influir en las personas.

✓ Puede ofrecer soluciones a problemas comunes de la vida diaria.

✓ Puede difundir buenas actitudes en la sociedad.

✓ Es necesaria para dar a conocer buenos productos.

✓ Financia contenidos que, de otra manera, no podrían difundirse gratuitamente.

EN CONTRA

✗ Manipula los deseos de los consumidores, pues gastan en un producto más dinero del que realmente cuesta.

✗ Fomenta el consumismo.

✗ Genera estereotipos, especialmente sobre algunos colectivos como, por ejemplo, el de la mujer.

✗ Promueve el "Tú lo vales" o lo que es lo mismo: cuanto más consumes, más vales.

✗ En muchas ocasiones, atribuye a los productos cualidades que en realidad no tienen.

3 ¿Conoces la contrapublicidad? Lee el siguiente texto para saber en qué consiste.

E s un movimiento de crítica a la publicidad y a las grandes compañías y multinacionales que la utilizan. Surge entre las personas preocupadas por el desarrollo sostenible y el efecto negativo de algunos de los productos que se promocionan. Para luchar contra este modelo de publicidad, modifican los comerciales que quieren denunciar, manipulando elementos visuales o de texto, de forma que el contenido cambia y muestra la realidad del producto que se quiere vender.

NUEVO
LAVARROPAS HQ800

CON HOGAR CONECTADO

SUPER OFERTA!

CÓMPRATELO TÚ

El nuevo lavarropas ALVA con inteligencia HQ800 es tan sencillo y fácil de manejar que hasta tú podrás utilizarlo y comprobar la limpieza perfecta que ofrece en menos de 1 hora gracias al programa AV-55 minutos, que elimina todo tipo de manchas sin ningún esfuerzo.

Y con el exclusivo sensor HOGAR CONECTADO, podrías controlarlo desde tu propio celular.

ELECTRODOMÉSTICOS
ALVA

3.1 Todo el grupo ¿Qué te parece este movimiento?

HOSTAL Babel

Lámparas *online*

Antes del video

1 Piensa en tres redes sociales que usas y descríbelas brevemente por escrito.

1.1 **Todo el grupo** Ahora lee las descripciones en voz alta sin decir de qué redes sociales se tratan. Tus compañeros/as tienen que adivinar cuáles son.

1.2 **Todo el grupo** ¿Usas las mismas redes sociales que tus compañeros/as? ¿Hay alguna específica que prefieres? ¿Por qué?

2 **En parejas** Ya conoces bien a los protagonistas del hostal Babel. En este episodio intervienen Bea, Tere y Carla, y en algún momento hablan de Leo. Con la información que tienes, imagina qué red social utiliza cada uno de ellos.

2.1 **En parejas** Fíjate en el gesto de Bea. ¿Qué consejo crees que les da a sus amigas sobre las redes sociales?

Durante el video

3 Visiona el fragmento 00:30 ▶ 03:15, toma notas y comprueba tus respuestas anteriores.

Tomar notas durante una proyección audiovisual te ayudará a retener la información importante y te permitirá realizar la tarea propuesta con más eficacia.

4 Visiona el fragmento 03:15 ▶ 04:15 y relaciona la información con Bea (B), Tere (T) o Carla (C).

1. ☐ Desconfía de las compras por internet.
2. ☐ No le gustan mucho las compras en línea.
3. ☐ Quiere hacer una compra en línea.
4. ☐ Cree que comprar por internet es seguro.
5. ☐ Piensa que se puede comprar de todo por internet.
6. ☐ Es la primera vez que compra por internet.

5 Visiona el fragmento 04:15 ▶ 05:41 y completa el diálogo con las expresiones que faltan.

Carla: ¿Ya encontraste [1] .... que estabas buscando?

Bea: Creo que sí. Pero mira, me sale esto que no sé qué es...

Tere: Eso es [2] .... Ignóralo.

Bea: ¿Ignorarlo? ¿Cómo?

Carla: [3] .... para cerrar.

Bea: Vale, ya. Cerrado.

Tere: Ahí tienes la lámpara. Es esa, ¿verdad? Pues [4] .... ahí para seleccionarla.

Bea: Sí, pero mira, me sale otro *banner* de esos.

Tere: [5] ...., solo es publicidad de otra lámpara. [6] .... Tú pulsa directamente en [7] .... "comprar".

Bea: Espera, en este *banner* me sale esta otra lámpara: "Flexo de lectura". [8] ...., eso parece interesante... Creo que voy a comprar este flexo para el salón.

Tere: Oye, pero eso no es lo que necesitabas, ¿no?

Bea: No, pero ya te he dicho que este catálogo *online* es muy interesante.

Carla: Pero, querida, [9] .... de lo que realmente querés comprar.

Bea: Sí, es cierto... Vamos a comprar la... ¡[10] ....! Esta otra lámpara blanca es perfecta para la cocina. ¡Es estupenda! ¡Quiero comprarla también!

Carla: ¡Pero, Bea!

Bea: [11] .... ¡Oferta de dos lámparas al precio de una! Voy a comprar las dos.

Tere: ¡Bea!

Bea: ¡Y, si compras tres, no te cobran [12] ....! ¡Qué bueno! Voy a comprar esta también.

Después del video

6 **En parejas** En el video, Bea está haciendo una compra por internet. ¿Cuál era su intención antes de ingresar en la página web? ¿Y después? Coméntalo con tu compañero/a.

7 **Todo el grupo** El episodio termina con la frase: "¡No te dejes manipular por los anuncios, amiga mía!". ¿Piensas que la publicidad en internet influye para que compremos más? ¿Crees que es más fácil comprar cosas innecesarias cuando se hace por internet?

> Fíjate:
> En Latinoamérica, para hablar de una publicidad concreta, es más frecuente usar el término *comercial*. En España se usa la palabra *anuncio*.

Evaluación

1 Escribe cuatro palabras relacionadas con los siguientes ámbitos.

Publicidad en internet	Compras en línea
1.	1. ....
2.	2. ....
3.	3. ....
4.	4. ....

2 Elige cuatro de las palabras anteriores y escribe una frase con sentido con cada una de ellas.

1. ....
2. ....
3. ....
4. ....

3 ¿Cuál es la función del imperativo en las siguientes frases?

Al llegar al hotel, gira a la derecha.

Lee el informe con calma. Es bien complicado.

¡No me hables!

▶ ¿Puedo ir a la fiesta, por favor?
▷ De acuerdo, ve, pero regresa pronto, ¿eh?

4 **En parejas** Completa los siguientes consejos con los verbos del recuadro en imperativo negativo. En algunos casos hay varias soluciones posibles. Luego piensa un título para el decálogo.

colgar | introducir | abrir | olvidar | dar | hacer | publicar | usar | dejar | ingresar

DECÁLOGO PARA ....

1. .... fotos de menores sin el consentimiento de sus papás o responsables.
2. .... siempre la misma contraseña.
3. .... datos personales si estás usando una red wifi pública.
4. .... información de tu viaje si estás fuera de vacaciones.
5. .... correos electrónicos de desconocidos.
6. .... en páginas de descargas ilegales.
7. .... borrar datos del navegador.
8. .... clic en enlaces poco fiables.
9. .... información personal a desconocidos en redes sociales.
10. .... de seguir nunca los consejos anteriores.

5 Dale a tu compañero/a cinco instrucciones para hacer una compra en línea segura. Pueden ser afirmativas o negativas.

1. ...
2. ...
3. ...
4. ...
5. ...

6 Reescribe las frases sustituyendo las partes en negrita por pronombres.

1. Busca **la compañía** por internet. ...
2. No compres **los libros a tus hijos** por internet. ...
3. Paga **la compra** ahora. ...
4. No realices **pagos en línea** desde una red pública. ...
5. No muestres **tu número a la gente**. ...

7 Lee las frases y escribe el consejo que le/s puedes dar.

1. Tu papá come demasiado y últimamente subió de peso.
...
2. Lucía y Nico están gritando y molestan a sus compañeros.
...
3. No hace frío y los niños van muy abrigados.
...
4. Tu amigo/a duerme muchas horas y luego está cansado/a.
...
5. La conferencia va a comenzar y los asistentes no entraron aún.
...

8 Completa las frases con las palabras del recuadro.

estereotipos | gratuitos | protestar | productos | manipular

1. Gracias a la publicidad, podemos disfrutar de contenidos audiovisuales ... en televisión o internet.
2. La mala publicidad trata de ... a los consumidores para comprar productos que no necesitan.
3. La contrapublicidad es un movimiento para ... contra la mala publicidad.
4. Algunos comerciales fomentan ... negativos sobre colectivos como los jóvenes o la mujer.
5. La publicidad permite conocer los buenos ... y sus características.

9 ¿Qué contenido de esta unidad crees que debes trabajar más? Piensa en un modelo de actividad para practicarlo: de gramática, de léxico, de comprensión de lectura, de práctica oral, etc., y explica por qué crees que es la actividad más adecuada.

Creo que debo trabajar más ...
Puedo mejorar este contenido haciendo una actividad de ... porque
...
...

Unidad

8 Compartir espacios

¿Qué están haciendo los miembros de esta familia?

¿Sabes el nombre de alguna de estas tareas?

¿Hay alguna tarea del hogar que te gusta hacer?

En esta unidad vas a. . .

- Expresar deseos
- Dar consejos
- Expresar permiso y prohibición
- Conocer algunos ritmos latinos y a sus principales representantes

¿Qué sabes?

1 **En grupos pequeños** Observa la imagen de la casa y completa los nombres de las estancias y objetos señalados.

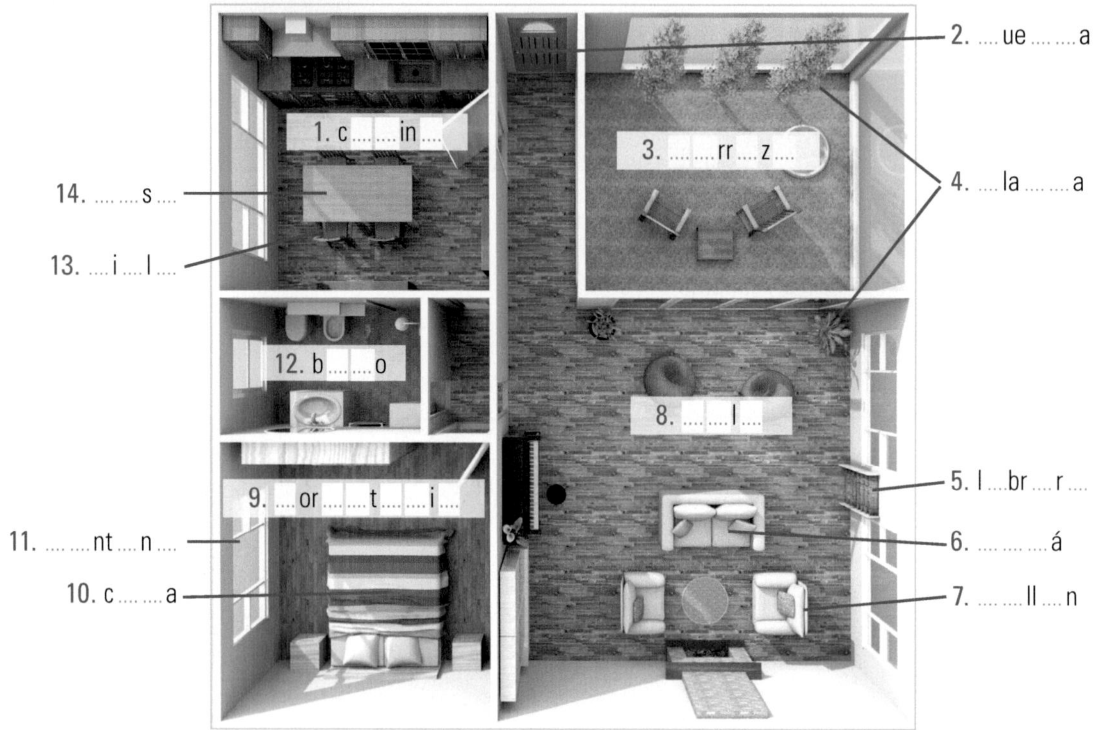

2 **En parejas** Vas a ayudar a un/a amigo/a con la decoración de su sala. Dile dónde puede poner cada cosa.

Para **dar consejos** puedes usar estas expresiones:

- Te aconsejo
- Te recomiendo
- Puedes

\+ infinitivo

- Imperativo

Puedes poner el sofá a la derecha, debajo de la ventana.
Coloca la mesa en el centro del cuarto.

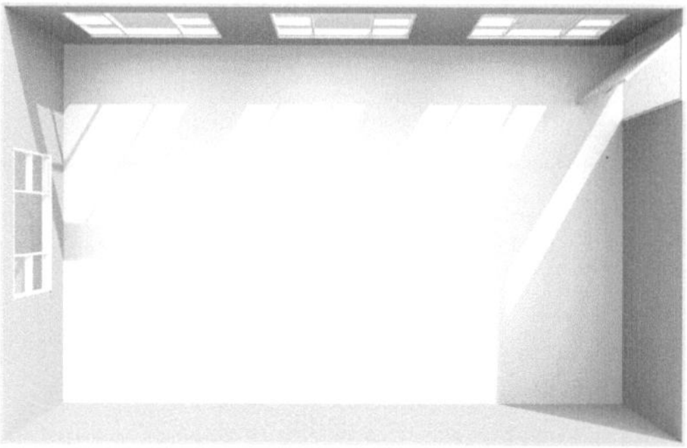

LÉXICO

Latinoamérica › sala: *Cruza la **sala**, desde su habitación hasta una puerta que debe de conducir al baño.*
Argentina › *living*: *Toman el café recién preparado en el* living.
España › salón: *Juan fue derecho a sentarse en el sofá del **salón**.*

Latinoamérica y España › dormitorio, cuarto, habitación:
*Cuando entran al **dormitorio** se ve que hay un juego de dos camas simples, una sin tender.*
*En el corredor del primer piso las puertas de los **cuartos** están cerradas.*
*Dormimos las dos en su **habitación** y nos pasamos horas hablando y escuchando sus discos.*
Argentina › pieza: *"¿Van a pasar acá la noche? Hay **piezas** disponibles" –les indica Rosa.*

1.1 **En grupos pequeños** ¿Conoces el nombre de algún otro mueble, objeto doméstico o parte de la casa de los que aparecen en la imagen de la actividad 1? ¿Y de los que no están? Haz una lista e indica cuál es su sitio habitual en la casa.

Ejemplo: *El televisor lo podemos poner en la sala, pero también en el dormitorio o en la cocina porque es grande.*

3 **En parejas** Observa la imagen. ¿Qué tienen que hacer los dueños de la casa para ordenar y dejar limpia la sala?

Ejemplo: *Tienen que limpiar la mesa.*

Palabras

1 [31] **Escucha la descripción que hace Marina de su nueva casa y completa.**

1. Tiene el .... muy alto porque es un .... antiguo.
2. El .... es de madera en casi toda la casa.
3. Excepto una .... de la sala, que es gris, todo está pintado de blanco.
4. Hay un .... que separa la sala de los dos dormitorios.
5. El departamento está completamente ....
6. La tina y el .... son completamente nuevos.
7. El .... es de esos modernos de cristal.
8. La .... tiene *jacuzzi*.

1.1 **En parejas** ¿Sabes qué significan todas las palabras de la actividad anterior? Si es necesario, vuelve a escuchar el audio. Luego relaciónalas con las imágenes.

....

....

....

....

....

....

....

....

....

1.2 [31] **Ahora vuelve a escuchar el audio y subraya las palabras que cambian según la variante del español de España.**

Pues mi nuevo piso está muy bien y, además, es bastante barato. Tiene el techo muy alto porque es un edificio antiguo, pero está en muy buen estado. El suelo es de madera en toda la casa menos en la cocina y en el baño. Las paredes son todas blancas, excepto una pared del salón, que es gris. Hay un pasillo que separa el salón de los dos dormitorios; es bastante largo, pero muy luminoso porque tiene una ventana. El piso está completamente amueblado. Los muebles están muy bien: hay un armario en cada habitación, un sofá muy cómodo en el salón y un par de sillones. La cocina está bien equipada: tiene frigorífico, lavavajillas, lavadora... y todo bastante nuevo. Pero lo mejor es el baño: es muy bonito. La bañera y el váter son completamente nuevos. El lavabo es de esos modernos de cristal y la bañera tiene *jacuzzi*, ¡es genial!

1.3 **Escribe una descripción de tu casa utilizando el vocabulario nuevo que aprendiste.**

2 **En parejas** Lee el plan de Esteban para mantener limpia su casa y escribe el día correspondiente debajo de cada imagen. ¿Te parece un buen plan? ¿Qué crees que debe cambiar?

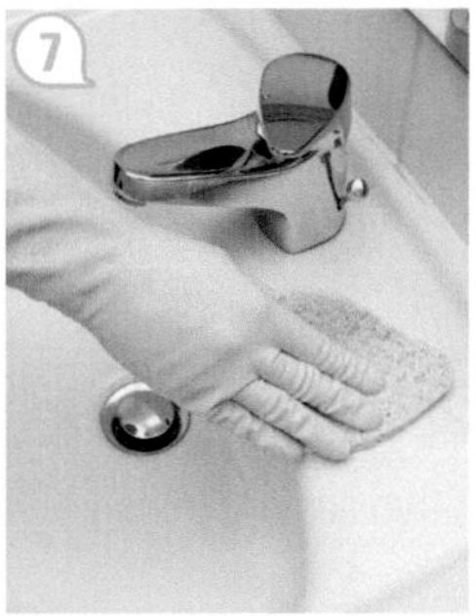

- Lunes: limpiar el baño.
- Martes: pasar la aspiradora.
- Miércoles: poner el lavarropas.
- Jueves: trapear el piso.
- Viernes: sacar el polvo.
- Sábado: limpiar la cocina.
- Domingo: lavar los trastes.
- Cada día: sacar la basura.

LÉXICO

Latinomérica	España	
› Limpiar el baño.	› Limpiar el baño.	*Cuando terminamos, me ofrecí a recoger la mesa y a **lavar los trastes**.*
› Poner el lavarropas.	› Poner la lavadora.	*Cocinar también significa **fregar los cacharros**.*
› Limpiar/Trapear el piso.	› Fregar el suelo.	*Cuantos menos cacharros se utilicen, mejor.*
› Limpiar/Sacar el polvo.	› Limpiar/Quitar el polvo.	*Lucía, resignada, va al baño, saca un trapero y se pone a **trapear el piso**.*
› Limpiar la cocina.	› Limpiar la cocina.	***Fregué el suelo** con jabón y luego con lejía.*
› Lavar los trastes.	› Fregar los platos/cacharros.	
› Sacar la basura.	› Bajar/Sacar la basura.	

2.1 [32] Esteban está mostrando su nuevo departamento a su amiga María Rosa y le explica su plan de limpieza. Escucha la conversación. ¿Qué piensa María Rosa del plan de Esteban?

2.2 [32] Escucha el audio otra vez y escribe las tareas del hogar que corresponden a estas tres imágenes.

2.3 **En parejas** ¿Qué tareas del hogar prefieres hacer tú? ¿Cuáles te gustan menos?

Gramática

1 Presente de subjuntivo regular

El **presente de subjuntivo regular** tiene las siguientes terminaciones:

	Trabajar	Comer	Escribir
yo	trabaje	coma	escriba
tú	trabajes	comas	escribas
él, ella, usted	trabaje	coma	escriba
nosotros/as	trabajemos	comamos	escribamos
vosotros/as	trabajéis	comáis	escribáis
ellos, ellas, ustedes	trabajen	coman	escriban

Fíjate:
Los verbos en *-er* e *-ir* tienen las mismas terminaciones.

1.1 Completa la tabla con las formas que faltan.

Hablar	hable				habléis	hablen
Romper		rompas	rompa		rompáis	
Vivir	viva			vivamos	viváis	

2 Presente de subjuntivo irregular (1)

- Las formas irregulares en presente de subjuntivo se construyen a partir de las formas irregulares en presente de indicativo con algunos cambios.
- Verbos con **irregularidad vocálica**:

e › ie Pensar	o › ue Encontrar	e › i Pedir
piense	enc**ue**ntre	p**i**da
pienses	enc**ue**ntres	p**i**das
piense	enc**ue**ntre	p**i**da
pensemos	encontremos	p**i**damos
penséis	encontréis	p**i**dáis
piensen	enc**ue**ntren	p**i**dan

Fíjate:
- Los verbos que cambian *e* › *i* son irregulares en **todas las personas** en presente de subjuntivo.
- Los verbos *morir* y *dormir*, además del cambio *o* › *ue*, cambian *o* › *u* en las personas *nosotros/as* y *vosotros/as*: *d**u**rmamos, d**u**rmáis; m**u**ramos, m**u**ráis*.

- Otros verbos irregulares comunes son:

Ser	Estar	Ir	Tener	Poner	Hacer
sea	**esté**	**vaya**	**tenga**	**ponga**	**haga**
seas	**estés**	**vayas**	**tengas**	**pongas**	**hagas**
sea	**esté**	**vaya**	**tenga**	**ponga**	**haga**
seamos	**estemos**	**vayamos**	**tengamos**	**pongamos**	**hagamos**
seáis	**estéis**	**vayáis**	**tengáis**	**pongáis**	**hagáis**
sean	**estén**	**vayan**	**tengan**	**pongan**	**hagan**

Fíjate:
Hay formas verbales, tanto regulares como irregulares, que sufren cambios ortográficos para conservar el sonido del verbo en infinitivo: *se**gu**ir* › *si**g**a; co**c**er* › *cue**z**a; reco**g**er* › *reco**j**a; bus**c**ar* › *bus**qu**e*...

2.1 **En parejas** Escribe el presente de subjuntivo de las siguientes formas verbales. Luego compara con tu compañero/a.

1. quieres › ....
2. repetimos › ....
3. pongo › ....
4. tienen › ....
5. dormimos › ....
6. almuerzo › ....
7. voy › ....
8. juegas › ....
9. busco › ....
10. somos › ....
11. siguen › ....
12. sueña › ....

3 Usos básicos del subjuntivo

- El subjuntivo se usa en estructuras que sirven para:
  - Dar **consejos** y hacer **recomendaciones**: *Te aconsejo que **tiendas** la cama antes de irte.*
  - Expresar **permiso** y **prohibición**: *Te prohíbo que **estés** acá.*
  - Expresar **deseos** y hacer **peticiones**: *Espero que mañana **haga** mejor tiempo.*
    *Quiero que **vayamos** a la montaña este fin de semana.*
- En los verbos que expresan consejo, recomendación, prohibición o permiso, hay dos estructuras que se usan indistintamente:
  *Te aconsejo **que vayas** al doctor. = Te aconsejo **ir** al doctor.*
  *Les prohíbo **que vayan** a la fiesta. = Les prohíbo **ir** a la fiesta.*
- En los verbos que expresan deseos o peticiones, si el sujeto del verbo principal es el mismo que el del segundo verbo, se usa infinitivo:
  Deseo (yo) ***que vayamos*** (nosotros) *a la playa.* *Deseo* (yo) ***ir*** (yo) *a la playa.*

3.1 **En parejas** ¿Qué crees que expresan estos verbos? Clasifícalos donde corresponda.

permitir | querer | pedir | prohibir | dejar | aconsejar | desear | esperar | recomendar | sugerir | rogar | suplicar

Permiso y prohibición

Consejo y recomendación

Deseo

Petición

3.2 Transforma de acuerdo con el ejemplo.

Ejemplo: No te vayas. (Prohibición) › *Te prohíbo que te vayas.*

1. No te rías. (Petición) › ...
2. Regresa un poco más tarde. (Permiso) › ...
3. Ve a esa exposición. (Recomendación) › ...
4. No entres acá. (Prohibición) › ...
5. Préstame tu carro. (Deseo) › ...
6. Estudia más. (Consejo) › ...

3.3 **En parejas** Fíjate en las imágenes e inventa un breve diálogo para cada una: debes expresar prohibición, consejo, deseo o petición.

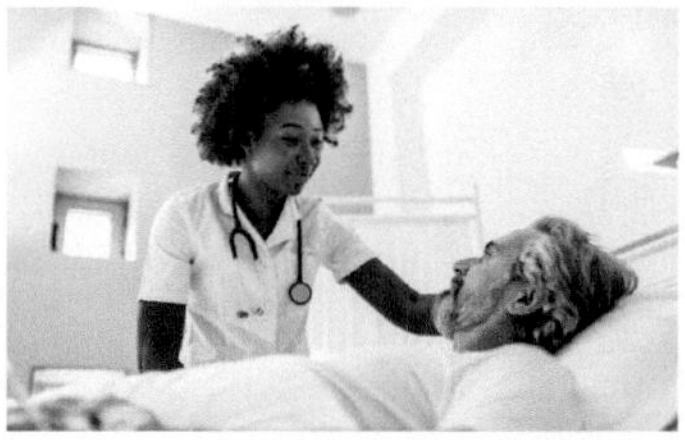

3.4 **Todo el grupo** Representen los diálogos para sus compañeros/as.

Practica en contexto

1 **En parejas** Jessica escribe a Iván, su antiguo profesor de español. Lee el correo y corrige sus errores.

> Fíjate:
> Corregir textos te ayuda a alcanzar la autonomía necesaria para revisar tus escritos a la vez que reflexionas sobre el funcionamiento de la lengua y aprendes de los errores.

De: Jessica Para: Iván Asunto: Buenos Aires

Hola, Iván:
Espero que estás bien. Yo estoy muy contenta porque dentro de dos meses voy a ir a tu ciudad, ¡a Buenos Aires!, para estudiar en una escuela. Espero que mi español mejore porque ahora no es muy bueno.
Iván, quiero que me aconsejes sobre una cosa. ¿Me recomiendas que vivo con una familia o en un departamento compartido con otros estudiantes? ¿Qué crees que es mejor? Yo pienso que es mejor con una familia, pero a veces las familias tienen muchas normas y no permiten que los estudiantes hacen muchas cosas en la casa. Bueno, espero que me escribes pronto y que me cuentes qué te parece mejor.
Un abrazo,
Jessica

1.1 [33] Escucha ahora el mensaje de voz que le deja Iván a Jessica y completa la información.

1. Iván espera que ....
2. Sobre la duda de Jessica, él le recomienda que ....
   porque ....
3. Según Iván, con una familia a veces ....
4. También le aconseja que el alojamiento ....

Expresar hipótesis o probabilidad
- Quizá(s)
  *Juan no llegó aún; **quizá** se durmió.*
- Es probable/posible
  ▶ *Esta tarde va a llover.*
  ▷ *Sí, **es probable**.*
- Puede ser
  ▶ *¿Irás luego a la biblioteca?*
  ▷ *Sí, **puede ser**.*

1.2 **En parejas** Además, Iván le manda a Jessica una lista de ideas para mejorar su aprendizaje de español. Junto a tu compañero/a, ordénalas de mayor a menor utilidad según tu criterio.

Jessica, te aconsejo que...
- ☐ dividas tu cuaderno en distintas partes: gramática, vocabulario, etc.
- ☐ analices y aproveches los recursos que ofrece el libro de español.
- ☐ abras otra sección en tu cuaderno con el título "Mi diario de aprendizaje" y que hagas una lista de los objetivos alcanzados a medida que vayas terminando unidades.
- ☐ , antes de entregar tus escritos, los repases y corrijas tus errores.
- ☐ hagas anotaciones en el manual con las explicaciones dadas en clase.
- ☐ busques en internet ocasiones para interactuar en español.
- ☐ aproveches todas las situaciones similares a las trabajadas en clase para practicar.

1.3 **Todo el grupo** Comparte con tus compañeros/as tus conclusiones y arguméntalas.

Ejemplo: *Quizá lo más útil es dividir el cuaderno, porque así te puedes organizar mejor.*

2 [34] Jessica encontró un departamento de estudiantes en internet. Escucha la conversación que tiene con Alberto, uno de sus futuros compañeros, y señala, entre las opciones que hay a continuación, las tres que él describe.

Sala

1 ☐

2 ☐

3 ☐

Baño

1 ☐

2 ☐

3 ☐

Dormitorio

1 ☐

2 ☐

3 ☐

2.1 **Todo el grupo** Comparte con el resto de la clase tus conclusiones. Arguméntalas.

2.2 [34] Vuelve a escuchar y relaciona las frases. Comprueba si hiciste bien la actividad anterior.

1. Hay dos sofás muy grandes...	a. el inodoro, los lavamanos y la regadera.
2. A la derecha del otro sofá...	b. como en toda la casa.
3. Es todo muy moderno:...	c. que forman un ángulo.
4. El piso es de madera,...	d. hay un escritorio chico.
5. Las paredes...	e. están pintadas de blanco y marrón.
6. Al lado de la ventana...	f. hay una chimenea relinda.

3 **En parejas** Jessica encuentra en internet una entrada sobre la convivencia en casas compartidas. Antes de leerlo, escribe con tu compañero/a las tres reglas que, en tu opinión, son básicas para que la convivencia funcione.

1. ....
2. ....
3. ....

Organizar el discurso

Recuerda que estas palabras y expresiones ayudan a organizar los argumentos que dan forma a un discurso:

- **Introducir** un primer argumento: *para empezar, en primer lugar, antes de nada...*
- **Añadir** argumentos: *por otro lado, también, tampoco, además...*
- **Concluir** la argumentación: *por último, para terminar, en último lugar...*

3.1 **Todo el grupo** Presenta al resto de la clase tus reglas y elabora una lista junto con las de tus compañeros/as.

3.2 **Todo el grupo** Lee esta entrada de blog y comprueba si las reglas que escribió tu clase aparecen en ella.

compartecasa.com

Si quieres que la convivencia en un departamento compartido funcione, hay una serie de reglas básicas que es necesario tomar en cuenta.

Por mi experiencia, yo recomiendo, para empezar, que se organice bien la limpieza de las zonas comunes de la casa, que se mantenga limpia y ordenada la cocina y que se haga lo mismo con el baño. Es importante dejar siempre los espacios comunes como los encontraste.

Por otro lado, algo que todos esperamos cuando compartimos casa es que se respeten las horas de descanso, por eso debes poner especial cuidado en no molestar cuando sabes que otros están durmiendo.

Una regla fundamental que nunca debes olvidar: está prohibido que entres en el dormitorio de las otras personas o que agarres sus cosas sin su permiso. Todo lo de los demás, su dormitorio y sus posesiones, es sagrado, como debe ser lo tuyo para ellos.

Si piensas hacer una cena con tus amigos o una fiesta, avisa con tiempo suficiente antes de nada; cualquier actividad en las zonas comunes afecta a todas las personas que viven contigo.

Además, si te permiten que tengas animales en casa, debes encargarte siempre de cuidarlos y mantenerlos.

Y, por último, aunque quizá lo más importante, te aconsejo que intentes ser siempre amable y tolerante con los demás, esperando que ellos lo sean también contigo.

Adaptado de www.easypiso.com

Fíjate:
Observar las imágenes que ilustran una actividad te ayuda a prever parte de su contenido. Fíjate bien en las imágenes antes de empezar a leer un texto o de escuchar un audio y verás como te ayudan a crear un contexto que te facilitará la comprensión.

3.3 **En parejas** Subraya en el texto las expresiones que llevan subjuntivo y clasifícalas en la tabla.

Deseo	Permiso	Prohibición	Consejo o recomendación

3.4 **Todo el grupo** ¿Estás de acuerdo con lo que dice la entrada? ¿Alguna vez compartiste casa con otros estudiantes o amigos/as? ¿Cuál de las normas te parece más importante?

3.5 **En parejas o grupos pequeños** Imagina ahora que compartes departamento con Jessica. Elabora una lista de normas para la casa con las actividades que están permitidas o prohibidas. Fíjate en el ejemplo. Luego, añade una más.

Está permitido que...		Está prohibido que...
	Escuchar música en la sala.	*escuches música en la sala.*
	Hacer fiestas.	
	Invitar a amigos/as a cenar.	
	Tener animales.	
	Jugar a videojuegos en la sala.	
	Poner el lavarropas cada día.	
	Conversar sobre política.	
	Prender la tele en la noche.	
	Otra:	

3.6 **Todo el grupo** Comparte con el resto de la clase tu lista. ¿Coincides en muchas cosas con tus compañeros/as?

4 [35] Alberto y Carmen, dos de los compañeros de Jessica, explican el reparto de las tareas domésticas. Escucha y escribe qué tres tareas no aparecen en las imágenes.

1. .... 2. .... 3. ....

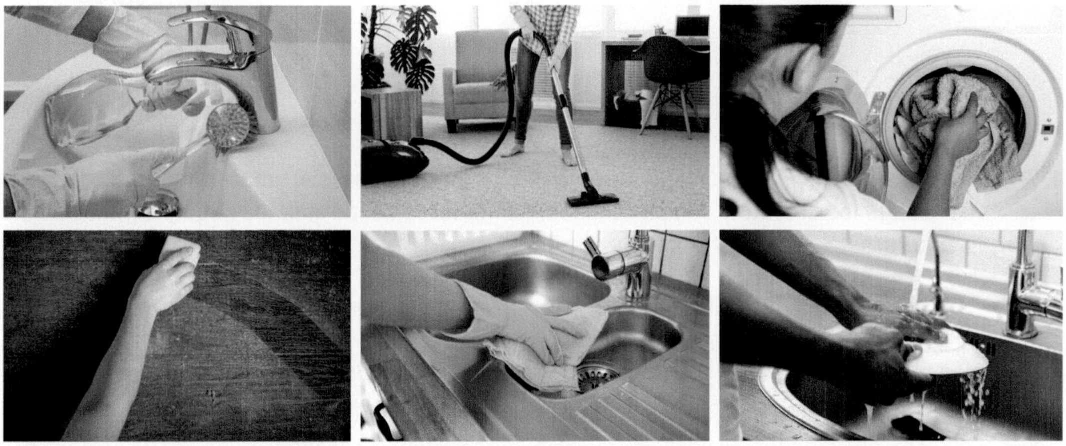

4.1 [35] Vuelve a escuchar; ahora anota en el día correspondiente del calendario cada tarea y quién la hace.

Lunes	Martes	Miércoles	Jueves	Viernes	Sábado	Domingo
				Alberto, limpiar el baño		

4.2 **Todo el grupo** En tu casa, ¿cómo se reparten las tareas domésticas? ¿De qué manera colaboras tú?

Con ritmo latino

1 **En parejas** Cuatro de estos instrumentos son de origen latino y suenan constantemente en los ritmos latinoamericanos. ¿Sabes cuáles son?

2 **En parejas** Busca información en internet sobre los siguientes artistas latinos y toma notas. Luego lee el texto y complétalo con los nombres de los artistas según la información que encontraste. Compara con tu compañero/a.

Juan Luis Guerra | Gloria Estefan | Los Panchos | Romeo Santos | Daddy Yankee

Gloria Estefan

Géneros musicales en Latinoamérica

Entre los diferentes ritmos y músicas de América Latina y el Caribe, los más populares son el merengue, la bachata, la salsa, el reguetón, la ranchera, el bolero, la cumbia, el tango y la milonga. Vamos a ver algunos de ellos.

La **bachata** es un ritmo bailable originario de la República Dominicana. Resulta de una combinación del bolero rítmico con estilos como el son cubano. Sus principales representantes son [1] ...., Prince Royce y Anthony Santos.

La **salsa** es una síntesis de influencias cubanas con otros elementos de la música latinoamericana y el *jazz*. Este género se desarrolló en el Caribe y también en Nueva York. Sus exponentes más importantes son Celia Cruz, [2] .... y Joe Arroyo.

También el **merengue** procede del Caribe, concretamente de la República Dominicana, donde lo consideran el género musical nacional. Destacan entre sus intérpretes [3] ...., Elvis Crespo y Proyecto Uno.

Juan Luis Guerra

Chavela Vargas

El **reguetón** nace de la fusión del *reggae* jamaicano y el hiphop. Es el género más popular entre los jóvenes de habla hispana. Sus figuras más representativas son Don Omar, [4] .... y Arcángel.

El **bolero**, originario de Cuba, surgió a finales del siglo XIX con el tema titulado *Tristezas*, que dio al género su forma clásica con acompañamiento de guitarras y percusión. Los intérpretes más representativos de este género son [5] ...., Lucho Gatica y Chavela Vargas.

1

2

3

4

3 **En grupos pequeños** ¿Conoces a alguno de los demás artistas del texto? Elige uno de los géneros y busca en internet algún tema representativo. Luego escúchalo con tus compañeros/as. ¿Cuál les gusta más?

4 **Todo el grupo** ¿Sabes quiénes son los cantantes de las fotografías? ¿Cómo se llaman?

5 **Todo el grupo** Hay muchos artistas y grupos latinos que hacen música de otros géneros, como pop o *rock*. Lee la lista y señala los que conoces. ¿Qué música hacen?

- ☐ Calle 13
- ☐ Ricky Martin
- ☐ Luis Miguel
- ☐ Julieta Venegas
- ☐ Marc Anthony
- ☐ Maná
- ☐ Chayanne
- ☐ Shakira
- ☐ Juanes
- ☐ Luis Fonsi
- ☐ Reik
- ☐ Sin Bandera

HOSTAL Babel

Un hostal democrático

Antes del video

1 **Todo el grupo** Fíjate en la imagen. ¿Qué momento del día crees que es? ¿Qué piensas que sucedió antes? Argumenta tus respuestas.

2 **En parejas** Ahora observa esta secuencia de imágenes. Fíjate en el gesto de Tere y Carla en la primera imagen y en el de Leo en la segunda. ¿Qué crees que pasó?

Durante el video

3 Visiona el fragmento 00:30 ▷ 01:09 y comprueba si tus suposiciones de la actividad 1 son correctas.

4 Visiona el fragmento 01:10 ▷ 03:10 y luego responde a estas preguntas.

1. ¿Qué deben hacer los tres personajes? ....
2. ¿Por qué tienen que hacerlo ya? ....
3. ¿Qué puede pasar si no cumplen su promesa? ....

5 **En parejas** Visiona el fragmento 03:11 ▷ 04:45 y comprueba si interpretaste correctamente la secuencia de la actividad 2.

5.1 **En parejas** Vuelve a ver el fragmento anterior y luego escribe junto a cada tarea qué personaje la debe realizar.

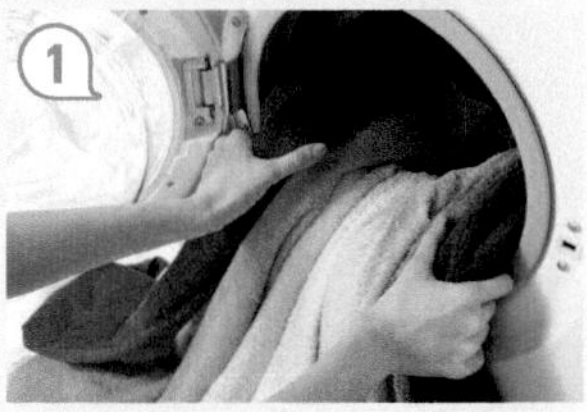

....

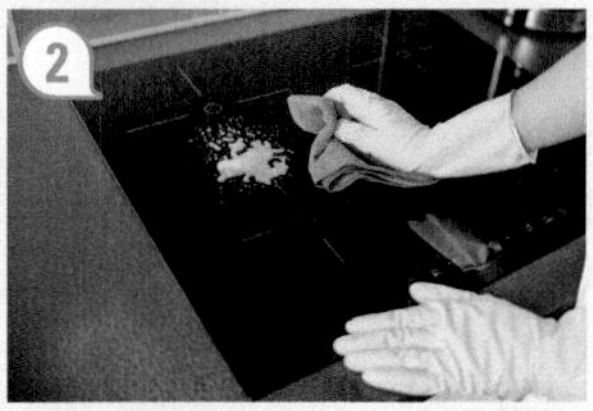

....

....

....

....

....

6 **En parejas** ¿Qué crees que les faltará para hacer cuando terminen de limpiar? Fíjate en la imagen, elige la opción correcta según tu opinión y compara con tu compañero/a. Luego visiona el fragmento 04:45 ▶ final para comprobar tu respuesta. ¿Acertaste?

1. Cuando terminan de limpiar, solo falta...
   a. recoger los utensilios de limpieza.
   b. sacar la basura.
2. La última tarea la hace Leo...
   a. porque se ofrece voluntario.
   b. porque las muchachas votan para que la haga él.

Después del video

7 **En parejas** Relaciona las columnas para recordar algunas frases de los personajes en las que usan el subjuntivo. Luego compara tu respuesta con tu compañero/a.

1. ¿Anoche? Te sugiero que...	a. limpies el baño.
2. Te aconsejo...	b. le guste cómo hemos dejado el hostal...
3. Nos va a prohibir que...	c. digas "esta mañana", mejor.
4. ¿Qué queréis que...	d. hagamos más fiestas aquí.
5. ¿Quieres que...	e. que empieces ya.
6. Votos a favor de que...	f. Leo limpie el baño...
7. Te encargamos que...	g. lo votemos?
8. Espero que a Bea...	h. haga yo?
9. Pues nosotras queremos...	i. que la bajes tú.

8 **Todo el grupo** ¿Hiciste alguna vez una fiesta en tu casa? ¿Cómo quedó después? ¿Quién ordenó y limpió?

Evaluación

1 Relaciona las palabras con su imagen correspondiente. Luego escribe una descripción de la casa de entre cincuenta y ochenta palabras.

☐ inodoro	☐ dormitorio
☐ cocina	☐ mesita
☐ clóset	☐ heladera
☐ ventana	☐ silla
☐ baño	☐ lavamanos
☐ planta	☐ pared
☐ cama	☐ piso
☐ librero	☐ corredor

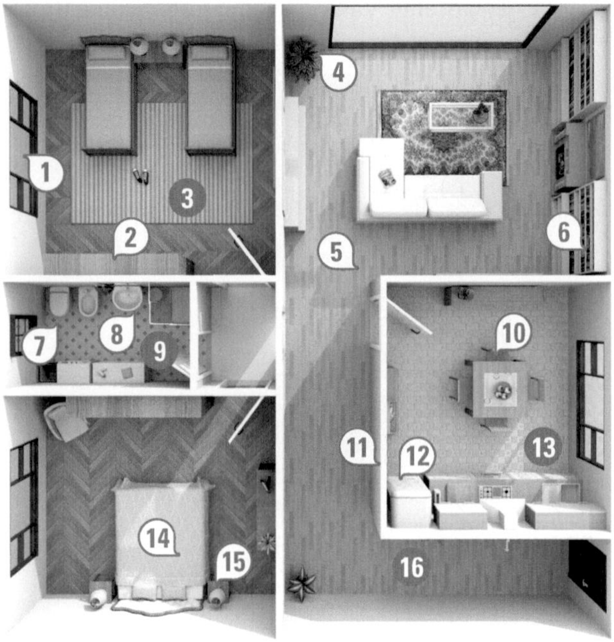

2 Relaciona.

1. Pasar	a. el librero.
2. Tender	b. el piso.
3. Regar	c. la aspiradora.
4. Trapear	d. el lavarropas.
5. Sacar	e. las plantas.
6. Poner	f. la ropa.
7. Ordenar	g. el polvo.

3 Ordena cronológicamente las imágenes de acuerdo con la narración de la página siguiente.

A ☐
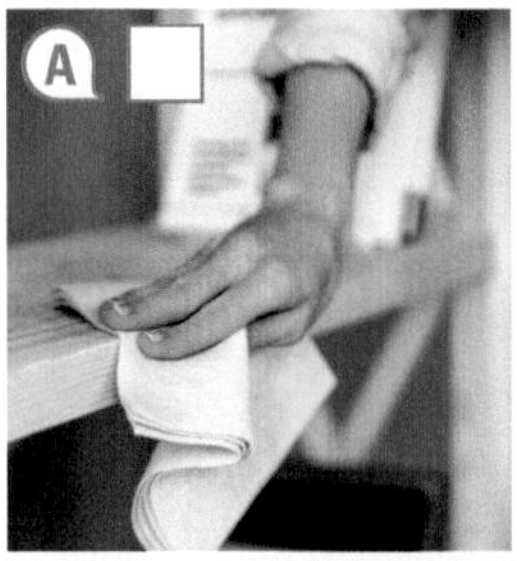

B ☐
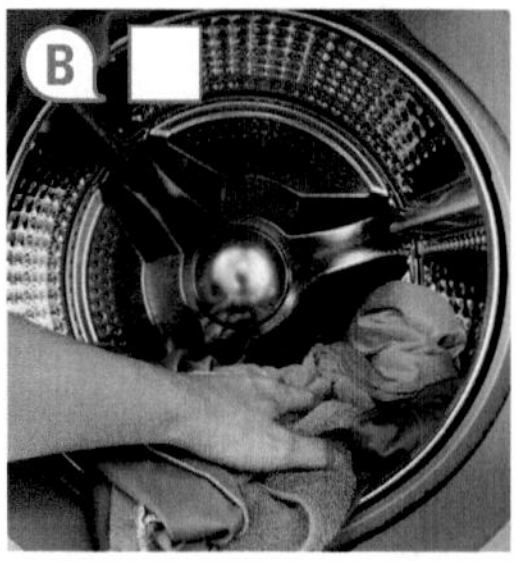

C ☐

D ☐

E ☐

F ☐
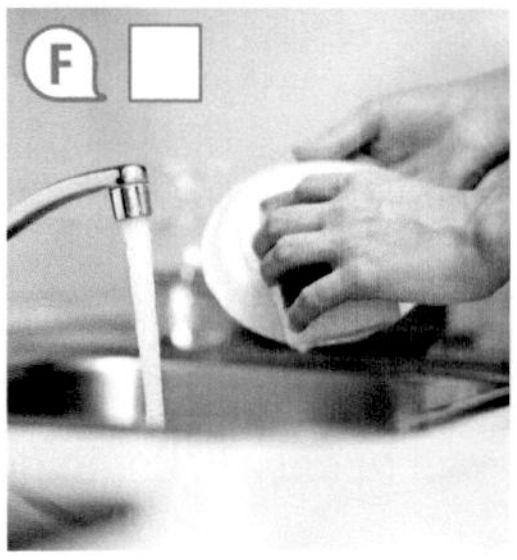

G ☐

H ☐
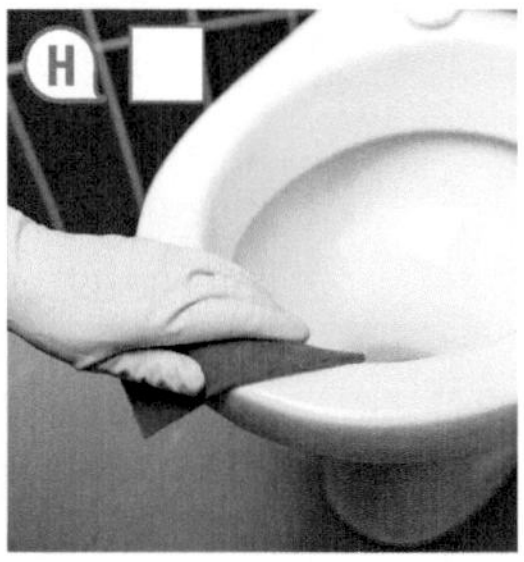

Siempre lo hago igual. El martes en la tarde limpio la cocina, aunque, como almuerzo en el trabajo, no suele estar muy sucia. El jueves limpio bien el baño: el inodoro, el lavamanos, la tina… El viernes suelo poner el lavarropas, dos veces: una para mi ropa y otra para la ropa de cama, sábanas y demás. El viernes en la tarde suelo lavar los pocos trastes sucios que acumulé durante la semana. El sábado en la mañana limpio el polvo y después paso la aspiradora y, para terminar, trapeo bien el piso. La basura suelo sacarla los domingos, normalmente una vez a la semana porque tengo poca, ¡como paso tan poco tiempo en casa…!

4 Aconseja a estas personas usando el presente de subjuntivo.

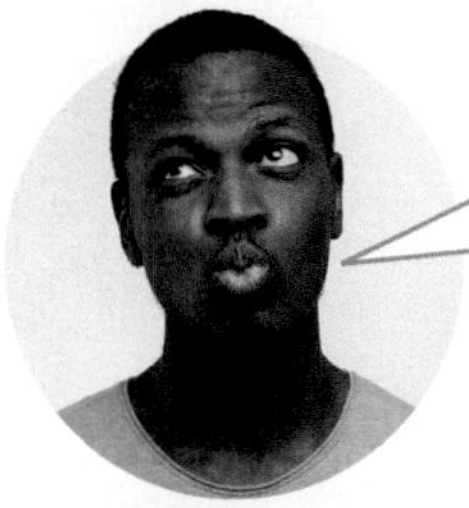

Me ofrecieron dos trabajos interesantes. En uno gano más, pero está fuera de la ciudad. El otro está al lado de casa.

No sé qué estudiar, Medicina o Veterinaria. Las dos carreras me gustan mucho, pero estoy muy indecisa.

No sé qué hacer en vacaciones, si ir a la playa y relajarme o hacer turismo de aventura en algún país exótico.

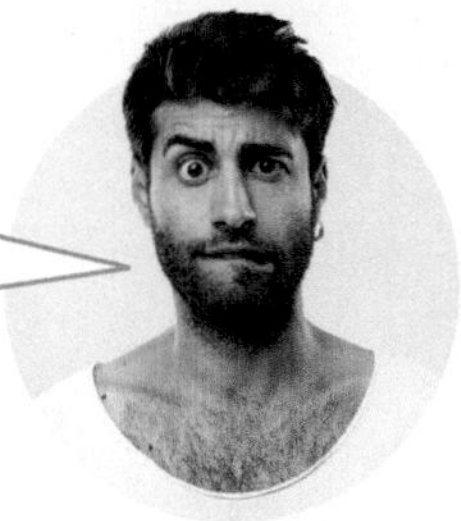

Tengo dos fiestas de cumpleaños el mismo día: la de mi chava y la de mi papá. ¿Qué hago?

5 Completa las frases con el presente de subjuntivo de los verbos entre paréntesis.

1. No quiero que .... (ir, ustedes) a la calle solos.
2. ¿Esperas que Marta .... (estar) en casa?
3. Te pido que no .... (volver) más tarde de las doce.
4. Nos prohíben que .... (tener) animales en el departamento.
5. ¿Me permite que le .... (hacer) una pregunta?
6. Te recomendamos que .... (leer) ese libro; te va a encantar.

6 Una mamá le da dinero a su hijo. Imagina que le dice cinco cosas que puede hacer con el dinero y otras cinco que no puede hacer. Anótalas.

1. *Te dejo que…*
2. ....
3. ....
4. ....
5. ....

1. *No quiero que…*
2. ....
3. ....
4. ....
5. ....

7 Elige un ritmo latino y escribe lo que sabes sobre él.

....

....

Unidad 9

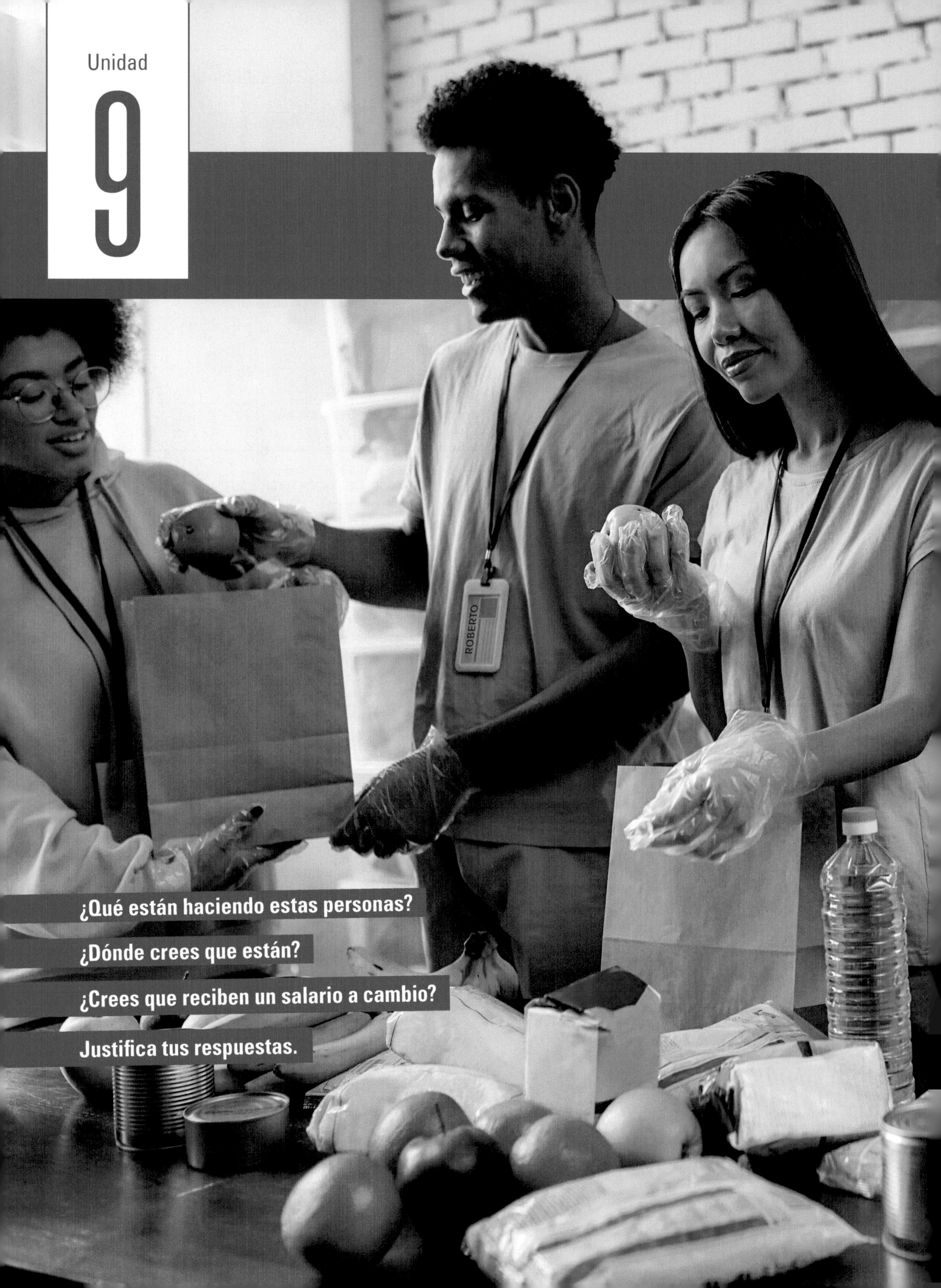

¿Qué están haciendo estas personas?

¿Dónde crees que están?

¿Crees que reciben un salario a cambio?

Justifica tus respuestas.

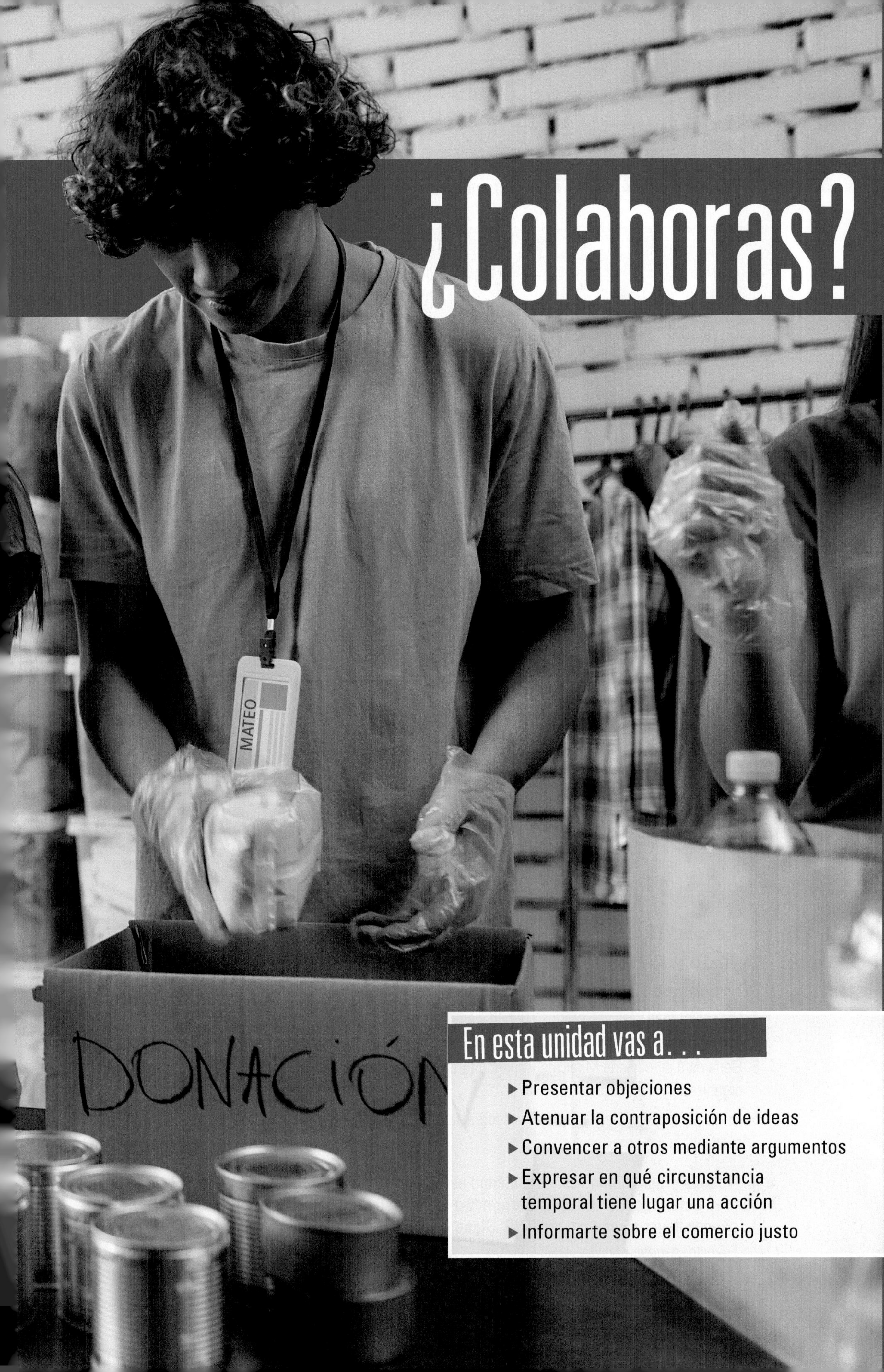

¿Colaboras?

En esta unidad vas a...

- Presentar objeciones
- Atenuar la contraposición de ideas
- Convencer a otros mediante argumentos
- Expresar en qué circunstancia temporal tiene lugar una acción
- Informarte sobre el comercio justo

¿Qué sabes?

1 **En parejas** Fíjate en las siguientes imágenes y descríbelas. Escribe debajo de cada foto a qué hacen referencia.

2 [36] Escucha este diálogo entre Elena y su mamá y di si las siguientes afirmaciones son verdaderas o falsas.

1. Habitualmente, Elena y su mamá hacen las compras los lunes. .... V F
2. Hoy el supermercado está lleno porque la gente está haciendo las compras de Navidad. .... V F
3. Elena no sabe por qué hay tanta gente en el súper. .... V F
4. Las voluntarias y los voluntarios reciben siempre algún tipo de pago en compensación por su trabajo. .... V F
5. Elena está estudiando Medicina y cuando termine, trabajará en una organización humanitaria. .... V F
6. La mamá de Elena piensa que eso sucederá antes de que termine la carrera. .... V F

3 **Todo el grupo** Como ves, esta unidad está dedicada a la solidaridad y al voluntariado. Con tu compañero/a haz una lista de acciones que se pueden llevar a cabo en una ONG. Sigue el ejemplo.

Ejemplo: *Ayudar a las personas mayores.*

1.1 **Todo el grupo** ¿Qué tienen todas estas imágenes en común? Justifica tu respuesta.

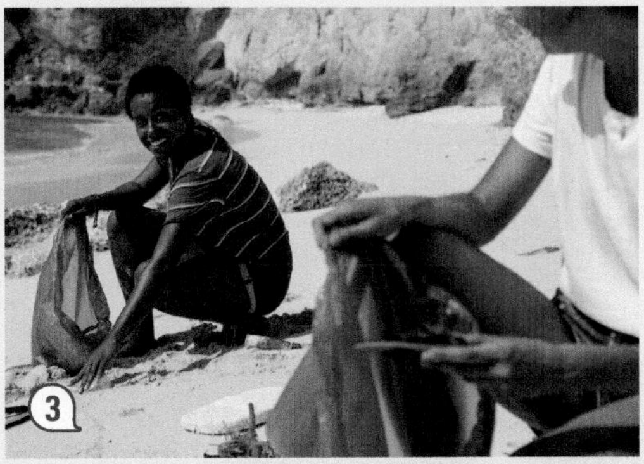

3

....

1.2 **Todo el grupo** Muchas de estas labores las llevan a cabo las ONG. ¿Qué significan estas siglas? ¿Cómo se llaman en tu idioma estas organizaciones?

1.3 Lee la definición de ONG y comprueba tu respuesta anterior.

- Las siglas ONG significan 'Organización No Gubernamental'.
- Son entidades dedicadas a un fin social o humanitario.
- No tienen ánimo de lucro. Esto significa que no generan beneficios.
- Todos sus trabajadores son voluntarios.
- Su labor puede estar dirigida a distintas causas, desde la lucha contra la pobreza hasta la protección del medioambiente o la entrega de ayuda humanitaria en emergencias.

En https://eacnur.org/es/actualidad/noticias/eventos/significado-de-ong-y-3-falsos-mitos

6

....

1.4 **En parejas** Uno de estos puntos no es cierto; localízalo y justifica tu respuesta.

3.1 **En parejas** Relaciona las columnas para conocer algunas acciones de voluntariado. ¿Cuáles de ellas anotaste en la actividad anterior?

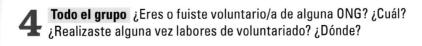

1. Hacer una...	a. voluntario/a, socio/a, colaborador/a...
2. Recaudar...	b. difusión al proyecto.
3. Dar...	c. donativo.
4. Atender a...	d. socios.
5. Aportar un...	e. personas en situaciones de exclusión social.
6. Captar...	f. colecta.
7. Donar...	g. ropa, juguetes, material escolar...
8. Hacerse...	h. comercio justo.
9. Luchar contra...	i. las ciudadanas y los ciudadanos.
10. Concienciar a...	j. la desigualdad y la injusticia.
11. Comprar productos de...	k. fondos.
12. Organizar actividades...	l. benéficas.

4 **Todo el grupo** ¿Eres o fuiste voluntario/a de alguna ONG? ¿Cuál? ¿Realizaste alguna vez labores de voluntariado? ¿Dónde?

Palabras

1 **En parejas** ¿Conoces estas ONG? ¿Sabes a qué se dedican?

A UNHCR ACNUR La Agencia de la ONU para los Refugiados

B MEDICOS SIN FRONTERAS

C FESBAL BANCOS DE ALIMENTOS

D GREENPEACE

E ALDEAS INFANTILES SOS

1.1 Relaciona los textos con las organizaciones anteriores y comprueba tu respuesta anterior. Hay una organización que no tiene texto, ¿cuál es?

1. ☐ Somos una ONG con un **reto** desde que nacimos en 1996: ayudar en la alimentación de los más **necesitados** porque, según la FAO, el hambre es el mayor riesgo para la salud en el mundo. La federación y sus 54 **bancos de alimentos** distribuyen la comida a través de las **entidades colaboradoras**. En este momento, nuestra ayuda alcanza a más de millón y medio de personas. La organización funciona y desarrolla su labor social gracias a un equipo de más de 3300 **voluntarios** que colaboran desinteresadamente.

2. ☐ Es el organismo de la ONU para los millones de **refugiados** que tuvieron que huir de sus países a causa de la guerra, el hambre o la **violación de los derechos humanos**. Su objetivo es **velar por el respeto y la protección** internacional **de estas personas**. Para ello, tiene un equipo de asesoramiento jurídico y programas especializados en reunificación familiar. Para colaborar, puedes hacerte **socio** o aportar un **donativo**.

3. ☐ Somos una organización de acción médico-humanitaria: prestamos **auxilio** a personas amenazadas o que se vieron afectadas por **conflictos armados**, epidemias o enfermedades y desastres naturales. También cuidamos de **personas excluidas de la atención médica básica**. Nuestra acción consiste en **aliviar el sufrimiento de otros seres humanos**, esta es nuestra misión. Gracias a las aportaciones de nuestros cinco millones de socios, también podemos **denunciar las situaciones injustas** que presenciamos en los países de la misión.

4. ☐ Somos una organización privada internacional de ayuda a la infancia, **sin ánimo de lucro** e independiente de toda orientación política. Atendemos a **niños y jóvenes que se encuentran en situación de vulnerabilidad o exclusión social,** impulsando su desarrollo y autonomía mediante la **acogida en entornos familiares** protectores. Nuestros principios son el **compromiso** y la **implicación**.

Textos adaptados de https://www.fesbal.org, https://www.acnur.org/es-es, https://www.msf.es y https://www.aldeasinfantiles.es

1.2 **En grupos pequeños** ¿Qué dos organizaciones supranacionales se mencionan en los textos anteriores? ¿Sabes dónde están sus sedes?

1.3 [37] Escucha el comienzo de un programa de radio dedicado a las ONG y comprueba tus respuestas anteriores.

2 Fíjate en las palabras y expresiones destacadas en los textos de 1.1 y relaciónalas con estas definiciones.

1

1. Personas que colaboran de manera activa en una ONG: ....
2. Objetivo o misión difícil de conseguir: ....
3. Organizaciones que ayudan a las ONG: ....
4. Personas pobres o desfavorecidas: ....
5. Organizaciones que almacenan la comida donada para distribuirla: ....

2

1. Persona que no puede vivir en su país porque su vida está en peligro por la situación política, social o económica: ....
2. Persona que colabora con una ONG: ....
3. Garantizar que las personas estén protegidas y seguras: ....
4. El hecho de no respetar la vida, la salud, la dignidad y otros aspectos esenciales para las personas: ....
5. Cantidad de dinero, comida u objetos que puedes dar a una ONG para colaborar: ....

3

1. Guerras: ....
2. Ayuda a personas que lo necesitan con urgencia: ....
3. Reducir el dolor, la tristeza y la desesperación de la gente: ....
4. Informar a las autoridades, a los medios de comunicación o a la sociedad en general de una situación que se considera injusta: ....
5. Personas que no reciben servicios médicos o sanitarios de primera necesidad: ....

4

1. Gente indefensa y débil: ....
2. Deseo firme de cumplir las promesas: ....
3. No tener intención de obtener beneficio económico: ....
4. Oportunidad que se ofrece a los menores de vivir con familias o en centros que garantizan un ambiente familiar y afectuoso: ....
5. Esfuerzo que se realiza dentro de un proyecto para formar parte de él: ....

3 Define la actividad de la ONG que no está descrita en la actividad 1.1. Puedes usar como modelo los textos que leíste y consultar internet si necesitas información.

Gramática

1 Presente de subjuntivo irregular (2)

- Los verbos que tienen irregular la persona ***yo*** del presente de indicativo también son irregulares en presente de subjuntivo pero en todas las personas:

Venir › vengo	Caer › caigo	Construir › construyo	Salir › salgo
venga	**caiga**	**construya**	**salga**
vengas	**caigas**	**construyas**	**salgas**
venga	**caiga**	**construya**	**salga**
vengamos	**caigamos**	**construyamos**	**salgamos**
vengáis	**caigáis**	**construyáis**	**salgáis**
vengan	**caigan**	**construyan**	**salgan**

– Otros verbos: huir › **huya**; poner › **ponga**; tener › **tenga**; hacer › **haga**; conocer › **conozca**; oír › **oiga**...

- Además de los verbos *ser, estar* e *ir* que ya conoces, hay otros verbos con irregularidad propia:

Ser	Estar	Ir	Haber	Saber	Ver
sea	**esté**	**vaya**	**haya**	**sepa**	**vea**
seas	**estés**	**vayas**	**hayas**	**sepas**	**veas**
sea	**esté**	**vaya**	**haya**	**sepa**	**vea**
seamos	**estemos**	**vayamos**	**hayamos**	**sepamos**	**veamos**
seáis	**estéis**	**vayáis**	**hayáis**	**sepáis**	**veáis**
sean	**estén**	**vayan**	**hayan**	**sepan**	**vean**

> Recuerda:
> Hay formas verbales, tanto regulares como irregulares, que sufren cambios ortográficos para conservar el sonido del verbo en infinitivo:
> *se**gu**ir › si**g**a; co**c**er › cue**z**a; reco**g**er › reco**j**a; bus**car** › bus**que**...*

1.1 Completa las frases con los verbos del recuadro en presente de subjuntivo. Sobra un verbo; escribe con él una frase en presente de subjuntivo.

| seguir | ver | hacer | saber | oír | recoger | buscar | construir | salir |

1. Está prohibido que los niños .... esos filmes. Son para mayores.
2. Les aconsejo que .... lo que el profesor tiene que decir.
3. Te pido que .... tu mesa, ¡está muy desordenada!
4. Dale, les dejamos que .... esta noche.
5. ¿Qué me sugieres que .... en tu ciudad?
6. Me recomienda que .... las llaves en el carro.
7. Los vecinos no quieren que se .... un edificio tal alto acá, prefieren un parque.
8. Espero que te .... bien la lección, si no, vas a reprobar esta materia.

Mi frase: ....

2 Oraciones temporales

- Las oraciones temporales son oraciones que indican **en qué momento** tiene lugar la acción expresada por la oración principal:

  *Llego a casa **cuando termino de trabajar**.*

- ***Cuando*** es el nexo temporal más común, pero existen otros nexos temporales que indican diferentes matices de anterioridad, posterioridad o simultaneidad respecto a la oración principal:
  - Acción repetida › **cada vez/siempre que**
  - Simultaneidad › **mientras**
  - Acción inmediata › **nomás, en cuanto**
  - Progresión › **a medida que**
  - Inicio de una acción › **desde que**
  - Fin de una acción › **hasta que**

- Cuando la acción es **habitual** o sucede en **pasado** estos nexos temporales se construyen con **indicativo**:

  ***Cuando** las organizaciones **necesitan** dinero, organizan colectas.*
  *Yo puse la mesa **mientras** Ana **hacía** la comida.*

- Si la acción **aún no se realizó**, se usa el modo **subjuntivo**:

  ***Siempre que vengas** a mi casa, te invitaré a cenar.*
  *No dejes de hablar español **desde que te levantes hasta que te acuestes**.*

- Los nexos temporales ***antes de (que)*** y ***después de (que)*** indican anterioridad y posteridad, respectivamente, de una acción con respecto a otra. Se pueden construir con **indicativo** si el sujeto de las dos acciones es el mismo, o con *que* + **subjuntivo** si los sujetos son diferentes:

  *Escríbeme un mensaje **antes de llegar** y voy a recogerte al aeropuerto.*
  *Tenemos que ayudar a niños en situación vulnerable **antes de que sea** tarde.*

2.1 Elige la forma verbal adecuada.

1. Cada vez que **compras/compres** un producto mira la etiqueta.
2. Empiecen a escribir después de que el maestro se lo **pide/pida**.
3. Cuando **se enteró/se entere** de la noticia, empezó a llorar.
4. Yo nunca hablo mientras **estoy/esté** almorzando.
5. No nos fuimos hasta que **terminó/termine** de platicar.
6. A medida que **vas/vayas** practicando, comprenderás mejor lo que dicen.

2.2 Completa este correo con los verbos entre paréntesis en la forma adecuada.

De: Rosana Hernández Para: Ciudadanos de Aguilar Asunto: Actividades solidarias

Estimados vecinos y vecinas:
Les escribimos para informarles de las diferentes actividades benéficas con las que la Concejalía de Asuntos Sociales colaborará mientras [1] .... (durar) este año.
Antes de que mis ayudantes les [2] .... (presentar) la lista de actividades, me gustaría agradecer la enorme participación de todos y todas cada vez que el Ayuntamiento [3] .... (organizar) eventos y otras actividades para cooperar en diferentes proyectos sociales.
Por otra parte, les informamos de que abrimos una cuenta bancaria en la que pueden aportar sus donativos a las diferentes organizaciones con las que vamos a colaborar. La cuenta estará abierta desde que [4] .... (empezar) hasta que [5] .... (finalizar) las campañas.
En cualquier caso, los voluntarios de las diferentes organizaciones les facilitarán sus propios números de cuenta para seguir enviando ayuda cuando ustedes lo [6] .... (considerar) oportuno.
Un saludo cordial,
Rosana Hernández, concejala de Asuntos Sociales del Ayuntamiento de Aguilar

Practica en contexto

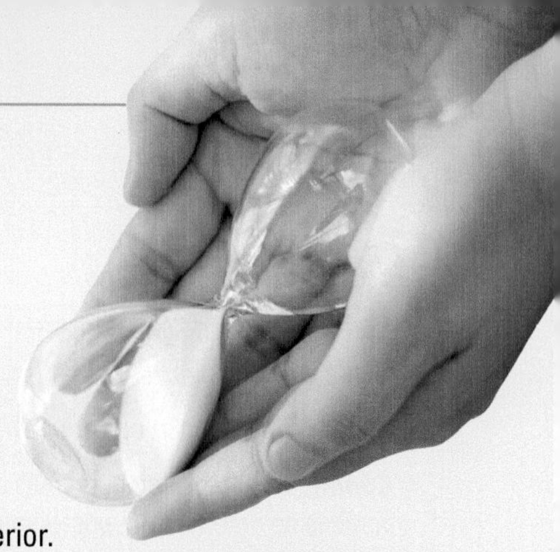

1 **Todo el grupo** ¿Sabes qué es un *banco del tiempo*? Coméntalo con tus compañeros/as.

1.1 **Todo el grupo** Lee el texto y comprueba tu respuesta anterior.

Es el primer banco que funciona sin dinero y sin ánimo de lucro. En este banco únicamente puedes depositar tiempo, para intercambiarlo con el de otros a través de la prestación de servicios, habilidades o conocimientos.
El banco del tiempo ofrece un espacio de solidaridad y confianza en los demás para resolver necesidades de la vida cotidiana. Este proyecto pretende fomentar las relaciones sociales y romper el aislamiento y la soledad de la vida urbana.

2 **En parejas** Estas son algunas de las muchas actividades que se pueden intercambiar en el banco del tiempo. Clasifícalas en la tabla. En algún caso hay varias soluciones posibles. Trabaja con tu compañero/a.

~~laboral~~ | niños | costura | masajes | informática | electricidad | transporte | ~~limpieza~~
visitas médicas | yoga | hacer las compras | administrativo | ~~peluquería~~ | planchado
albañilería | jurídico | jardinería | apoyo académico | cocina | ~~plomería~~ | gimnasia terapéutica
personas mayores | pasear | masajes | carpintería | ~~acompañamiento~~ | ~~clases de idiomas~~

Cuidado de personas	Estética y cuidado personal	Tareas del hogar
acompañamiento 	*peluquería* 	*limpieza* 

Formación	Reparaciones	Asesoramiento
clases de idiomas 	*plomería* 	*laboral* 

LÉXICO
Latinoamérica › plomería : *David tumbó paredes, hizo las conexiones eléctricas, instaló cocina y baño y una* ***plomería*** *nueva.*
España › fontanería : *¿Sabes algo de* ***fontanería****? Tengo estropeado el baño de mi casa y no hay manera de encontrar un fontanero.*

2.1 **Todo el grupo** ¿Qué otras actividades se pueden intercambiar en un banco del tiempo? Amplíen la tabla con las ideas de todos/as.

3 **Todo el grupo** Algunas personas que participan en el banco del tiempo de su barrio cuentan sus experiencias en un programa de radio. Observa las imágenes. ¿De qué servicios crees que van a hablar? Coméntalo con tus compañeros/as.

3.1 [38] Escucha y comprueba tus respuestas anteriores.

3.2 [38] Vuelve a escuchar y completa los textos con las palabras que faltan.

Os cuento mi experiencia.
Aunque [1] .... mucho los gatos, no podemos tener uno porque mi hermano es alérgico. Sé que hay gente que no puede atenderlos en algunas ocasiones, así que yo ofrezco mi tiempo para estar con el animal cuando [2] .... que cuidarlo. Aunque [3] .... animales muy independientes, los gatos también necesitan algunos cuidados.

Soy estudiante de Arquitectura y todos los veranos estudio inglés en Nueva York. En el futuro, deseo vivir y trabajar como arquitecto allá, aunque todavía [7] .... que mejorar mi nivel de inglés.
Ofrezco parte de mi tiempo libre en verano para dar clases de español y cada vez que [8] .... la clase, "cobro" mi tiempo: converso en inglés con mis estudiantes después de dar la clase. ¡Y me va padrísimo!

Quiero viajar para colaborar en una misión médico-humanitaria, aunque todavía [4] .... muy joven. Pero mientras [5] .... mayor y [6] ...., ofrezco mi tiempo para estar con ancianos del barrio que viven solos y que necesitan conversación y compañía.

Presentar objeciones

- Para **presentar objeciones** se usa el conector *aunque*.
  - ***Aunque*** + **indicativo** se usa para expresar una objeción sobre un hecho conocido y objetivo:
    Aunque tengo 15 años, ya estoy colaborando con una ONG.
    (El hablante sabe su edad).
  - ***Aunque*** + **subjuntivo** se usa para expresar una objeción sobre un hecho que no es seguro, que el hablante no conoce o con el que no quiere comprometerse:
    Aunque Juan no tenga razón, no debes hablarle así.
    (El hablante no sabe si Juan tiene razón o no, o no lo quiere afirmar).
- La expresión ***a pesar de que*** funciona igual que ***aunque***. Es formal y suele usarse en lengua escrita.

3.3 **En grupos pequeños** ¿Qué actividades pueden hacer ustedes en un banco del tiempo? Anoten sus ideas.

Contestar por escrito a un anuncio

Una comunicación escrita (carta o correo) para responder a un anuncio tiene esta estructura:

- **Saludo:**
  - Hola, Peter:
  - Estimado Mario:
- **Introducción:**
  - Me pongo en contacto contigo/con usted... porque...
- **Mensaje** con el contenido principal de la comunicación:
  - Me interesan mucho tus/sus clases porque...
  - Necesito...
  - Deseo...
- **Despedida:**
  - Espero tu/su contestación.
  - Muchas gracias de antemano por tu/su atención.
  - Un (cordial) saludo.

Fíjate:
Cuando escribas, debes crear un borrador. Esto te ayudará a seguir una guía y a no desviarte del tema.

4 Lee el anuncio que publicó Mario, el estudiante de Arquitectura.

¡Hola, soy Mario!
Estoy estudiando Arquitectura y quiero mejorar mi nivel de inglés para irme a Nueva York. A cambio, ofrezco mi tiempo para ayudarte con tu español.
Si estás interesad@, ¡escríbeme!
Saludos :)

4.1 Escríbele un correo a Mario interesándote por su oferta; infórmale de los siguientes aspectos.

- Vas a clase de español, pero no practicas lo suficiente.
- Tienes buen nivel de gramática, pero necesitas más vocabulario para hablar.
- Pides que te corrija tus errores desde la primera hasta la última sesión.
- Tú también deseas estudiar una lengua en el extranjero y tienes los mismos planes de futuro que él, pero todavía debes terminar tus estudios de grado.

De: Para: Mario Asunto: Banco del tiempo

....

....

....

....

....

....

4.2 Imagina que en tu clase hay un banco del tiempo. Escribe un anuncio para pedir un servicio o colaboración a cambio de otro que tú puedas hacer. Recuerda las actividades que sugeriste en la actividad 3.3 y toma como modelo el anuncio de Mario.

4.3 **Todo el grupo** Pongan todos los anuncios en el pizarrón y elijan el que les parezca más adecuado a sus necesidades. Busquen a esa persona y pónganse de acuerdo entre ustedes para intercambiar sus servicios.

5 Estas personas intentan justificar su poca participación en proyectos de cooperación social. Lee sus excusas y completa la última intervención con otra excusa frecuente en alguna de estas situaciones.

1

Aunque yo también creo que los animales necesitan protección, no tengo tiempo para colaborar con la fundación protectora con la que colaboran mi esposa y mis hijos; además, no sé cómo contribuir.

2
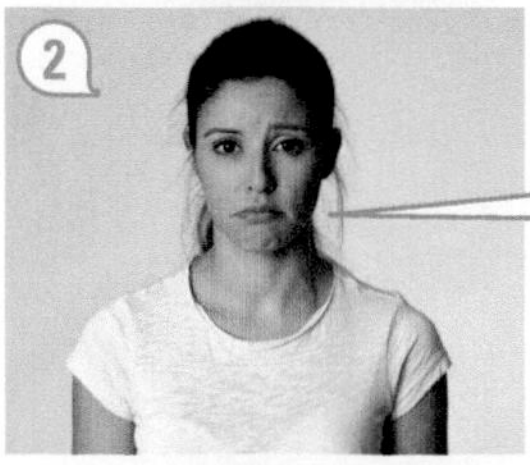

Todas las Navidades mi universidad organiza junto a FESBAL un banquete navideño para personas sin hogar. Yo quiero ayudar como mis compañeros y compañeras, pero me da demasiada pena ver a tanta gente necesitada.

3

Mañana, a mediodía, hay un concierto benéfico para recaudar fondos para los refugiados. Sé que es una buena causa y además el concierto es muy barato, pero estoy segura de que va a haber mucha gente y no me gusta nada hacer cola.

4

El domingo, mi papá y mi hermano van a participar en una maratón solidaria y, aunque me intenten convencer para que participe, creo que va a hacer demasiado frío para salir a correr.

....
....
....
....

5.1 **En parejas** Trata de convencer a las personas anteriores para que contribuyan, aunque pongan esas excusas. Argumenta por qué.

6 **Todo el grupo** ¿Qué te parecen los bancos de tiempo? ¿Te gustaría participar en alguno? ¿Sabes si existe algo similar en tu país? ¿Qué otros servicios sociales sin ánimo de lucro ofrece tu comunidad?

Atenuar la contraposición de ideas

Para ser más efectivos en nuestra argumentación, conviene atenuar la contraposición de ideas. Para ello, puedes usar esta expresiones:

- **Te comprendo,** pero, aunque sea difícil/aburrido/cansado...
- **Sí, lo sé. Yo tengo el mismo problema,** pero, aunque...
- **Tienes razón, no siempre es fácil,** pero, aunque...

Te comprendo, yo también estoy muy ocupada, pero, aunque no tengas mucho tiempo, es necesario ayudar para conseguir una sociedad más justa e igualitaria.

EL COMERCIO JUSTO

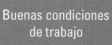

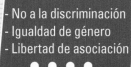

Tienda de comercio justo

1 **En parejas** ¿Sabes qué es el comercio justo? Estos son sus diez principios. ¿A qué crees que se refieren? ¿Cuál es su objetivo?

Los diez principios del comercio justo

1. Oportunidades para productores desfavorecidos
2. Transparencia y responsabilidad
3. Prácticas comerciales justas
4. Pago justo
5. - No al trabajo infantil
   - No al trabajo forzoso
6. - No a la discriminación
   - Igualdad de género
   - Libertad de asociación
7. Buenas condiciones de trabajo
8. Desarrollo de capacidades
9. Promoción del comercio justo
10. Respeto al medioambiente

La ONG Golden Silk, en Camboya, fabrica seda de manera tradicional y sostenible. La mayoría de sus trabajadores son mujeres.

Recogida del fruto del cacao

2 Lee el texto y comprueba tus respuestas.

Cada artículo que compramos tiene una historia, la historia de las personas que lo elaboran. Las historias de quienes cultivan, procesan, elaboran o cosen los productos están marcadas muchas veces por jornadas de trabajo extenuantes e inhumanas, por salarios que no alcanzan para vivir con dignidad, por ingresos que no cubren los costos de producción; historias marcadas por ser mujer u hombre, historias de niños y niñas que se ven obligados a trabajar en lugar de ir a la escuela o jugar; historias, en definitiva, de injusticia.

Por todo ello, en la década de los cincuenta surgió un movimiento que va creciendo con los años: el comercio justo. Su objetivo es mejorar el acceso al mercado de los productores más desfavorecidos y cambiar las injustas reglas del comercio internacional, que consolidan la pobreza y la desigualdad mundial.

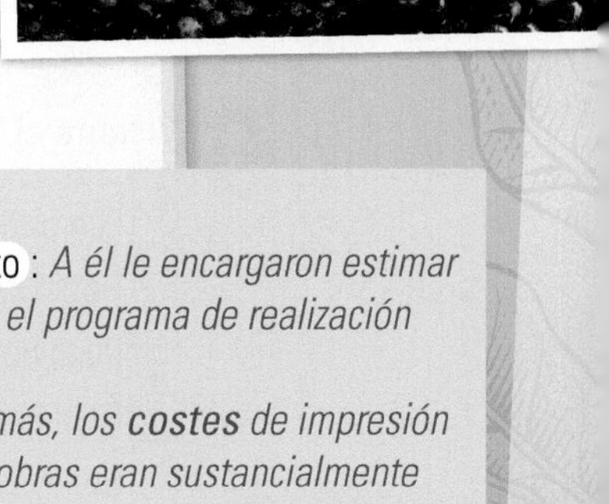

Sus principios básicos son:

- Los productores tienen unas condiciones laborales y unos salarios que les permiten vivir con dignidad.
- No se permite la explotación laboral infantil.
- Se promueve la igualdad entre hombres y mujeres: ambos reciben un trato y una retribución económica equitativa.
- Los artículos se fabrican mediante prácticas respetuosas con el entorno en el que se producen.

El café y el chocolate son los dos productos que nos vienen a la cabeza cuando pensamos en el comercio justo. Sin embargo, además de estos clásicos que conocemos todos, las organizaciones y tiendas de comercio justo ofrecen ya productos con los que buscan adaptarse a las necesidades comunes: tenis, celulares, protectores solares y otros cosméticos, refrescos y todo tipo de productos de alimentación están ya disponibles para la venta bajo el sistema de comercio justo. Comprando estos productos puedes mejorar la calidad de vida y la economía local y nacional de los países productores exportadores.

Adaptado de http://comerciojusto.org y https://www.eldiario.es/economia/productos-comercio-justo-pensabas-existian_0_642186471.html

LÉXICO

Latinoamérica › costo: *A él le encargaron estimar los **costos** y diseñar el programa de realización del proyecto.*

España › coste: *Es más, los **costes** de impresión y distribución de las obras eran sustancialmente inferiores a la cifra facturada al señor Moliner.*

HOSTAL Babel

Profesores Sin Fronteras

Antes del video

1 **Todo el grupo** Fíjate en el título del episodio. ¿Qué crees que es *Profesores Sin Fronteras*? ¿A qué piensas que se dedica? Haz hipótesis con tus compañeros/as.

2 **En grupos pequeños** Observa estas imágenes. Ambas están relacionadas. ¿Puedes imaginar por qué? Fíjate en los objetos que hay encima de la mesa donde están Carla y Leo.

Durante del video

3 Visiona el fragmento 00:30 ▶ 01:22 para comprobar tus hipótesis anteriores. ¿Acertaste?

4 Visiona el fragmento 01:01 ▶ 03:20 y responde si las siguientes afirmaciones son verdaderas (V) o falsas (F).

1. Leo trabaja como voluntario en una ONG. .... V F
2. Carla quiere colaborar en la misma ONG. .... V F
3. Leo cree que él en realidad no es un auténtico voluntario. .... V F
4. Bea y Carla creen que Leo no puede ser un buen voluntario. .... V F
5. Leo movilizó a todo el barrio para colaborar con la ONG. .... V F

5 Visiona el fragmento 02:34 ▶ 02:44 y completa.

"La organización quiere .... a Unicef un cargamento de .... para escuelas en ....".

6 Visiona el fragmento 03:31 ▶ 04:14 y numera las frases según el orden en que se dicen.

- ☐ Fue a tres reuniones informativas.
- ☐ Habló con sus amigos para pedirles material escolar.
- ☐ Pues no entiendo el comentario.
- ☐ Habló con los comerciantes de la zona y solicitó su colaboración.
- ☐ Se levantó temprano y organizó las bolsas.
- ☐ Leo solo está colaborando con una ONG.

7 Visiona de nuevo el comienzo del fragmento anterior y fíjate en el gesto que hace Carla. ¿Sabes qué significa? ¿A qué signo de puntuación hace referencia? ¿En tu lengua se usa también con el mismo significado?

8 **En parejas** Visiona el fragmento 03:21 ▷ final y relaciona las afirmaciones con el personaje correspondiente: Leo (L), Hugo (H), Carla (C) o Bea (B).

1. ☐ Va a quedarse en casa en la tarde para ayudar.
2. ☐ Ve a Leo como el director de la ONG.
3. ☐ No confía en su capacidad para hacer voluntariado en una ONG.
4. ☐ Conoció el proyecto de la ONG haciendo yoga.
5. ☐ Se reunió varias veces la semana pasada.
6. ☐ Colabora desde hace tiempo en una ONG.
7. ☐ Está sorprendida por la actividad de Leo.
8. ☐ Cree que Leo está más implicado con la campaña solidaria de lo que él mismo piensa.

9 **En parejas** Visiona de nuevo este pequeño fragmento 04:26 ▷ 04:40 y complétalo con las palabras que faltan.

Chicas, ¿ [1] .... puedo pedir que [2] .... en casa después de comer para atender a la gente? Solo [3] .... que abrir la puerta. Carla, a ti se te dan muy bien esas cosas.

9.1 **Todo el grupo** ¿A qué persona verbal se refieren las formas que escribiste? ¿Dónde se utilizan?

....

Después del video

10 **En parejas** ¿Con cuál de las siguientes frases estás más de acuerdo? Comenta tus opiniones con tu compañero/a argumentándolas.

CARLA

"Si te hace feliz colaborar, hacete miembro. Creo que te vas a sentir muy bien".

LEO

"Pienso en esta labor como un trabajo: tienes que hacerlo porque realmente te gusta y tienes que querer hacerlo".

BEA

"La palabra voluntario lo dice claro: vo-lun-ta-rio. Significa que lo haces porque quieres, pero, sobre todo, lo haces para que los demás se sientan bien".

Carla utiliza en el episodio las palabras *tenés*, *hacete* y *sos*. ¿A qué persona y tiempo verbal pertenece cada una?
.... y
....

11 **Todo el grupo** ¿Por qué se ríen las muchachas de la actitud de Leo? ¿En qué se diferencia el concepto de voluntariado que tiene Leo del de Carla y Bea? ¿Con cuál de las dos posturas estás más de acuerdo? Justifica tu respuesta.

Evaluación

1 Clasifica estas palabras en su categoría correspondiente.

recogida de firmas | voluntario/a | igualdad | necesitado/a | banco de alimentos | ancianos
soledad | socio/a | confianza | hacer un donativo | personas vulnerables | cooperante
denunciar | colecta | refugiado/a | solidaridad | concienciación

Sentimientos y valores	Personas involucradas en una ONG

Beneficiarios de las ONG	Actividades solidarias

2 Escribe el presente de subjuntivo de los siguientes verbos. Añade la persona *vosotros/as* si quieres practicarla.

Conocer	Salir	Huir	Saber	Ver

Oír	Buscar	Tener	Haber	Ser

3 Completa las siguientes frases con alguno de los verbos anteriores en la persona adecuada del presente de subjuntivo.

1. Hasta que tú no .... las fechas de las vacaciones, no podremos hacer la reservación del viaje.
2. Cuando mi mamá .... a Mario, se va a poner recontenta.
3. Espero que en este hotel .... aire acondicionado.
4. Nomás el bebé .... ruido, se despertará, así que por favor, sean silenciosos.
5. Pablo, no quiero que .... si aún no hiciste las tareas.

4 Ahora, escribe una frase con los 5 verbos que no utilizaste en la actividad 3.

1. ....
2. ....
3. ....
4. ....
5. ....

5 Completa las frases con el verbo en la forma correcta.

1. Cuando .... (terminar) la secundaria, voy a estudiar Relaciones Internacionales.
2. Cuando no .... (entender) una palabra, la busco en el diccionario.
3. Nomás .... (llegar) los voluntarios, los refugiados empezaron a aplaudir.
4. Llámame tan pronto como .... (saber) el resultado.
5. En cuanto .... (terminar) la prueba, podrán salir del aula.

6 Completa las frases con las expresiones temporales del cuadro.

antes de | después de | antes de que | después de que | hasta que | desde que

1. Siempre me lavo los dientes .... acostarme.
2. Tienes que estar en clase .... el profesor salga del aula.
3. Mañana, ... termine el partido, vamos a tener una reunión.
4. Laura colabora con ACNUR .... cumplió 18 años.
5. Un baño caliente es muy relajante .... hacer deporte.
6. La sociedad tiene que ser más solidaria .... sea demasiado tarde.

7 Relaciona las columnas para formar frases con sentido.

1. No te lo diré aunque...	a. haga mal tiempo.
2. Mañana iremos de excursión aunque...	b. tengas mucha hambre.
3. Aunque nomás tengo 15 años...	c. es muy puntual.
4. Antes de los análisis no desayunes aunque...	d. todo el mundo piensa que tengo 18.
5. A pesar de que vive lejos...	e. me lo preguntes cien veces.

8 Completa las frases sobre el comercio justo con las palabras adecuadas..

1. Uno de los principios del comercio justo es tener unas condiciones laborales y unos salarios .... que les permitan vivir con ....
2. El comercio justo está en contra del .... infantil.
3. Promueve la .... entre hombres y ....
4. Los productos de comercio justo tienen que ser .... con el ....
5. Además de cacao y .... hay productos muy variados como ....

Unidad

10

Fíjate en la foto principal. ¿Qué significa 'rebobinar'? ¿Qué contenidos crees que vas a trabajar en esta unidad si tomas en cuenta su título?

¿Qué hizo anoche el muchacho que está apoyado en la mesa?

Fíjate en la foto de la derecha; ¿qué tiempo hace?

Rebobinamos

En esta unidad vas a. . .

- Hablar en pasado
- Dar órdenes, instrucciones y consejos
- Conceder permiso y expresar prohibición
- Expresar deseos
- Conocer la situación de la mujer en Latinoamérica

¿Qué sabes?

1 **En parejas** Observa las imágenes. ¿Qué hizo Antonio esta semana? Completa las frases.

1. Esta mañana ....

2. Ayer ....

3. El lunes ....

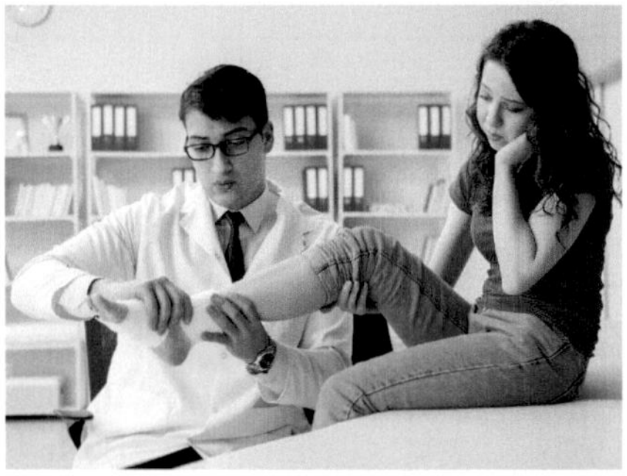

4. Hoy ....

5. Antier ....

6. Hoy a mediodía ....

7. Hace dos días ....

8. Anoche ....

9. Esta semana ....

1.1 **En grupos pequeños** Fíjate en la foto de Antonio de chico e imagina cómo era su vida entonces y qué cosas hacía normalmente. Comparte tus hipótesis con tus compañeros/as de grupo.

1.2 **En grupos pequeños** Cuenta a la clase cómo era tu vida cuando ibas a la escuela: ¿qué materia te gustaba más?, ¿quién era tu mejor amigo/a?, ¿cómo era tu maestro/a preferido/a?

2 Completa las formas que faltan del presente de subjuntivo regular.

	Hablar	Leer	Escribir
yo			
tú	hables	leas	
él, ella, usted			
nosotros/as			escribamos
vosotros/as	habléis	leáis	escribáis
ellos, ellas, ustedes			

2.1 **En parejas** Reescribe las frases que tienes a continuación en forma negativa. Luego compara con tu compañero/a.

1. Cierra la ventana.
   No ....

2. Pongan la mesa.
   No ....

3. Tradúzcanlo.
   No ....

4. Váyase de acá.
   No ....

5. Sal ahorita.
   No ....

6. Tienda la cama.
   No ....

3 **En parejas** Da consejos a estas personas con el imperativo.

Vamos a estudiar español.
Me duele mucho la cabeza.
¡Gané a la lotería!
Quiero hacer un viaje.
Queremos salir a bailar.

3.1 Transforma ahora los consejos de la actividad anterior con los verbos *aconsejar* o *recomendar*.

Palabras

1 Relaciona las siguientes definiciones con su palabra correspondiente.

1. Lo que se crea, se diseña, se idea o se produce por primera vez.
2. Contaminación del agua o del aire.
3. Estación del año donde el clima es caluroso.
4. Residuos de cualquier tipo.
5. Mar grande que cubre la mayor parte de la Tierra.
6. Página web en la que los internautas intercambian información creando una comunidad virtual.
7. Sistema informático que busca archivos almacenados en servidores web.
8. Comunicación que se envía a través del celular. Puedes ser escrito o de voz.
9. Periodo de cien años.
10. Estación del año donde el clima es templado.

a. polución
b. primavera
c. red social
d. basura
e. mensaje
f. océano
g. invento
h. siglo
i. buscador
j. verano

1.1 **En parejas** Clasifica las palabras anteriores en su ámbito correspondiente y añade dos palabras más por sección.

Internet

Clima

Naturaleza y medioambiente

Historia

2 **En grupos pequeños** Completa con las palabras que faltan en la variante de Latinoamérica o de España. Después escribe un ejemplo para cada caso.

LÉXICO

Latinoamérica	España
1. › celular :	1. › ________ : ....
2. › ________ :	2. › ordenador : ....
3. › ________ :	3. › película : ....
4. › *mouse* :	4. › ________ : ....
5. › (hacer una) reservación :	5. › reservar : ***Reservé*** *dos habitaciones en un hotel para el fin de semana.*
6. › nomás :	6. › ________ : ....
7. › ________ :	7. › salón : ....
8. › ________ :	8. › coste : ....
9. › ________ :	9. › patata : ....
10. › comercial :	10. › ________ : ....
11. › ________ :	11. › pimiento : ....
12. › ________ :	12. › trapear el piso : ....

3 **Todo el grupo** Distribuyan la clase en dos grupos: A y B. En primer lugar, lean con atención las preguntas y asegúrense de que saben todas las respuestas. Luego háganle las preguntas al equipo contrario y confirmen si sus respuestas son correctas o no.

Grupo A

1. ¿Qué significa 'ir de compras'?
2. ¿Qué tipo de comida es un yogur?
3. Tu profesor/a se va a casar; ¿qué le dices?
4. Para expresar la nacionalidad usamos el verbo...
5. Llevar un archivo de internet a nuestra computadora es...
6. Define la palabra *contraseña*.
7. Di un sinónimo de *hecho* o *acontecimiento*.
8. ¿Qué significa 'está nublado'?
9. Di el nombre de tres secciones de un diario.
10. Si llevas tu celular a reparar en lugar de tirarlo, ¿qué haces?
11. ¿En qué ámbito puedes encontrar las palabras *banderola*, *etiqueta* o *boletín*?
12. Di el nombre de tres estancias de una casa.
13. Indica con un gesto qué es trapear el piso.
14. ¿Qué significan las siglas ONG?

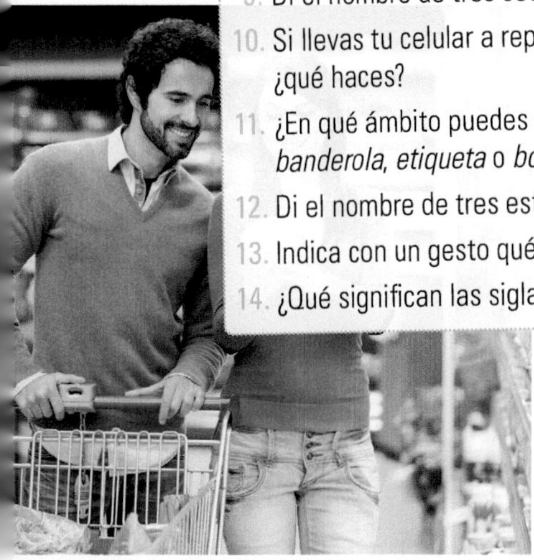

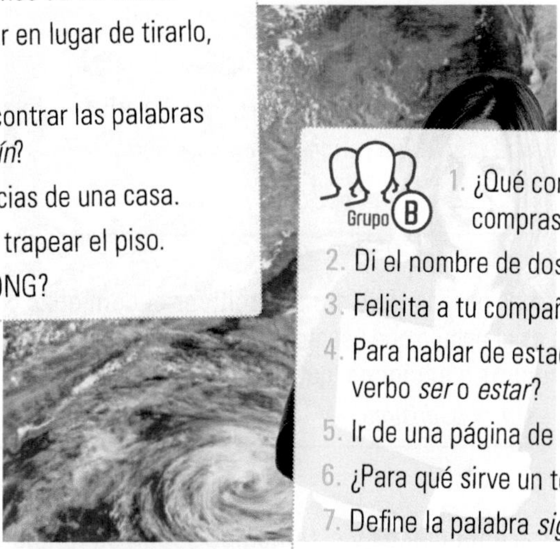

Grupo B

1. ¿Qué compras cuando "haces las compras"?
2. Di el nombre de dos verduras.
3. Felicita a tu compañero/a por su cumpleaños.
4. Para hablar de estados de ánimo, ¿se usa el verbo *ser* o *estar*?
5. Ir de una página de internet a otra es...
6. ¿Para qué sirve un teclado?
7. Define la palabra *siglo*.
8. ¿Qué significa 'hace viento'?
9. ¿Qué es el titular de un periódico?
10. Da un ejemplo de cómo reutilizar algo.
11. Di el nombre de dos palabras relacionadas con las compras en línea.
12. Indica con un gesto qué es sacar el polvo.
13. ¿Qué es una colecta?
14. 'Sin ánimo de lucro' significa...

4 **Todo el grupo** De los recursos que viste en el curso, ¿cuáles utilizas para aprender y recordar el vocabulario? Coméntalo con tus compañeros/as. ¿Cuál crees que es el más efectivo?

Gramática

1 Usos del pretérito y del imperfecto (repaso)

- Usamos el **pretérito** para:
  - Expresar **acciones terminadas**:
    El año pasado ***viajé*** *a México.*
  - Dar información sobre la **vida** de una persona:
    Ana ***nació*** *en Cali en 2005.*
  - Hablar de **hechos históricos** y acontecimientos del pasado:
    El 20 de julio de 1969 el hombre ***pisó*** *la Luna por primera vez.*
- Usamos el **imperfecto** para:
  - **Describir** en pasado:
    La casa ***era*** *muy linda y* ***tenía*** *un jardín muy grande con piscina.*
  - Hablar de **acciones habituales** en el pasado:
    Iba *al gimnasio todos los días y después* ***veía*** *a mis amigos.*
  - Referirnos a una **acción** no terminada, **durativa**, en el momento en que otra sucede:
    Platicaba *con María cuando sonó el teléfono.*

Recuerda:
El **imperfecto** presenta la acción en un tiempo pasado, pero **sin especificar el comienzo o el final** de la misma. Por esta razón, el imperfecto es el tiempo que usamos para la **descripción** y para hablar de las **circunstancias** que rodean a los **hechos o acciones**, que se expresan en **pretérito**:
Ayer ***almorcé*** *un ceviche que* ***estaba*** *padrísimo.*

1.1 Ordena estos enunciados y clasifícalos según su función: narración (N) o descripción (D). Luego escribe la historia en tu cuaderno en el orden adecuado.

a. [ ] [ ] Alberto y su hermana no sabían qué pasaba, estaban confusos y un poco asustados.
b. [ ] [ ] Unos segundos más tarde sonó el celular de Alberto.
c. [1] [D] Alberto estaba en la piscina del hotel con su hermana.
d. [ ] [ ] mientras su hermana se vestía para regresar a su habitación.
e. [ ] [ ] De repente, todo el mundo salió corriendo del agua y se dirigió a la recepción.
f. [ ] [ ] Alberto empezó a buscar su celular,
g. [ ] [ ] vio un mensaje de su papá con texto e imagen.
h. [ ] [ ] Su hermana le preguntó
i. [ ] [ ] Lo encontró y
j. [ ] [ ] y Alberto, aliviado, le mostró el mensaje y los dos salieron a ver a las estrellas.
k. [ ] [ ] En la foto había una pareja de actores muy famosos y muchos periodistas,
l. [ ] [ ] y el texto decía que en la recepción estaban Penélope Cruz y Javier Bardem.

1.2 [39] Escucha la historia de Sergio y completa las frases. Luego clasifícalas en su caja correspondiente.

1. Sergio .... por la calle donde viven sus papás.
2. De repente .... un ruido muy fuerte.
3. La gente .... a correr, pero él .... paralizado.
4. Sergio .... tres opciones: .... allá, ... como el resto de las personas o .... su camino.
5. .... seguir caminando.
6. .... muchas ganas de ver a sus papás.
7. Todo el mundo .... en dirección contraria.
8. Por eso .... y .... un golpe en la cabeza. Cinco horas más tarde .... en la cama de un hospital.
9. A Sergio no .... nada grave.

Narración		Descripción	

2 Algunos usos del subjuntivo (repaso)

- El subjuntivo se usa en estructuras que sirven para dar **consejos** o **recomendaciones**, expresar **permiso**, **prohibición**, **deseos** y **peticiones**:
  *Te recomiendo que **veas** esa serie, ¡es bien entretenida!*
  *No, no insistas. No te dejo que **vayas** a la excursión. Estás castigado.*
  *Espero que **tengan** buen viaje.*
  – En los verbos que expresan consejo, recomendación, prohibición o permiso, hay dos estructuras que se usan indistintamente:
  *Les prohíbo **que abandonen** la escuela. = Les prohíbo **abandonar** la escuela.*
  – En los verbos que expresan deseos o peticiones, si el sujeto del verbo principal es el mismo que el del segundo verbo, se usa infinitivo:
  Quiero (yo) ***que me ayudes*** (tú). *Quiero* (yo) ***ayudarte*** (yo).
- También se usa en algunas **oraciones temporales** para expresar **futuro**:
  *Nomás **acabe** la clase, regresaré a casa y me pondré a estudiar.*

2.1 Completa las siguientes frases con la forma correcta del verbo entre paréntesis.

1. Cada vez que me .... (enviar, ellos) un mensaje, sale una notificación en mi celular.
2. Le pido, por favor, que .... (terminar) cuanto antes, vamos a cerrar.
3. Cuando .... (tener, tú) un rato, ayúdame, por favor. Es que no entiendo estos ejercicios.
4. Mis papás me prohíben .... (salir) de noche. Dicen que todavía soy muy joven.
5. ¿Me dejas que te .... (ayudar)?
6. Mi consejo es que .... (comer, usted) más sano y que no .... (tomar) tanta sal en las comidas. Así su presión bajará.
7. Ayer, mientras mi chava .... (ver) una serie, yo .... (estar) leyendo un libro.
8. Les recomiendo que no .... (superar) el límite de velocidad, les pueden quitar la licencia de conducir.
9. Lo que más deseo en este mundo es .... (terminar) mis estudios y hacerme voluntario para ayudar a los demás.
10. Antes, la gente .... (trabajar) desde que .... (salir) el sol, hasta que .... (hacerse) de noche.

Practica en contexto

1 [40] Los estudiantes de una universidad están preparando un anuario en el que van a publicar los sucesos más importantes que ocurrieron durante el curso. Escucha y escribe en tu cuaderno qué secciones habrá en el anuario.

2 **En parejas** Para la sección de deportes del anuario, tienen dos artículos, pero los copiaron mal y falta información. Complétalos colocando estos fragmentos en su lugar adecuado. Sobra un fragmento, ¿cuál?

1. un contundente 6-3, 6-2. El partido duró una hora y veintitrés minutos
2. que perdieron por penaltis tras terminar 0-0 el partido
3. el árbitro suspendió el partido por la lluvia y
4. el tercer campeonato que se celebra entre
5. se jugó el pasado mes de abril y perdieron 1-0; y en

A

Un estudiante de Derecho, ganador del torneo de tenis entre universidades

Gabriel Heredia, que estudia tercero de Derecho, ganó el pasado sábado ☐ las universidades de nuestra ciudad en esta disciplina deportiva.

Nuestro compañero se proclamó campeón, ganando la final por ☐.

B

Nuestro equipo femenino de fútbol quedó finalista en dos campeonatos

Nuestras muchachas del cuarto curso de Económicas llegaron a dos importantes finales durante este año. La primera ☐ junio quedaron de nuevo finalistas en otro campeonato entre universidades ☐.

Esperamos que el año que viene jueguen igual de bien.

2.1 **Todo el grupo** Este es el informe sobre el deporte en México que se publicó en el anuario junto a los dos artículos anteriores. Léelo y contesta a las preguntas. Puedes consultar internet si lo necesitas.

El deporte en México

Es indiscutible que el fútbol ocupa la primera posición entre los deportes más populares de México, con un porcentaje del 58 % de personas que prefieren jugar o ver fútbol. También hay una gran cantidad de personas que practican el arte marcial del taekwondo en México. Esto se debe a que es un deporte que la gente puede hacer en cualquier lugar y en cualquier momento.

El box, el básquetbol, el béisbol y la lucha libre son, después del fútbol y del taekwondo, los deportes que más gustan en este país.

Si hablamos de las mujeres, y aunque los hábitos deportivos son muy diversos, es la natación el deporte más practicado.

Por último, se está haciendo muy popular el fútbol americano, que ya ocupa un puesto destacado en las preferencias de los mexicanos.

Adaptado de https://www.elheraldodesaltillo.mx/2019/04/23/descubre-los-deportes-mas-practicados-en-mexico/

1. ¿Cuáles son los deportes más populares en México? ¿Y en tu país o comunidad?
2. ¿Cuáles son los deportes que más se practican en el mundo?
3. ¿Cuál es el deporte mundial por excelencia?

3 **En parejas** Lee lo que contaron algunos estudiantes para la sección de viajes del anuario y conjuga los verbos entre paréntesis en el tiempo adecuado del pasado.

LEO

Nuestro viaje [1] .... (ser) en abril, la [2] .... (pasar, nosotros) chévere. [3] .... (Visitar, nosotros) varias pirámides aztecas y [4] .... (comer, nosotros) burritos y enchiladas. También [5] .... (estar, nosotros) en la Casa Azul, donde [6] .... (vivir) la pintora Frida Kahlo. La verdad es que me [7] .... (gustar) mucho el viaje.

ANABEL

Yo [1] .... (viajar) esta semana con mi clase. Durante los cinco días que [2] .... (durar) el viaje, [3] .... (hacer, yo) muchas cosas: Cada día [4] .... (ir) a la playa y [5] .... (bañarse). También una noche [6] ....(salir) todos a bailar salsa. Ese día [7] .... (disfrutar, yo) mucho de la vida nocturna y [8] .... (poder) practicar mi español. [9] .... (Regresar, nosotros) hoy mismo.

MARTA

Mi clase [1] .... (hacer) el viaje en marzo. Como todos [2] .... (estar) cansados porque este curso [3] .... (ser) duro, [4] .... (decidir) ir a un pueblito de Los Andes. Todos los días [5] .... (hacer, nosotros) senderismo y también [6] .... (ir) al río y [7] .... (bañarse). Todo en un plan muy tranquilo porque [8] .... (necesitar, nosotros) descansar.

NÉSTOR

Mi curso este año [1] .... (hacer) un viaje de naturaleza. En abril [2] .... (estar, nosotros) una semana visitando los parques nacionales de Corcovado y de Manuel Antonio: [3] .... (ver, nosotros) aves, tortugas, monos... No [4] .... (haber) demasiados turistas y el tiempo [5] .... (ser) maravilloso.

3.1 **En parejas** Relaciona ahora a los estudiantes con un destino y con un tipo de turismo.

1. turismo rural	a. Leo	A. Perú
2. ecoturismo	b. Anabel	B. Costa Rica
3. turismo cultural	c. Marta	C. México
4. turismo de sol y playa	d. Néstor	D. República Dominicana

A

Perú

B

Costa Rica

C

México

D

República Dominicana

Contar una anécdota

- Una anécdota es un **relato breve** sobre algún acontecimiento **curioso** o **divertido**.
- En la conversación es frecuente introducir la anécdota con expresiones como:
  - **¿Sabes lo que me pasó** ayer/el lunes/el otro día/cuando llegué a...?
  - **Te voy a contar una cosa** que me pasó ayer/el lunes/el otro día/cuando llegué a...
  - **Pues resulta que** ayer/el lunes/el otro día/cuando llegué a...
- El/La interlocutor/a contesta con:
  - **¿Qué te pasó?**
  - **Cuenta, cuenta.**
- Y reacciona a lo largo del relato con expresiones como:
  - **¡Qué bien/mal/ (buena) suerte/ mala suerte...!**
  - **¡No me digas!**
  - **¡Es increíble!**

Recuerda que en español es necesario ir reaccionando ante lo que narra tu interlocutor/a. El silencio absoluto se interpreta como falta de interés.

Marcadores temporales (repaso)

Recuerda que los marcadores temporales ***antes, después, mientras, siempre*** y ***cuando*** son un recurso fundamental de la narración porque relacionan dos acciones y permiten saber en qué momento ocurre cada acción:

*Juan llegó **antes**, luego vine yo.*
*Ayer almorcé y **después** me fui a clase.*
***Mientras** cenábamos, vimos las noticias.*
***Siempre** se bañaba antes de acostarse.*
***Cuando** nací, mi mamá tenía 27 años.*

3.2 **Todo el grupo** ¿Cuál es el último viaje que hiciste? ¿Cuándo fue? ¿Dónde fuiste? ¿Te gustó? Cuenta alguna anécdota que te sucedió en él.

Pues el verano pasado fui a Tailandia y me encantó. Resulta que...
¿Ah, sí? ¡Qué suerte!

4 [41] Vas a escuchar las respuestas que dio la profesora en la entrevista que le hicieron para el anuario. Relaciónalas con las preguntas que tienes a continuación.

	Respuesta n.º...
a. ¿Cuándo empezaste a trabajar como profesora?	
b. ¿Por qué decidiste hacerte profesora de español?	
c. ¿Cómo te formaste? ¿Qué estudiaste?	
d. ¿En cuántos lugares enseñaste?	
e. ¿Qué fue lo más interesante de este curso?	
f. ¿Qué aprendiste de tus estudiantes?	
g. ¿Cómo eras tú como estudiante?	
h. ¿Cuál era tu profesor/a favorito/a y por qué?	

4.1 **En parejas** Escribe dos preguntas que te gustaría hacer a tu profesor/a de español acerca de su trabajo.

1. ....
2. ....

4.2 **Todo el grupo** Comparte tus preguntas con el resto de parejas y preparen una entrevista para su profesor/a. Tomen como modelo la entrevista de la actividad 4.

4.3 **Todo el grupo** Háganle la entrevista a su profesor/a. ¿Les sorprendió alguna de sus respuestas?

5 **En parejas** En el anuario también se incluyeron estos consejos para ayudar a conservar el medioambiente. Conjuga los verbos en imperativo afirmativo o negativo, tomando en cuenta el sentido lógico de las frases. Luego ordena los consejos según la importancia que tienen para ti. Trabaja con tu compañero/a.

Ayuda a conservar el medioambiente

- ☐ [1] .... (Aprovechar) al máximo la luz natural, así ahorras energía.
- ☐ [2] .... (Llevar) una bolsa de tela para tus compras, las de plástico de usar y tirar son muy contaminantes.
- ☐ [3] .... (Dejar) conectados los aparatos eléctricos al salir de casa.
- ☐ [4] .... (Tirar) a la basura algo que puedes reciclar.
- ☐ [5] .... (Usar) el papel por las dos caras, y luego [6] .... (reciclarlo).
- ☐ [7] .... (Moverse) en bicicleta o transporte público en vez de usar el auto.
- ☐ [8] .... (Comprar) productos de limpieza. Puedes limpiar toda la casa con vinagre, limón y jabón.
- ☐ [9] .... (Poner) la calefacción por encima de 21 grados.
- ☐ [10] .... (Consumir) alimentos de temporada y de la zona donde vives, así su producción y transporte serán mucho más ecológicos.
- ☐ [11] .... (Tirar) los medicamentos caducados a la basura, [12] .... (llevarlos) a la farmacia para que los reciclen como es debido.

5.1 **Todo el grupo** Comparte con el resto de la clase el resultado. ¿Cuáles son los tres consejos más valorados por todo el grupo? ¿Por qué?

6 Lee el siguiente texto. ¿Sabes qué significa la expresión que está resaltada? Defínela con tus propias palabras.

LÉXICO

[...] Sé que tengo una oportunidad, aunque sea muy pequeña, que no pienso desaprovechar. Después de la contrarreloj, hay corredores de mis características peor clasificados y eso me da ánimos para ir a luchar por lo que pueda. Pero no quiero hacer castillos en el aire que se me caigan luego encima. Tengo que ser más prudente que nunca.

Extraído de "Sastre no quiere hacer castillos en el aire". El País.com. Madrid: elpais.com, 2006-07-11.
Incluido en CORPES (Corpus del Español del siglo XXI)

6.1 **En parejas** Compara tu definición con tu compañero/a. ¿Se parecen? ¿Existe esta expresión en tu lengua u otra similar que signifique lo mismo?

6.2 **Todo el grupo** Vamos a hacer algunos castillos en el aire. ¿Qué vas a hacer nomás termine este curso? ¿Y cuando domines el español? ¿Y cuando termines tus estudios? Explica a tus compañeros/as cuáles son tus planes de futuro y tus sueños.

8 de marzo, Día de la Mujer, manifestación en Guadalajara, México

SER MUJER
EN AMÉRICA LATINA

1 Lee el texto y busca un sinónimo de estas palabras.

1. tipo ....
2. trabajadoras domésticas ....
3. legado ....
4. crecer ....
5. diferentes ....
6. ciudades ....

La situación de las mujeres en Latinoamérica cambió en los últimos años. Actualmente, hay muchas más mujeres que viven en grandes metrópolis, como São Paolo, Buenos Aires y Ciudad de México, que en las zonas rurales. En los últimos veinte años, el número de mujeres en la administración política de sus países aumentó considerablemente, y el número de senadoras, juezas, alcaldesas y presidentas de Estado es muy superior al de otros países: según investigaciones del Programa de las Naciones Unidas para el Desarrollo (PNUD), la proporción más alta de mujeres en cargos de toma de decisiones en la administración pública se encuentra en América Latina y el Caribe (43,4 %). Pero este aumento de la participación laboral de la mujer coexiste con un número creciente de mujeres que viven en condiciones de pobreza, trabajando en la economía informal, como vendedoras ambulantes, lavanderas y sirvientas. Esta variación, no solo económica sino también sociocultural, hace que no podamos hablar de un solo perfil de mujer latinoamericana: una venezolana tendrá problemas para comunicarse con una brasileña, puesto que hablan distintos idiomas, y sus referencias culturales son muy dispares. Del mismo modo, una mujer de negocios de Buenos Aires tendrá muy poco en común con una campesina de Perú. Por lo tanto, la historia de las mujeres latinoamericanas debe escribirse a partir de la plena conciencia de esta herencia y diversidad.

1.1 Resume el texto con tus propias palabras. ¿Cuáles son las ideas principales?

1.2 **Todo el grupo** Fíjate en la foto de la manifestación. Uno de los carteles habla de *sororidad*. ¿Sabes a qué se refiere este concepto? ¿Cómo se dice en tu lengua?

2 [42] ¿Cuál crees que fue la vida de estas mujeres luchadoras? Escucha y señala qué información corresponde a cada una.

Fabiola Navarro

Estela de Carlotto

Lourdes Tibán

1. Líder indígena ecuatoriana y doctora en jurisprudencia. ☐
2. Su lema es "Si se olvida, se repite". ☐
3. Entre sus casos hay deportaciones y visas humanitarias, de familia y de ciudadanía. ☐
4. El símbolo de su lucha es un pañuelo blanco. ☐
5. Pertenece al Movimiento de Unidad Plurinacional Pachakutik. ☐
6. Abogada chilena que defiende a inmigrantes en la zona fronteriza de California. ☐
7. Candidata al Foro Permanente para las Cuestiones Indígenas de las Naciones Unidas. ☐
8. "Me comprometo con mis clientes como si fuera mi propia vida porque la vida de otro es la que está en juego". ☐
9. Es la presidenta de la Asociación Abuelas de la Plaza de Mayo. ☐
10. Entre sus objetivos están conseguir el respeto a los valores culturales de los pueblos indígenas y la igualdad de oportunidades. ☐
11. Defiende a los mexicanos que intentan cruzar la frontera de Estados Unidos. ☐
12. Pudo encontrar a su nieto, nacido en prisión, después de buscarlo durante treinta y seis años. ☐

3 **Todo el grupo** ¿Qué tres temas de la historia de América Latina se relacionan con las vidas de estas tres mujeres? Puedes buscar información en internet.

HOSTAL Babel

Recuerdos con paté de algas

Antes del video

1 Este capítulo se titula *Recuerdos con paté de algas*; ¿de qué crees que trata?

2 Ahora que conoces bien a los personajes, ¿quién crees que ofrece a los demás el paté de algas?

3 **En parejas** Ordena el diálogo que tienes a continuación. Compara tu respuesta con tu compañero/a.

- [1] a. Hugo: La cena se ve superrica... Es una gran idea para celebrar el final del curso.
- [ ] b. Hugo: Sí, durante un tiempo íbamos todas las tardes a jugar al parchís, ¿recuerdan?
- [ ] c. Carla: Como siempre, Bea quiere celebrar el final de otro curso preparándonos una supercena. ¡Ya es tradición en el hostal Babel!
- [ ] d. Carla: Sí, eso sí que es cierto.
- [ ] e. Leo: Es verdad, yo no gané ni una partida...
- [ ] f. Tere: Reconoce que te gustaba vernos ahí, cerquita de ti... ¡Confiésalo! ¡Te gustaba vernos!
- [ ] g. Tere: Sí, pero yo siempre os ganaba.
- [ ] h. Carla: Claro, ustedes pasaban una tarde relinda, pero yo estaba trabajando.
- [ ] i. Tere: La verdad es que ha sido un curso estupendo...

4 Fíjate en estas imágenes. ¿Por qué crees que los personajes tienen regalos? ¿Quién los hace y qué están festejando?

Durante el video

5 Visiona el fragmento 00:30 ▷ 01:34 y comprueba tus repuestas de las actividades 1 y 2.

6 Ahora visiona el fragmento 01:20 ▷ 02:08 y comprueba si ordenaste correctamente el diálogo de la actividad 3.

7 **En parejas** Visiona el fragmento 02:08 ▷ 04:46 y luego elige la opción adecuada.

1. Carla recuerda que llovía mucho...
   - a. la tarde en que fue de compras con Tere.
   - b. cuando Tere y Bea fueron a verla mientras estaban de compras.
   - c. una tarde que Bea olvidó la compra en una tienda.

2. Hugo se acuerda...
   - a. de la fiesta sorpresa que hicieron para Bea.
   - b. de una fiesta muy divertida que hicieron unos meses antes.
   - c. de lo que tuvieron que limpiar después de la fiesta.

3. Leo dice que...
   a. Hugo siempre se pone muy pesado con la alimentación.
   b. no le importa que lo llamen "rarito".
   c. en todos los grupos tiene que haber un rarito.

4. Tere piensa que...
   a. Carla trabaja demasiado.
   b. Carla se divirtió muy poco durante el curso.
   c. Carla debe tener más tardes libres.

5. Carla dice que...
   a. el próximo año buscará un trabajo que le ocupe menos tiempo.
   b. aprovechó bien el poco tiempo libre.
   c. sus amigos no tienen razón, que no trabaja demasiado.

6. Durante el fragmento...
   a. Carla le dice a Hugo que es un poco raro.
   b. Tere está preocupada porque Bea no llega.
   c. Leo le dice a Hugo que lo acepta como es.

8 **En parejas** Visiona el último fragmento del video, 04:43 ▶ final, y a continuación ordena cronológicamente estas imágenes. Después narra, usando el pasado, toda la secuencia.

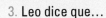

Después del video

9 **Todo el grupo** ¿Conviviste alguna vez con otros estudiantes? ¿Había, entre ellos, estudiantes de países diferentes al tuyo? ¿Cómo fue la experiencia?

10 **Todo el grupo** Piensa en algún momento de tu vida como estudiante que recuerdes especialmente y compártelo con tus compañeros/as.

11 **Todo el grupo** ¿Cuál de los personajes del hostal Babel te resulta más simpático? ¿Por qué?

Evaluación

1 [43] Fíjate en la imagen, escucha la descripción que hace Laura de su casa y escribe las tres diferencias que hay entre lo que dice y el plano.

1

2

3

2 Usa el vocabulario de la actividad anterior y escribe una redacción de unas cien palabras describiendo cómo era la casa en la que vivías cuando eras chico/a.

3 En el correo que escribió Peter a una amiga hay varios errores en el uso de los pasados. Localízalos y corrígelos.

De: Peter Para: Carmen Asunto: Mi viaje

Hola, Carmen:

¿Cómo estás? Yo llegaba bien ayer a casa. El viaje de regreso fue divertido. En el tren conocía a unos muchachos de mi país y conversamos sobre nuestras experiencias acá, estuvo bien. Ellos tenían una visión de Argentina muy diferente de la mía, quizá porque solo estaban de vacaciones, mientras que yo vine para estudiar y vivo con argentinos. Además, no hablaron español y creo que, si no hablas el idioma del país donde viajas, tu conocimiento del lugar es mucho más limitado. Yo también, cuando llegué acá, pensé de una forma distinta a como pienso ahora. En estos meses mi español mejoraba mucho y eso me permite conversar con la gente y entender mejor las costumbres y la cultura del país. Bueno, espero que vengas pronto a verme.

Un abrazo,

Peter

Incorrectos	Correctos

4 Escribe un correo a tu amigo/a donde le expliques qué pensabas tú del español y del mundo hispánico antes de empezar a estudiar el idioma y qué piensas ahora.

5 Fíjate en las siguientes frases y relaciónalas con uno de los dos títulos. Luego conjuga los verbos en pasado para completar las historias.

Hacer muchas excursiones. | Rentar un auto. | Alojarse en un hotel. Conocer a los compañeros y a las compañeras. | Llegar media hora antes. | Pasarla bien. Tener miedo de llegar tarde. | Acabar muy cansado/a. | Ir a esquiar. | Ser linda la oficina. Ser un lunes. | Tomar muchas fotos. | Parecer simpáticos. | Estar casi vacío el hotel. Estar nervioso/a. | Haber poca nieve.

En nuestras últimas vacaciones	Mi primer día de trabajo

6 Completa el texto con los verbos del recuadro. Debes conjugarlos en imperativo y usar pronombres de complemento si son necesarios.

navegar | subir | chatear | descargar | guardar | imprimir | publicar | compartir

Te vamos a dar algunos consejos básicos que debe seguir todo usuario de una computadora o internauta:

- [1] .... a menudo los documentos en los que estás trabajando y [2] ...., si son importantes, a la nube.
- En internet, [3] .... siempre por sitios seguros, no [4] .... archivos de webs que no conoces y tampoco [5] .... con desconocidos.
- [6] .... fotos y videos tuyos en las redes sociales si quieres, pero [7] .... solo con tus amigos.
- [8] .... siempre en papel reciclado.

7 Escribe dos consejos más para un/a internauta.

....

....

8 Transforma las frases usando el presente de subjuntivo y expresando permiso, prohibición, peticiones, consejos o deseos.

1. Diviértete mucho. ....
2. No llegues tarde. ....
3. Hablen con ellos, lo entenderán. ....
4. Espéreme solo un minuto. ....
5. Piénsalo con calma. ....
6. Háganlo ya. ....
7. No vayas con ellos. ....
8. No se pongan ahí. ....
9. Díganme la verdad. ....

Apéndices

Pronunciación y ortografía

Ficha 1 El punto y la coma

1 Lee atentamente el siguiente texto. ¿Te resulta fácil de entender? ¿Por qué?

Esta ciudad cuenta con unos siete metros cuadrados de espacios verdes por habitante en ellos, destaca la calidad de los espacios deportivos y su buena conservación los jardines son los mejor equipados de todas las ciudades nacionales analizadas en el estudio

Con casi 100 años de historia, su parque más importante es una obra de estilo romántico que cuenta con 85 200 metros cuadrados de extensión tiene un precioso estanque con patos, un tiovivo de estilo clásico, dos canchas de básquetbol, una fuente, un escenario para actuaciones y un café entre las esculturas que rodean el parque destaca una dedicada al libertador de la ciudad.

1.1 Lee la información y completa el texto anterior con los puntos que faltan.

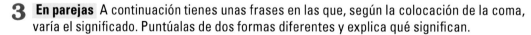

El uso del punto

Se escribe punto para marcar el final de un enunciado. Hay tres tipos de punto:

- El **punto y seguido**, que separa oraciones dentro del mismo párrafo.
- El **punto y aparte**, que separa párrafos en un mismo texto.
- El **punto final**, que señala el cierre de un texto.

Fíjate: Después de punto se escribe siempre con mayúscula.

2 Escribe una frase enumerando lo que llevas en la mochila. ¿Qué signo de puntuación utilizas?

El uso de la coma

- La coma sirve para **separar** determinados elementos en el interior de un enunciado. Se usa la coma:
  - Para **las enumeraciones**, entre los elementos que no están separados por *y, ni, o*: *Un cuaderno, una mesa, una silla y un pizarrón.*
  - Detrás de **marcadores** como *por último, es decir, por tanto, sin embargo, además...*
  - Para introducir una **aclaración**: *Ese mueble, **el que está allá**, es muy lindo.*
  - Después del **vocativo**: *Vengan a almorzar, **niños,** por favor.*
  - Cuando se **invierte** el **orden lógico** de una oración: ***Con tantas prisas,** no vas a hacer bien las tareas.*
- Con ciertas palabras *(**también, a veces, ya que...**)*, existe la posibilidad de usar coma o no:
  ***A veces,** dice cosas interesantes.* ***A veces** dice cosas interesantes.*

3 **En parejas** A continuación tienes unas frases en las que, según la colocación de la coma, varía el significado. Puntúalas de dos formas diferentes y explica qué significan.

Ejemplo: *No es verdad.* › Significa que es falso. *No, es verdad.* › Significa que es verdadero.

1. a. Vamos a almorzar niños. Significa ....
   b. Vamos a almorzar niños. Significa ....
2. a. ¡No tenga piedad! Significa ....
   b. ¡No tenga piedad! Significa ....
3. a. No sé bailar bien lo sabes. Significa ....
   b. No sé bailar bien lo sabes. Significa ....

Ficha 2 Contraste de los sonidos /n/ y /ñ/. Los sonidos /ch/ y /y/. Los dígrafos *ch* y *ll*. Las letras *y*/*ll*

1 [44] Confecciona dos tarjetas. Una con la letra eñe y otra con la letra ene. Escucha las palabras y levanta la tarjeta correspondiente según el sonido que contienen.

Fíjate:
La ***ñ*** es una letra que existe en pocas lenguas, como el español. ¿Existe un sonido parecido en tu lengua? ¿Con qué letra o letras se representa?

2 [45] La *ch* es un dígrafo formado por las letras *c* + *h*. Escucha y elige una de las siguientes expresiones. Después, cuenta una experiencia o una historia relacionada con esa expresión.

- chocolate con leche
- sándwich de chorizo
- choque cultural
- escuchar mucho ruido
- ¡Que aproveche!
- chatear con alguien
- charco en el parque
- mi estuche en clase

3 [46] Escucha los siguientes pares y fíjate en los sonidos destacados, ¿son iguales (=) o diferentes (≠)? Marca los diferentes.

1. yoga - postura de yoga
2. oye – olla
3. la llama – la yema
4. un llavero - el llavero
5. Llame ya. - Llame ya.
6. llave - la llave

El sonido /y/ y las letras *y*/*ll*

- El sonido /y/ se escribe con *y* (ye/i griega) o *ll* (elle). La *ll* es un dígrafo formado por *l* + *l*.
- La *y* es una letra que corresponde a dos sonidos, **consonante** /y/ o **vocal** /i/: *oyes, voy.*

Fíjate:
/ll/ es un sonido diferente de /y/ *(calle - oye)*, pero solo en algunas zonas de Latinoamérica y España se hace la distinción. Es un fenómeno minoritario.

4 A continuación tienes varias palabras que se escriben con *y* o *ll*. Lee el cuadro que explica las reglas de uso de estas grafías y coloca las palabras en su lugar correspondiente.

- concluyo
- adyacente
- mesilla
- proyección
- brillo
- cayeron
- estoy
- apabullar
- reyes
- soy

Las letras *y*/*ll*

- Se escriben con ***y***:
  - Las palabras que terminan con el sonido **/i/ precedido de una vocal** con la que forma **diptongo**, o de dos vocales con las que forma **triptongo**: *ay, rey, Uruguay, buey, ley,* [1] ...., *convoy,* [2] ...., *muy.*
  - Las palabras en las que el sonido /y/ sigue a los prefijos ***ad-***, ***dis-*** y ***sub-***: [3] ...., *disyuntiva, subyacer.*
  - Algunas formas de los verbos ***caer, creer, ir, leer, poseer*** y ***proveer,*** y de los verbos acabados en ***-oír*** y ***-uir***: [4] ...., *leyendo, oyó,* [5] ....
  - Las palabras que contienen la sílaba ***-yec-***: *abyecto,* [6] ...., *inyectar.*
  - Los plurales de los nombres que terminan en ***-y*** en singular: *rey/*[7] ....
- Se escriben con ***ll***:
  - Las palabras terminadas en ***-illa*** e ***-illo***: [8] ...., [9] ....
  - La mayor parte de los verbos terminados en ***-illar, -ullar*** y ***-ullir***: [10] ...., *bullir.*

5 Ahora completa estas palabras con *y* o *ll*, según las normas ortográficas anteriores.

1. mu...... ido
2. Paragua......
3. le...... ó
4. chi...... ó
5. tra...... ectoria
6. pro...... ecto
7. in...... ección
8. le...... es
9. aú...... a
10. bue...... es
11. ...... endo
12. cepi...... o

Ficha 3 Contraste de los sonidos /p/ y /b/. Las letras *b/v*

1 Quieres hacer una prueba para el papel protagonista en un filme. Tu personaje tiene un nombre que empieza por P. Elige una situación y representa una pequeña escena.

- Pides espaguetis y en tu plato hay un pelo.
- No hay plazas para la clase de español.
- Necesitas un equipaje más pequeño para pasar la puerta de embarque.
- Piensas en comprar una pantalla para tu computadora.
- Compartes departamento con compañeros que no limpian el piso.

2 [47] **Escucha los siguientes pares y fíjate en los sonidos destacados. Marca el sonido más fuerte en cada caso.**

1. Hoy ☐ viajo en ☐ barco.
2. ☐ Vine a ☐ verte.
3. Ayer ☐ visité un museo en ☐ Venecia.
4. ☐ Voy a jugar a ☐ videojuegos.
5. ¿Compraste un ☐ boleto de ☐ avión?
6. No me ☐ busques en ☐ Buenos Aires.

Las letras *b/v*

- En español, las letras *b* y *v* representan el mismo sonido, es decir, se pronuncian igual. Es necesario conocer las palabras para saber si se escriben con *b* o con *v*, pues no se pueden distinguir mediante la pronunciación.
- Cuando /b/ está al principio del discurso o a continuación de una pausa o de una *n* o *m*, su sonido es más fuerte.
- En algunos casos, escribir una u otra letra, *b* o *v*, puede cambiar el significado de la palabra; por ejemplo, en el caso de *baca/vaca*.

3 [48] **David es un muchacho de Estados Unidos que está estudiando español en Madrid, la capital de España. Escucha y completa las palabras que faltan en el texto.**

David Smith compartió una publicación.
1 hora ·

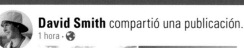

¡Me encanta este país! Durante las vacaciones hice un viaje por toda España y estoy muy feliz. Os voy a contar mis aventuras acá. Conocí a gente muy interesante y visité lugares increíbles: las ciudades de [1] ...., [2] .... y [3] .... en el interior y, en la costa Cantábrica, [4] .... y San [5] .... Hice senderismo por los [6] .... y de ahí llegué a [7] .... Me gustó muchísimo ver la obra de Gaudí. También fui en barco por las islas [8] .... hasta llegar a [9] ...., una isla muy bella. Viajé por Andalucía y vi [10] .... y sus maravillosos patios, y [11] ...., en [12] ...., donde comí el famoso pescaíto frito. De regreso a casa, visité las playas de [13] .... y [14] ...., ¡y me comí una estupenda paella! Vengan a España, ¡es maravillosa!

Me gusta Comentar Compartir

Ficha 4 Contraste de los sonidos /t/ y /d/

1 [49] Vas a escuchar dos series de palabras. La primera contiene palabras con /t/ y la segunda, palabras con /d/. Repite cada palabra después de escucharla. Coloca la punta de la lengua en los dientes superiores.

Palabras con /t/		Palabras con /d/	
• taba	• roto	• daba	• andar
• tía	• aceituna	• dinero	• dado
• tomate	• pata	• además	• duro
• puerta	• aceptar	• dolor	• abedul
• tuna	• atinar	• adivino	• molde
• tema	• aceite	• deuda	• diablo
• antena	• abierta	• abordo	• conducir

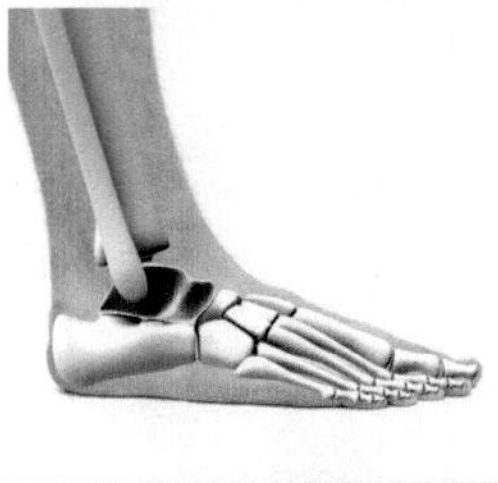
astrágalo o taba

tuna

dado

abedul

1.1 [49] Escucha de nuevo las palabras de la segunda tabla y subraya las palabras con una /d/ suave. ¿Hay algún sonido parecido en tu lengua? ¿En qué contextos se pronuncia /d/ fuerte?

2 [50] Escucha y escribe estas palabras según su orden de aparición en el audio.

dedal | gordo | taco | dato | tú | ciudad | duna | corto | acorde

1.	6.	11. puerta	16. adivinar
2. día	7. toro	12. ayuda	17.
3. timo	8. don	13. meter	18.
4.	9.	14.	19. actúa
5. tema	10.	15. tino	20.

3 [51] Marca la palabra que escuches de cada par.

☐ dé / ☐ té	☐ domo / ☐ tomo	☐ rada / ☐ rata	☐ codo / ☐ coto
☐ dos / ☐ tos	☐ domar / ☐ tomar	☐ saldo / ☐ salto	☐ tienda / ☐ tienta
☐ duna / ☐ tuna	☐ día / ☐ tía	☐ soldado / ☐ soltado	☐ seda / ☐ seta

4 **En grupos pequeños** Formen grupos de tres y lean estos dos trabalenguas. Inténtenlo todas las veces necesarias. Gana el que consiga repetirlos correctamente en el menor tiempo posible.

Yo soy Diego, yo nada digo.
Si digo o no digo, soy Diego.
Pero, si Diego soy, yo lo digo.
Digo que sí lo digo, soy Diego.

Tres tristes tigres
tragan trigo en un trigal;
el primer tigre que acabe
se atragantará.

Ficha 5 Contraste de los sonidos /z/ y /s/. Distinción y seseo. Las letras *c/z*

1 [52] Escucha el siguiente diálogo y completa con las palabras que faltan.

▶ ¿Qué quiere tomar?
▷ Quiero un plato de [1] .... y una *omelette* de [2] ....
▶ ¿Con o sin [3] ....?
▷ Con [4] ...., por supuesto.
▶ ¿Y va a querer algo de postre?
▷ Sí, ¿tienen torta de [5] ....?
▶ Sí, [6] ....
▷ Pues póngame un [7] .... y una [8] .... de café. ¡[9] ....!

2 [53] Vas a escuchar un mensaje de Susana, una muchacha de Zamora (España), que telefonea a César, su amigo de Chile, y la contestación de este. ¿Hay alguna diferencia entre la pronunciación de Susana y la de César?

Distinción y seseo

- La **distinción** consiste en pronunciar la *s* con sonido /s/ y la *z* o la *c* (ante *e, i*) con el sonido /z/. Es propia del centro y el norte de España. No es el fenómeno más común entre hispanohablantes, pero tiene prestigio.
- El **seseo** consiste en pronunciar la *z* o la *c* (ante *e, i*) como *s*. Se sesea en Latinoamérica y, en España, en gran parte de Andalucía y en Canarias.

2.1 **Todo el grupo** Contesta a las preguntas y razona tus respuestas.

¿Cómo crees que dice Susana...?
- pasaje
- ciudad
- saber

¿Cómo crees que dice César...?
- César
- marzo
- besos

3 Lee la adivinanza, responde a la pregunta y completa las reglas ortográficas que tienes a continuación. Utiliza como ejemplos las palabras de la adivinanza.

Soy muy dulce, tanto o más que el azúcar. Me gusta poner zancadillas a los que cazan ciervos. Estoy en brazos, pinzas o pezuñas. ¿Qué soy?

Las letras *c/z*

- Normalmente, se escribe *c* (con sonido /z/) ante las vocales *e/i*: ....
- Se escribe *z* ante las vocales *a/o/u*: ....
- En las palabras con *-cc- (acción, dirección...)*, la primera *c* se pronuncia /k/ y la segunda se pronuncia /z/: *acción* /akzión/, *dirección* /direkzión/.

Ficha 6 Contraste de los sonidos /k/ y /g/. Las letras *c/q/k*

1 [54] Escucha y repite estas dos series de palabras, la primera con el sonido /k/ y la segunda con el sonido /g/. ¿Sabes identificar cómo colocas la lengua cuando pronuncias estos sonidos?

cuco

Palabras con /k/	
• cuco	• koala
• caro	• oca
• queso	• cocinar
• comida	• crema

Palabras con /g/	
• gato	• globo
• guerra	• tango
• regla	• guisante
• desagüe	• albergue

desagüe

1.1 [55] **Todo el grupo** Escucha de nuevo la segunda serie de palabras. En cuatro palabras la /g/ suena más fuerte y en otras cuatro, la /g/ es más suave. Clasifícalas en la tabla.

/g/ fuerte				
/g/ suave				

2 [56] Marca en cada par la palabra que escuches en primer lugar.

☐ gallo / ☐ callo ☐ gama / ☐ cama ☐ goma / ☐ coma ☐ guiso / ☐ quiso
☐ guita / ☐ quita ☐ gasa / ☐ casa ☐ gana / ☐ cana ☐ toca / ☐ toga

3 Lee la información y completa el esquema con las palabras del cuadro que está debajo.

Las letras *c/q/k*

- Se escribe *c* (con sonido /k/) ante las vocales *a*, *o* y *u*: *cama, cosa, cuento...*
- Se escribe *qu* ante *e*, *i*: *quemar, quince...*
- Se escribe *k* ante *a*, *e*, *i*, *o* y *u*. Normalmente estas palabras proceden de otras lenguas: *kamikaze, Kenia, kiwi, Kosovo, sudoku...*

kétchup | cocina | kung-fu | casa | queso | kárate | kilo | cuna | koala | quiero

c +
- a ....
- o ....
- u ....

k +
- a ....
- e ....
- i ....
- o ....
- u ....

qu +
- e ....
- i ....

4 [57] Escucha y completa el texto.

[1] .... [2] .... comer una hamburguesa en un restaurante [3] .... hay en la [4] .... de su casa. [5] .... llegó, pidió una hamburguesa de [6] .... de cerdo con [7] .... y [8] .... Su mamá le dijo que no debía [9] .... tanta grasa [10] .... no era muy saludable y, además, podía tener [11] ....

Ficha 7 Los sonidos /j/ y /f/

1 [58] **En parejas** El profesor/a les va a hacer una pregunta. Ganará la pareja que consiga usar más palabras de esta lista para responder a la pregunta.

• julio	• rojo	• viaje	• jamón	• jugar
• gente	• alojarse	• reloj	• elegir	• estrategia
• envejecer	• jardín	• lejos	• objetivo	• jueves

> Fíjate:
> El sonido /j/ se representa gráficamente con las letras ***g*** y ***j***: ja, ge/je, gi/ji, jo, ju.
> Ejemplos: *caja, gente, jefe, agitar, cojín, joya, Julián.*

2 [59] Escucha las palabras y escríbelas junto a su par correspondiente. Si no conoces algún significado, fíjate en las fotos, pregúntale a tu profesor/a o busca la palabra en el diccionario.

1. paga/ ....
2. digo/........................
3. lija/.........................
4. gusto/ ....
5. hijo/.........................
6. bajo/........................
7. hago/ ....
8. soja/.........................
9. pague/ ....
10. gota/........................

3 [60] Escucha las siguientes palabras y escríbelas en el cuadro correspondiente.

Con /f/	Con /fl/	Con /fr/

4 [61] Escucha y une con líneas las palabras que oigas.

pavor	flaco	vino	flote	brote
falda	presa	fino	forro	friso
favor	boca	flan	borro	piso
baza	fresa	plan	fruta	bruta

fresa

flan

brote

Ficha 8 Los diptongos y los triptongos

1 [62] Fíjate en los dibujos, especialmente en el espacio azul que está encima de la lengua. Luego, escucha y repite. ¿Notas el movimiento?

1. a, e, i, o, u
2. i, o, e, u, a
3. o, a, i, u, e

> Fíjate:
> En la vocal /a/ el espacio entre la lengua y el paladar es mayor. En las vocales /e/ y /o/ este espacio es menor. Por último, en las vocales /i/ y /u/ se cierra mucho más.

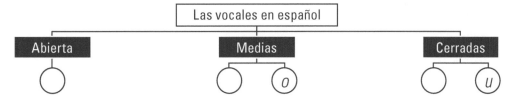

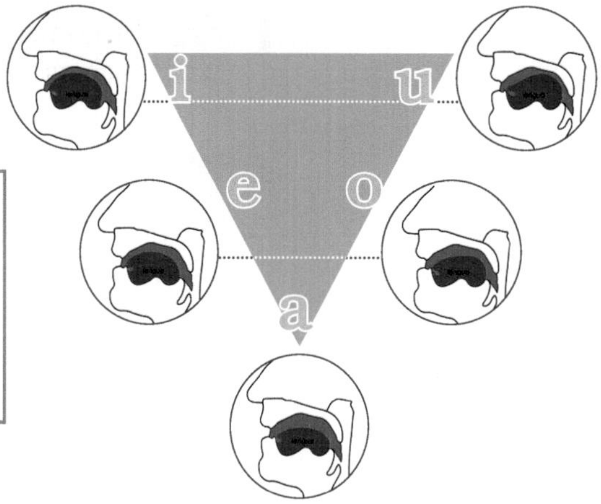

2 Con lo que aprendiste, completa el cuadro.

Las vocales en español

- Abierta: ◯
- Medias: ◯ *o*
- Cerradas: ◯ *u*

3 Lee el cuadro, escucha la pronunciación de los diptongos y triptongos y completa la información que falta.

Diptongos y triptongos

- Un **diptongo** es un grupo de dos vocales juntas que se pronuncian en una sola sílaba. Hay tres tipos de diptongos:
  - [63]
  - – Vocal cerrada + vocal abierta o media: *ia*, ..., ..., ..., ..., ...
  - – Vocal abierta o media + vocal cerrada: *ai*, ..., ..., ..., ..., ...
  - – Dos vocales cerradas: ...., ...
- La combinación ***ou*** es muy rara en español y apenas existen palabras que la contienen, aunque sí se da en uniones de palabras: *proyecto humano*.
- Un **triptongo** es un grupo de tres vocales juntas que se pronuncian en una sola sílaba. El esquema siempre es:
  - – vocal cerrada + vocal abierta o media + vocal cerrada: **uai, uau**, ..., ..., ..., ..., ...
  - [64]
- Los diptongos ***ai***, ***ei***, ***oi*** y los triptongos ***uai***, ***uei*** se escriben ***ay***, ***ey***, ***oy***, ***uay***, ***uey*** a final de palabra: *hay, rey, voy, Uruguay, buey*.

4 [65] Todas estas palabras contienen diptongos y triptongos. Subráyalos y luego escucha y marca las palabras que ya conoces. Elige cinco y escribe con ellas una breve historia.

• miau	• duermo	• Paraguay	• antiguo	• cuaderno
• radio	• oigo	• reina	• vieira	• idioma
• autora	• cuida	• viuda	• boina	• individuo
• buey	• lengua	• Eugenia	• juicio	• muela
• guau	• aire	• monstruo	• aliada	• causa

1 [66] Lee la información del cuadro. Después escucha con atención y marca si los pares de palabras suenan igual (=) o diferente (≠).

El hiato

- Un **hiato** es un grupo de dos vocales juntas que se pronuncian en sílabas diferentes:
  - aa, ee, ii, oo (dos vocales iguales).
  - ae, ao, ea, eo, oa, oe (dos vocales abiertas o medias distintas).
  - a, e, o + í, ú (vocal abierta o media + vocal cerrada tónica).
  - í, ú + a, e, o (vocal cerrada tónica + vocal abierta o media).
- Las combinaciones *uu* y *o + ú* son muy raras en español y apenas existen palabras que las contienen.

1. ☐ = / ☐ ≠ 3. ☐ = / ☐ ≠ 5. ☐ = / ☐ ≠
2. ☐ = / ☐ ≠ 4. ☐ = / ☐ ≠ 6. ☐ = / ☐ ≠

2 [67] Une con líneas las palabras que oigas de esta serie.

país	Raúl	zoo	leer	peatón
oído	toalla	freír	río	albahaca
poseer	alcohol	búho	bacalao	héroe
caí	filosofía	ahogo	tía	María

búho

bacalao

albahaca

3 [68] Escucha y clasifica las palabras en la columna correspondiente. Si lo necesitas, revisa la ficha 8.

Fíjate:
- La *h* intercalada (entre dos vocales) no impide la formación de un hiato o un diptongo.
- En los **hiatos** se coloca una tilde en la vocal *i* o *u* de la sílaba tónica, independientemente de las reglas generales de acentuación. Por ejemplo, *filosofía* es una palabra llana que termina en vocal. Se acentúa para destacar que es un hiato.

Diptongo	Triptongo	Hiato

Ficha 10 Las reglas de acentuación gráfica

1 **En parejas** Lee las siguientes frases, escritas sin espacios y sin tildes, y separa las sílabas. Compara con tu compañero/a y decidan cuál es la mejor opción.

1. unabolsadepapasfritas
2. lacomputadoraestropeada
3. unabotelladevidrio
4. papeldecocinausado
5. unabolsadetelareciclada
6. elcontenedoramarillo

Recuerda:
- Las palabras están formadas por **sílabas**: *va-li-ja*, *fe-rro-ca-rril*; y estas, por, al menos, una vocal: *a-le-mán*.
- La **sílaba tónica** de una palabra es aquella que se pronuncia con mayor fuerza o énfasis que el resto. Se puede destacar o no con una **tilde**: *tónica/ficha*.

2 [69] Escucha el siguiente audio y señala la palabra que dicen según la acentuación. Luego crea dos frases con sentido con algunas de esas palabras.

1. ☐ baile / ☐ bailé
2. ☐ bebe / ☐ bebé
3. ☐ hay / ☐ ahí
4. ☐ corto / ☐ cortó
5. ☐ porque / ☐ por qué
6. ☐ secretaria / ☐ secretaría

Recuerda:
- Las palabras **agudas** tienen el acento en la última sílaba. Llevan tilde si terminan en ***n***, ***s*** o **vocal**: *jar-dín*, *además*, *sofá*.
- Las palabras **llanas** tienen el acento en la penúltima sílaba. Llevan tilde si terminan en una consonante diferente de ***n*** o ***s***: *carácter*, *ángel*, *césped*.
- Las palabras **esdrújulas** tienen el acento en la antepenúltima sílaba. Llevan tilde **siempre**: *América*, *miércoles*, *característica*.
- Hay palabras que llevan un acento **diacrítico**, es decir, palabras que tienen dos o más funciones y que se diferencian por el acento gráfico: *mi* (posesivo)/*mí* (pronombre), *te* (pronombre)/*té* (sustantivo), *aún* (todavía)/*aun* (incluso)...
- Recuerda que un **hiato** es un grupo de dos vocales juntas que se pronuncian en sílabas diferentes. Se coloca una tilde en la vocal ***i*** o ***u*** de la sílaba tónica, independientemente de las reglas generales de acentuación: *Raúl*, *día*, *vacío*.

3 María envió a su tía un correo electrónico con instrucciones para hacer una receta que aprendió en Turquía. Revisa la acentuación gráfica.

Asunto: Receta de Turquia

De: Maria

Para: Sofia

¡Hola, tia! ¿Cómo estas?

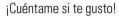

Te escribo porque tengo una receta nueva que aprendi en Turquia hace dos dias. Se llama *pilav* y es muy basica. Solo necesitas arróz basmati, agua, mantequilla, sal y cebolleta.

Lava el arroz, remójalo en agua y déjalo 30 minútos como minimo. Despues, calientá mantequilla en una cazuela y añade la cebolleta cortada. Remueve durante unos minutos y añade el arróz. Tienes que echar mas agua. Sigue removiendo. Cuando empiece a hervir, tápalo y espera 8 minutos con el fuego bájo. ¡Si, ya terminaste! Puedes servírlo como acompañamiénto del plató principal.

¡Cuéntame si te gusto!

Abrazos,

Maria.

Tabla de verbos

Pretérito

Verbos regulares

1.ª conjugación -AR CANTAR	2.ª conjugación -ER COMER	3.ª conjugación -IR VIVIR
canté	comí	viví
cantaste	comiste	viviste
cantó	comió	vivió
cantamos	comimos	vivimos
cantasteis	comisteis	vivisteis
cantaron	comieron	vivieron

Verbos con cambios gráficos

- **C › QU**

Buscar	Pescar
bus**qu**é	pes**qu**é
buscaste	pescaste
buscó	pescó
buscamos	pescamos
buscasteis	pescasteis
buscaron	pescaron

- **G › GU**

Jugar	Pegar
ju**gu**é	pe**gu**é
jugaste	pegaste
jugó	pegó
jugamos	pegamos
jugasteis	pegasteis
jugaron	pegaron

- **Z › C**

Comenzar	Empezar
comen**cé**	empe**cé**
comenzaste	empezaste
comenzó	empezó
comenzamos	empezamos
comenzasteis	empezasteis
comenzaron	empezaron

Verbos irregulares

Verbos irregulares en la raíz verbal

Andar	Caber	Estar	Haber	Hacer	Poder
anduve	**cupe**	**estuve**	**hube**	**hice**	**pude**
anduviste	**cupiste**	**estuviste**	**hubiste**	**hiciste**	**pudiste**
anduvo	**cupo**	**estuvo**	**hubo**	**hizo**	**pudo**
anduvimos	**cupimos**	**estuvimos**	**hubimos**	**hicimos**	**pudimos**
anduvisteis	**cupisteis**	**estuvisteis**	**hubisteis**	**hicisteis**	**pudisteis**
anduvieron	**cupieron**	**estuvieron**	**hubieron**	**hicieron**	**pudieron**

Poner	Querer	Saber	Tener	Venir
puse	**quise**	**supe**	**tuve**	**vine**
pusiste	**quisiste**	**supiste**	**tuviste**	**viniste**
puso	**quiso**	**supo**	**tuvo**	**vino**
pusimos	**quisimos**	**supimos**	**tuvimos**	**vinimos**
pusisteis	**quisisteis**	**supisteis**	**tuvisteis**	**vinisteis**
pusieron	**quisieron**	**supieron**	**tuvieron**	**vinieron**

Fíjate:
En este grupo de verbos también cambia el acento habitual del pretérito:
~~quisé~~ › quise
~~tuvó~~ › tuvo

Los verbos que tienen *j* en la raíz verbal pierden la *i* en la tercera persona del plural:

Decir	Producir	Traducir	Traer
dije	**produje**	**traduje**	**traje**
dijiste	**produjiste**	**tradujiste**	**trajiste**
dijo	**produjo**	**tradujo**	**trajo**
dijimos	**produjimos**	**tradujimos**	**trajimos**
dijisteis	**produjisteis**	**tradujisteis**	**trajisteis**
dijeron	**produjeron**	**tradujeron**	**trajeron**

Verbos irregulares en la tercera persona

- **E > I**

Divertirse	Elegir	Impedir	Medir	Mentir	Pedir
me divertí	elegí	impedí	medí	mentí	pedí
te divertiste	elegiste	impediste	mediste	mentiste	pediste
se div**i**rtió	el**i**gió	imp**i**dió	m**i**dió	m**i**ntió	p**i**dió
nos divertimos	elegimos	impedimos	medimos	mentimos	pedimos
os divertisteis	elegisteis	impedisteis	medisteis	mentisteis	pedisteis
se div**i**rtieron	el**i**gieron	imp**i**dieron	m**i**dieron	m**i**ntieron	p**i**dieron

Reír	Repetir	Seguir	Sentir	Servir	Sonreír
reí	repetí	seguí	sentí	serví	sonreí
reíste	repetiste	seguiste	sentiste	serviste	sonreíste
r**i**o	rep**i**tió	s**i**guió	s**i**ntió	s**i**rvió	sonr**i**ó
reímos	repetimos	seguimos	sentimos	servimos	sonreímos
reísteis	repetisteis	seguisteis	sentisteis	servisteis	sonreísteis
r**i**eron	rep**i**tieron	s**i**guieron	s**i**ntieron	s**i**rvieron	sonr**i**eron

> Fíjate:
> Todos los verbos de este grupo son de la tercera conjugación *(-ir)*.

- **O > U**

Dormir	Morir
dormí	morí
dormiste	moriste
d**u**rmió	m**u**rió
dormimos	morimos
dormisteis	moristeis
d**u**rmieron	m**u**rieron

> Fíjate:
> Esta irregularidad solo la tienen los verbos *dormir* y *morir.*

- **I > Y**

Caer	Concluir	Construir	Contribuir	Creer
caí	concluí	construí	contribuí	creí
caíste	concluiste	construiste	contribuiste	creíste
ca**y**ó	conclu**y**ó	constru**y**ó	contribu**y**ó	cre**y**ó
caímos	concluimos	construimos	contribuimos	creímos
caísteis	concluisteis	construisteis	contribuisteis	creísteis
ca**y**eron	conclu**y**eron	constru**y**eron	contribu**y**eron	cre**y**eron

Destruir	Huir	Leer	Oír	Sustituir
destruí	hui	leí	oí	sustituí
destruiste	huiste	leíste	oíste	sustituiste
destru**y**ó	hu**y**ó	le**y**ó	o**y**ó	sustitu**y**ó
destruimos	huimos	leímos	oímos	sustituimos
destruisteis	huisteis	leísteis	oísteis	sustituisteis
destru**y**eron	hu**y**eron	le**y**eron	o**y**eron	sustitu**y**eron

Verbos con irregularidades propias

Dar	Ir/Ser
di	**fui**
diste	**fuiste**
dio	**fue**
dimos	**fuimos**
disteis	**fuisteis**
dieron	**fueron**

Recuerda:
Las formas de los verbos *ir* y *ser* coinciden en pretérito. Solo se distinguen por el contexto en que aparecen.

Imperfecto de indicativo

Verbos regulares

1.ª conjugación -AR CANTAR	2.ª conjugación -ER COMER	3.ª conjugación -IR VIVIR
cantaba	comía	vivía
cantabas	comías	vivías
cantaba	comía	vivía
cantábamos	comíamos	vivíamos
cantabais	comíais	vivíais
cantaban	comían	vivían

Verbos irregulares

Ser	Ir	Ver
era	**iba**	**veía**
eras	**ibas**	**veías**
era	**iba**	**veía**
éramos	**íbamos**	**veíamos**
erais	**ibais**	**veíais**
eran	**iban**	**veían**

Pretérito perfecto de indicativo

Verbos regulares

1.ª conjugación -AR CANTAR	2.ª conjugación -ER COMER	3.ª conjugación -IR VIVIR
he cantado	**he** comido	**he** vivido
has cantado	**has** comido	**has** vivido
ha cantado	**ha** comido	**ha** vivido
hemos cantado	**hemos** comido	**hemos** vivido
habéis cantado	**habéis** comido	**habéis** vivido
han cantado	**han** comido	**han** vivido

Participios irregulares

abrir › **abierto**	escribir › **escrito**	poner › **puesto**	romper › **roto**
cubrir › **cubierto**	hacer › **hecho**	prever › **previsto**	satisfacer › **satisfecho**
decir › **dicho**	imprimir › **impreso, imprimido**	resolver › **resuelto**	ver › **visto**
descubrir › **descubierto**	morir › **muerto**	revolver › **revuelto**	volver › **vuelto**

Futuro

Verbos regulares

1.ª conjugación -AR CANTAR	2.ª conjugación -ER COMER	3.ª conjugación -IR VIVIR
cantaré	comeré	viviré
cantarás	comerás	vivirás
cantará	comerá	vivirá
cantaremos	comeremos	viviremos
cantaréis	comeréis	viviréis
cantarán	comerán	vivirán

Verbos irregulares

Caber	Decir	Haber	Hacer	Poder	Poner
cabré	**diré**	**habré**	**haré**	**podré**	**pondré**
cabrás	**dirás**	**habrás**	**harás**	**podrás**	**pondrás**
cabrá	**dirá**	**habrá**	**hará**	**podrá**	**pondrá**
cabremos	**diremos**	**habremos**	**haremos**	**podremos**	**pondremos**
cabréis	**diréis**	**habréis**	**haréis**	**podréis**	**pondréis**
cabrán	**dirán**	**habrán**	**harán**	**podrán**	**pondrán**

Querer	Saber	Salir	Tener	Valer	Venir
querré	sabré	saldré	tendré	valdré	vendré
querrás	sabrás	saldrás	tendrás	valdrás	vendrás
querrá	sabrá	saldrá	tendrá	valdrá	vendrá
querremos	sabremos	saldremos	tendremos	valdremos	vendremos
querréis	sabréis	saldréis	tendréis	valdréis	vendréis
querrán	sabrán	saldrán	tendrán	valdrán	vendrán

Presente de subjuntivo

Verbos regulares

1.ª conjugación -AR CANTAR	2.ª conjugación -ER COMER	3.ª conjugación -IR VIVIR
cante	coma	viva
cantes	comas	vivas
cante	coma	viva
cantemos	comamos	vivamos
cantéis	comáis	viváis
canten	coman	vivan

Verbos irregulares

Irregularidades vocálicas

- **E › IE (verbos en -AR y -ER)**

Comenzar	Otros verbos
comience	calentar, cerrar, despertarse, negar, pensar...
comiences	
comience	
comencemos	
comencéis	
comiencen	

Entender	Otros verbos
entienda	pensar, perder, querer, tender...
entiendas	
entienda	
entendamos	
entendáis	
entiendan	

- **E › IE + E › I (verbos en -IR)**

Mentir	Otros verbos
mienta	convertir, divertirse, herir, invertir, sentir, sugerir...
mientas	
mienta	
mintamos	
mintáis	
mientan	

- **O › UE (verbos en -AR y -ER)**

Soñar	Poder	Otros verbos
sueñe	pueda	acordarse, acostarse, contar, soler, volver...
sueñes	puedas	
sueñe	pueda	
soñemos	podamos	
soñéis	podáis	
sueñen	puedan	

- **O > UE + O > U**

Dormir	Otros verbos
d**ue**rma	m**o**rir
d**ue**rmas	
d**ue**rma	
d**u**rmamos	
d**u**rmáis	
d**ue**rman	

- **U > UE**

Jugar
j**ue**gue
j**ue**gues
j**ue**gue
juguemos
juguéis
j**ue**guen

- **E > I**

Pedir	Otros verbos
p**i**da	el**e**gir, r**e**írse, rep**e**tir, s**e**rvir, v**e**stirse…
p**i**das	
p**i**da	
p**i**damos	
p**i**dáis	
p**i**dan	

- **I > Y**

Construir	Otros verbos
constru**y**a	conclu**i**r, contribu**i**r, destru**i**r, hu**i**r…
constru**y**as	
constru**y**a	
constru**y**amos	
constru**y**áis	
constru**y**an	

Verbos con la primera persona irregular en presente de indicativo

- **Verbos en -ZC-** ***(conozco, introduzco, obedezco, produzco, traduzco)***

Conocer	Introducir	Obedecer	Producir	Traducir
cono**zc**a	introdu**zc**a	obede**zc**a	produ**zc**a	tradu**zc**a
cono**zc**as	introdu**zc**as	obede**zc**as	produ**zc**as	tradu**zc**as
cono**zc**a	introdu**zc**a	obede**zc**a	produ**zc**a	tradu**zc**a
cono**zc**amos	introdu**zc**amos	obede**zc**amos	produ**zc**amos	tradu**zc**amos
cono**zc**áis	introdu**zc**áis	obede**zc**áis	produ**zc**áis	tradu**zc**áis
cono**zc**an	introdu**zc**an	obede**zc**an	produ**zc**an	tradu**zc**an

Otros verbos
agradecer, conducir, crecer, desaparecer, nacer, ofrecer, parecer, reducir…

- **Otros verbos irregulares en la primera persona** ***(caigo, digo, hago, oigo, pongo, salgo, tengo, traigo, valgo, vengo)***

Caer	Decir	Hacer	Oír	Poner
caiga	**diga**	**haga**	**oiga**	**ponga**
caigas	**digas**	**hagas**	**oigas**	**pongas**
caiga	**diga**	**haga**	**oiga**	**ponga**
caigamos	**digamos**	**hagamos**	**oigamos**	**pongamos**
caigáis	**digáis**	**hagáis**	**oigáis**	**pongáis**
caigan	**digan**	**hagan**	**oigan**	**pongan**

Salir	Tener	Traer	Valer	Venir
salga	**tenga**	**traiga**	**valga**	**venga**
salgas	**tengas**	**traigas**	**valgas**	**vengas**
salga	**tenga**	**traiga**	**valga**	**venga**
salgamos	**tengamos**	**traigamos**	**valgamos**	**vengamos**
salgáis	**tengáis**	**traigáis**	**valgáis**	**vengáis**
salgan	**tengan**	**traigan**	**valgan**	**vengan**

Verbos con irregularidades propias

Haber	Ir	Saber	Ser	Ver
haya	**vaya**	**sepa**	**sea**	**vea**
hayas	**vayas**	**sepas**	**seas**	**veas**
haya	**vaya**	**sepa**	**sea**	**vea**
hayamos	**vayamos**	**sepamos**	**seamos**	**veamos**
hayáis	**vayáis**	**sepáis**	**seáis**	**veáis**
hayan	**vayan**	**sepan**	**sean**	**vean**

Verbos con cambios gráficos

• G › J	• C › Z	• Z › C	• GU › G	• G › GU	• C › QU
Recoger	**Convencer**	**Cazar**	**Distinguir**	**Investigar**	**Tocar**
reco**j**a	conven**z**a	ca**c**e	distin**g**a	investi**gu**e	to**qu**e
reco**j**as	conven**z**as	ca**c**es	distin**g**as	investi**gu**es	to**qu**es
reco**j**a	conven**z**a	ca**c**e	distin**g**a	investi**gu**e	to**qu**e
reco**j**amos	conven**z**amos	ca**c**emos	distin**g**amos	investi**gu**emos	to**qu**emos
reco**j**áis	conven**z**áis	ca**c**éis	distin**g**áis	investi**gu**éis	to**qu**éis
reco**j**an	conven**z**an	ca**c**en	distin**g**an	investi**gu**en	to**qu**en

Dar
dé
des
dé
demos
deis
den

Fíjate:
El verbo *dar* lleva una tilde diacrítica en la primera y tercera personas del singular para que no se confunda con la preposición *de*.

Estar
est**é**
est**é**s
est**é**
estemos
estéis
est**é**n

Fíjate:
El verbo *estar* cambia la sílaba tónica habitual del presente de subjuntivo en todas las personas del singular y la tercera del plural.

Glosario[1]

A	
Abandonar	to abandon
Abrazo, el	hug
Accidente, el	accident
Acelerado/a	accelerated, quick
Activista, el/la	activist
Actualmente	now
Acumular	to accumulate
Aditivo, el	additive
Afectuoso/a	affectionate
Agotado/a	exhausted, used up
Agricultura, la	agriculture
Agua (mineral), el	water (mineral)
Ahorrar	to save (money)
Aire, el	air
Aislamiento, el	isolation
Ajedrez, el	chess
Ajo, el	garlic
Al cabo de	after
Alarmante	alarming
Albañilería, la	masonry
Albergue, el	hostel
Alcalde/alcaldesa, el/la	mayor
Alérgico/a	allergic
Aliviado/a	relieved
Almacenar	to store, stock
Almohadilla, la	hashtag
Alojarse	to stay
Altar, el	altar
Altruista	altruistic
Amargo/a	bitter
Ambiental	environmental
Ambiente, el	environment, atmosphere
Amenazado/a	threatened
Anciano/a, el/la	old person
Ángulo, el	angle
Animalista	animalistic
Anoche	last night
Antelación, la	advance *(notice)*
Antier	day before yesterday
Antiguo/a	old
Antivirus, el	antivirus
Apagar	to turn off
Aparato, el	apparatus
Aplicación, la	application
Apodo, el	nickname
Aportar	to contribute
Aprovechar	to take advantage of
Apuntar	to point
Apuntarse	to sign up
Arroz, el	rice
Asearse	to groom, tidy oneself up
Asesorar	to advise
Aspecto, el	aspect, appearance
Aspiradora, la	vacuum cleaner
Asustado/a	scared
Avance, el	advance
Averiguar	to find out

B	
Balsa, la	raft
Banderín, el	pennant
Banderola, la	banner
Batería, la	battery
Beca, la	scholarship
Belleza, la	beauty
Bello/a	beautiful
Bicicleta, la	bicycle
Biografía, la	biography
Boletín, el	newsletter
Bolsa, la	bag
Borrar	to erase
Bosque, el	forest
Botanas, las	snacks
Botella, la	bottle
Broma, la	joke
Bucear	to dive
Buceo, el	diving
¡Buen provecho!	Enjoy your meal!
¡Buen viaje!	Have a good trip!
Buscador, el	searcher *(computer)*
Buscar	to look for
Buzón, el	mailbox

C	
Cabina telefónica, la	telephone booth
Caja, la	box
Calavera, la	skull
Calcular	to calculate
Calefacción, la	heating
Calidad, la	quality
Cálido/a	warm
Calma, la	calm
Calor, el	heat
Calzado, el	footwear
Cama, la	bed
Cámara, la	camera
Campeón/ona, el/la	champion
Campeonato, el	championship
Campesino/a, el/la	farmer, peasant
Cancha, la	court *(sport)*
Carcajada, la	laughter
Carga, la	load *(washing machine)*
Carpintería, la	carpentry
Cartel, el	poster
Cartón, el	carton, cardboard
Casarse	to get married
Casco antiguo, el	old town
Castillo, el	castle
Cautividad, la	captivity
Cebolla, la	onion
Celebrar	to celebrate
Certamen, el	contest
Charla, la	talk, chat
Chatear	to chat
Chavo/a, el/la	boyfriend/girlfriend
Chimenea, la	fireplace
Chiste, el	joke
Chistoso/a	funny
Ciclismo, el	cycling
Ciclo, el	cycle
Ciencia, la	science
Circuito, el	circuit
Cobija, la	blanket
Cobrar	to charge; be paid
Coexistir	to coexist
Colada, la	laundry
Combustible fósil, el	fossil fuel
Comercial, el	commercial
Compartir	to share
Compatriota, el/la	compatriot
Competitivo/a	competitive
Completo/a	complete
Comprometerse	to commit *(to a cause)*
Computadora (portátil), la	computer (laptop)
Conceder	to grant, concede
Concentración, la	concentration
Concienciación, la	awareness
Concienciar	to raise awareness
Confeccionar	to make
Conferencia, la	conference
Confuso/a	confused
Conservatorio, el	conservatory
Consigna, la	watchword, motto
Consiguiente	consequent, resultant
Consola, la	console
Consuelo, el	comfort, relief
Consumir	to consume
Consumo, el	consumption
Contabilidad, la	accounting

[1] El presente glosario incluye términos que aparecen la lo largo del Libro del estudiante así como en sus audios correspondientes.

Contaminación, la	pollution
Contaminante	pollutant
Contaminar	to pollute
Contenedor, el	container
Contrargumentar	to point out
Contrarreloj, la	time trial
Contraseña, la	password
Contratar	to hire
Contribuir	to contribute
Convivencia, la	coexistence
Copa, la	cup
Copiar	to copy
Corcho, el	cork
Corredor, el	corridor
Corriente	current *(normal; trend)*
Cortar	to cut
Coser	to sew
Cósmico/a	cosmic
Costo, el	cost
Costumbre, la	custom, habit
Costura, la	sewing
Crema (ref. al color)	cream *(color)*
Cubo, el	bucket
Cuchara, la	spoon
Cuchillo, el	knife
Cultivar	to cultivate
Cumbre, la	summit *(world conference)*

D

Dado, el	die *(for a game)*
Dañado/a	damaged
Dañar	to damage
Daño, el	damage
Dar miedo	to scare, frighten
Datos, los	data
De repente	suddenly
Deber dinero	to owe money
Débil	weak
Década, la	decade
Decaer	to decay
Declarar	to declare
Decorar	to decorate
Denominar	to name
Deportación, la	deportation
Deportivo/a	relating to sports
Derretimiento, el	melting
Desaparecer	to disappear
Desarrollarse	to develop
Descanso, el	rest
Descargar	to download
Descomponerse	to decompose
Desconectar	to disconnect
Desconfianza, la	distrust
Desconfiar	to mistrust
Descubrimiento, el	discovery
Descubrir	to discover, find out
Desechable	disposable
Desechar	to discard
Desecho, el	waste, discard
Desertificación, la	desertification
Desesperación, la	despair
Desfavorecido/a	disadvantaged, underprivileged
Desierto, el	desert
Desinteresado/a	disinterested
Desperdicio, el	waste
Desplazarse	to travel
Despreocuparse	to be unconcerned
Destacar	to highlight, stand out
Detectar	to detect
Devolución, la	return *(policy)*
Difundir	to spread
Dignidad, la	dignity
Dinámico/a	dynamic
Diplomático/a, el/la	diplomat
Discapacidad, personas con	disabled people
Disciplina, la	discipline
Disco, el	record
Discreto/a	discreet
Discriminación, la	discrimination
Diseñar	to design
Diseño, el	design
Disfrutar	to enjoy
Dispar	disparate, essentially different
Dispararse	to shoot up
Dispositivo, el	device
Diversidad, la	diversity
Diversión, la	fun
Divertirse	to have fun
Doblar	to fold
Dominar	to dominate
Donar	to donate
Donativo, el	donation
Dosis, la	dose
Drogar(se)	to drug (oneself)
Dueño/a, el/la	owner
Dulces, los	sweets
Duración, la	duration
Duro/a	hard, difficult

E

Ecología, la	ecology
Ecológico/a	ecological
Efecto, el	effect
Electrodoméstico, el	home appliance
Electrónico/a	electronic
Emocionante	exciting
Empacar	to pack
Empaque, el	packaging
Empobrecimiento, el	impoverishment
Enamorarse	to fall in love
Encargarse	to take charge of
Energía, la	energy
Engañar	to deceive, cheat
Enlace, el	link
Ensayo, el	essay
Enseguida	right away
Enterarse	to find out
Entidad, la	entity
Entregar	to deliver, turn over
Entretenido/a	entertaining
Envase, el	container
Envejecer	to get older
Envejecimiento, el	aging
Envío, el	shipping
Epidemia, la	epidemic
Época, la	epoch, age
Equipo, el	team
Equivaler	to be equivalent
Escenario, el	stage
Esfuerzo, el	effort
Eslogan, el	slogan
Espacial	space *(related to)*
Especie, la	species
Espectáculo, el	show, performance
Espiritual	spiritual
Espléndido/a	splendid
Esqueleto, el	skeleton
Estancia, la	room *(of a house)*; stay
Estar en juego	to be at stake
Este, el	East
Estrategia, la	strategy
Estrella, la	star
Estropear	to spoil
Etiqueta, la	label
Etnia, la	ethnicity
Evento, el	event
Excepto	except
Exclusión social, la	social exclusion
Excusa, la	excuse
Éxito, el	success
Expansión, la	expansion
Experiencia, la	experience
Expulsar	to expel
Extenuante	strenuous
Extremo/a	extreme

F

Fantasma, el	ghost
Fantástico/a	fantastic
Federación, la	federation
Felicitaciones, las	congratulations
Festejar	to celebrate
Ficha, la	token *(of a game)*
Finalista, el/la	finalist
Finalizar	to finalize
Físico/a	physical
Fluidez, la	fluency
Foco, el	focus
Fomentar	to foment, support
Frecuencia, la	frequency
Frío, el	cold *(temperature)*
Frío/a	cold
Frontera, la	border
Frontón, el	court *(sport)*
Fuerza, la	force
Fundar	to found, establish

G

Ganadería, la	livestock
Ganarse la vida	to earn one's living
Garantía, la	guarantee
Garantizar	to guarantee
Gas, con/sin	gas, with/without
Gastronomía, la	gastronomy
Generar	to generate
Generoso/a	generous
Gimnasia, la	gymnastics
Gimnasio, el	gym
Globo, el	globe
Goma, la	rubber
Gráfico/a	graphic
Gratuitamente	free of charge
Guardar	to keep
Guirnalda, la	garland
Guitarra, la	guitar

H

Habitante, el/la	inhabitant
Hábito, el	habit
Hacerse una idea de algo	to get an idea of something
Heladera, la	refrigerator
Helado, el	ice cream
Heredar	to inherit
Herencia, la	inheritance
Hielo, con/sin	ice, with/without
Hogar, el	home
Hoja, la	leaf *(of a plant)*; sheet *(of paper)*
Huella, la	footprint, track
Hueso, el	bone
Huésped, el/la	guest
Humanidad, la	humanity
Humanitario/a	humanitarian
Húmedo/a	humid

I

Iglesia, la	church
Ilusión, la	illusion
Impactante	shocking
Impacto, el	impact
Impartir	to impart
Imprenta, la	printing
Imprescindible	essential
Impresión, la	opinion; impression *(printing)*
Impresionante	impressive
Impresora, la	printer
Imprimir	to print
Impulsar	to boost
Impuro/a	impure
Inaugurar	to inaugurate
Incendio, el	fire
Indeciso/a	undecided
Indefenso/a	defenseless
Indígena (adj.)	indigenous
Infancia, la	childhood
Infantil	childish
Infografía, la	infographic
Infusión, la	infusion
Ingresar	enter *(on the Web)*
Inhumano/a	inhuman
Injusto/a	unfair
Inmigrante, el/la	immigrant
Inmortalizar	to immortalize
Inodoro, el	toilet
Insaciable	insatiable
Inscribirse	to register
Inservible	useless
Instrumento, el	instrument
Interactivo/a	interactive
Interactuar	to interact
Intercambio, el	exchange
Internauta, el/la	internet user
Intérprete, el/la	interpreter
Intervención, la	intervention
Inundación, la	flood
Invento, el	invention
Inventor/a, el/la	inventor
Invertir	to invest
Invierno, el	winter

J

Jabón, el	soap
Jamás	never
Jardín, el	garden
Jeringa, la	syringe
Juez/a, el/la	judge
Jurídico/a	legal
Justo/a	fair

L

Lata, la	can
Lavamanos, el	sink
Lavarropa, el	washing machine
Leche, la	milk
Lechuga, la	lettuce
Lento/a	slow
León/leona, el/la	lion/lioness
Libre	free *(time)*, outdoor(s)
Librero, el	bookshelf, bookstand
Licencia, la	license
Limpiar	to clean
Limpio/a	clean
Llorar	to cry
Llover	to rain
Lluvia, la	rain
Local (adj.)	local
Localidad, la	locality, area
Localizar	to locate, find
Lograr	to achieve
Longevo/a	longest living
Longitud, la	length
Luchar	to struggle
Lugar, el	place
Luminoso/a	bright
Luna, la	moon

M

Maestría	master's degree
Mancha, la	stain
Mando, el	command
Manejar	driving *(car)*
Manipular	to handle, manipulate
Mano, tener a	hand, to have on
Mantener	to keep, maintain
Manzana, la	apple
Mar, el	sea
Marca, la	brand
Matrimonio, el	marriage
Medioambiente, el	environment
Mediodía, el	noon
Medir	to measure
Memoria externa, la	external memory
Mencionar	to mention

¡Menos mal!	Thank goodness!
Mente, la	mind
Merecer	to deserve
Metrópoli, la	metropolis
Mientras	while
Misión, la	mission
Mochila, la	backpack
Modalidad, la	modality
Moderar	to moderate
Molestar	to disturb
Montaña, la	mountain
Moraleja, la	moral
Morir	to die
Motivo, el	reason, motive
Mudarse	to move
Mundial	world *(pertaining to)*
Mundo, el	world
Muro, el	wall

N

Nacer	to be born
Naranja, la	orange
Naturaleza, la	nature
Navegador, el	browser *(computer)*
Navegar	to surf *(Web)*
Negativo/a	negative
Negocio, el	business
Nevar	to snow
Niebla, la	fog
Nieve, la	snow
¡No me digas!	Really?, You don't say!
Nomás	as soon as
Norte, el	North
Nota (de una prueba), la	grade *(test)*
Notar	to note
Noticia, la	news
Novedad, la	novelty
Novedoso/a	new
Novela, la	novel
Novio/a, el/la	boyfriend/girlfriend; groom/bride
Nube, la	cloud
Nublado/a	cloudy
Nunca	never

O

Objetivo, el	objective
Océano, el	ocean
Oeste, el	West
Oferta, la	offer
Orden, la	order
Orgánico/a	organic
Organizar	to organize
Orgullo, el	pride
Origen, el	origin
Orilla, la	shore
Otoño, el	autumn
Ovación, la	ovation

P

Pagar	to pay
Página web, la	Website
Página, la	page
Paisaje, el	landscape, countryside
Paisajístico/a	landscape, country *(relating to)*
Pantalla, la	screen
Pantano, el	swamp
Pañal, el	diaper
Paño, el	cloth
Pañuelo, el	handkerchief
Papel, el	paper
Parchís, el	Parcheesi *(game)*
Pared, la	wall
Paseo marítimo, el	promenade
Paso, el	step
Pasta, la	pasta
Patentar	to patent
Patriotismo, el	patriotism
Pegar	to paste *(document)*
Peligroso/a	dangerous
Pelota, la	ball
Percusión, la	percussion
Pereza, la	sloth
Periodo, el	period
Permiso, el	permission
Personaje, el	character
Pesadilla, la	nightmare
Pingüino, el	penguin
Piscina, la	pool
Piso, el	floor
Planeta, el	planet
Planta, la	plant
Plátano, el	banana
Plato, el	plate
Playa, la	beach
Plomería, la	plumbing
Poblar	to populate
Pobreza, la	poverty
Polisémico/a	polysemic
Política, la	politics
Polución, la	pollution
Poner en marcha	to start
Portada, la	cover
Practicar	to practice
Predominar	to predominate
Premio, el	prize
Prenda, la	garment
Prender	to turn on *(radio, television)*
Presencia, la	presence
Presenciar	to witness
Prestación, la	provision *(service)*
Primavera, la	spring
Privacidad, la	privacy
Producir	to produce
Producto, el	product
Profundo/a	deep
Programa, el	program *(radio, television, computer)*
Prohibir	to prohibit, ban
Prolongarse	to extend, prolong
Promesa, la	promise
Promocionar	to promote
Promover	to promote
Propuesta, la	proposal
Próspero/a	prosperous
Protagonista, el/la	protagonist
Proteger(se)	to protect (oneself)
Provocar	to provoke
Proyectar	to project
Prudente	prudent, wise
Puente, el	bridge
Puerta, la	door
Puntualizar	to punctuate
Puro, el	pure *(tobacco)*

Q

¡Que aproveche!	Enjoy your meal!
¡Qué me dices!	What are you telling me!
Quejarse	to complain
Queso, el	cheese
Quizá(s)	maybe

R

Racionalizar	to rationalize
Raro/a	rare
Rato, el	a while, time
Realizar	to carry out, perform
Reaparecer	to reappear
Reciclable	recyclable
Reciclado/a	recycled
Reciclaje, el	recycling
Reciclar	to recycle
Recomendar	to recommend
Recuerdo, el	souvenir, memory
Recuperar	to recover
Red social, la	social network

Reembolso, el	refund
Refrescante	refreshing
Refresco, el	soda
Refugio, el	shelter
Regadera, la	shower *(bathroom)*
Regalar	to give a present
Regalo, el	gift
Registrarse	to check in
Regresar	to return *(item)*
Relajante	relaxing
Relevancia, la	relevance
Remunerado/a	paid
Renovable	renewable
Reparar	to fix
Reprobar	to fail *(a subject)*
Reputación, la	reputation
Residuo, el	residue
Resistencia, la	resistance
Respiración, la	breathing
Respirar	to breathe
Restaurar	to restore
Resurrección, la	resurrection
Retener	to hold back
Retribución, la	retribution
Reunificación	reunification
Reutilizar	to reuse
Revalorizar	to revalue
Rincón, el	corner
Ritmo, el	rhythm
Robar	to steal, rob
Rogar	to ask; pray
Ropa de cama, la	bedding
Ruidoso/a	noisy
Rumbo, el	course, direction
Rural	rural

S

Sábana, la	sheet
Sabroso/a	tasty
Sagrado/a	sacred
Sala, la	room
Salud, la	health
Saludable	healthy
Salvavidas, el	lifesaver, lifeguard
Sano/a	healthy
Satisfecho/a	satisfied
Sección, la	section
Seco/a	dry
Seda, la	silk
Seguidor/a, el/la	follower
Semilla, la	seed
Separar	to pull apart, separate
Sequía, la	drought
Serie, la	series
Servicio, el	service
Servilleta, la	napkin
Sigla, la	acronym
Siglo, el	century
Síntesis, la	synthesis
Sitio web, el	Website
Sociedad, la	society
Socio/a, el/la	partner
Sol, el	sun
Soledad, la	loneliness
Solidaridad, la	solidarity
Solidario/a	solidary
Solitario/a	lonely
Solo/a	only; alone
Sombrero, el	hat
Son, el	sound
Sonreír	to smile
Sonrojarse	to blush
Sorprender	to surprise
Sostener	to hold
Sostenible	sustainable
Suave	gentle
Subir	upload *(online)*
Suceso, el	event
Suciedad, la	dirt
Sucio/a	dirty
Suerte, la	luck
Sufrir	to suffer
Suplicar	to supplicate, ask
Sur, el	South
Surgir	to arise

T

Tablero, el	board *(game)*
Tabú, el	taboo
Taparse	to cover up
Tapón, el	plug
Taza, la	cup, mug
Techo, el	roof
Teclado, el	keyboard
Tejido, el	tissue; material
Templado/a	temperate
Tenedor, el	fork
Tener (algo) a mano	to have (something) at hand
Tener (muchas) ganas de	to (really) want to
Tener cuidado	to be careful
Tener en común	to have in common
Tener precaución	to be cautious
Terrestre	land *(pertaining to)*
Tierra, la	Earth *(planet)*; land *(to cultivate)*
Tina, la	tub *(bathroom)*
Tirar	to throw
Titular, el	headline *(newspaper)*
Toalla, la	towel
Tocar	to play *(musical instrument)*; be one's turn
Tolerante	tolerant
Toma (de decisiones), la	making (of decisions)
Tomar en cuenta	to take into account
Tomar notas	to take notes
Tomar precauciones	to take precautions
Tonificarse	to get toned, in shape
Tormenta, la	storm
Traductor/a, el/la	translator
Transparencia, la	transparency, clarity
Trozo, el	piece, chunk

U

Uso, el	use
Usuario/a, el/la	user
Utensilio, el	utensil
Utópico/a	utopian

V

Vanguardismo, el	avant-garde
Vaso, el	glass
Vegetariano/a	vegetarian
Vendedor/a (ambulante), el/la	vendor (itinerant)
Ventilar	to ventilate
Verano, el	summer
Verdura, la	vegetable
Vergüenza, la	shame
Videojuego, el	video game
Vidrio, el	glass
Viento, el	wind
Vinculado/a	linked to
Visita, la	visit
Visitar	to visit
Visual	visual
Voluntariado, el	volunteering

Y

Yoga, el	yoga
Yogur, el	yogurt

Z

Zanahoria, la	carrot
Zurdo/a	left-handed

Créditos fotográficos

UNIDAD 1: Tiempo para mí

Pág. 6: Paseo con perro: Lazarin Hristov, Shutterstock.com; **Pág. 11:** *Rafting*: novak.elcic, Shutterstock.com; Montaña rusa: ChameleonsEye, Shutterstock.com; **Pág. 12:** Mujeres corriendo: MariaSW, Shutterstock.com; **Pág. 13:** Frontón: imagestockdesign, Shutterstock.com; **Pág. 18:** Museo: Popova Valeriya, Shutterstock.com.

UNIDAD 2: Estamos de fiesta

Pág. 27: Volkswagen Morado: Jarretera, Shutterstock.com; Autos de colores en La Habana: akturer, Shutterstock.com; **Págs. 32-33:** Familia: Eve Orea, Shutterstock.com; Altar: Carlos Ivan Palacios, Shutterstock.com; **Pág. 37:** Celulares: Cineberg, Shutterstock.com.

UNIDAD 3: Conectamos

Pág. 46: *Puenting*: Svetlana Lazarenka, Shutterstock.com; Safari: SamanWeeratunga, Shutterstock.com.

UNIDAD 4: Vivencias

Pág. 57: Teatro-Museo Dalí: Karol Kozlowski, Shutterstock.com; Cocotaxis de La Habana: simonovstas, Shutterstock.com; Músicos en La Habana: Gil. K, Shutterstock.com; **Pág. 58:** Chavela Vargas: miguelca, Shutterstock.com; Retrato de Dalí: De Carl van Vechten - Van Vechten Collection at Library of Congress, dominio público, https://commons.wikimedia.org/w/index.php?curid=1316878; Sala Mae West, Teatro-Museo Dalí: Photo_Traveller, Shutterstock.com; **Pág. 66:** Detalle de la casa de Dalí: monysasu, Shutterstock.com; **Pág. 67:** Teatro-Museo Dalí: Denis Babenko, Shutterstock.com; Dalí y Man Ray en 1934: De Carl van Vechten - Van Vechten Collection at Library of Congress, dominio público, https://commons.wikimedia.org/w/index.php?curid=560540; Retrato de Salvador Dalí hecho por García Lorca: De Federico García Lorca - https://sancheztaffurarquitecto.wordpress.com/2014/02/11/resena-federico-garcia-lorca-recopilacion-6-dibujos/garcia-lorca-retrato-de-salvador-dali-1927/, dominio público, https://commons.wikimedia.org/w/index.php?curid=54673482; Dalí en la década de 1780: De Roger Higgins, World Telegram staff photographer - Esta imagen está disponible en la División de Impresiones y Fotografías de la Biblioteca del Congreso de los Estados Unidos, dominio público, https://commons.wikimedia.org/w/index.php?curid=944063; Atomicus Dalí: De Halsman, Philippe, photographer - Esta imagen está disponible en la División de Impresiones y Fotografías de la Biblioteca del Congreso de los Estados Unidos, dominio público, https://commons.wikimedia.org/w/index.php?curid=4530370; **Pág. 68:** La Bodeguita del Medio: Adwo, Shutterstock.com; Calle de La Habana: Maurizio De Mattei, Shutterstock.com; Bailando salsa en La Habana: Lesinka372, Shutterstock.com; Turistas en La Bodeguita del Medio: Salvador Aznar, Shutterstock.com; **Pág. 69:** Habana Vieja: Kamira, Shutterstock.com; Cocotaxi: Rostislav Ageev, Shutterstock.com; Paladar: Lesinka372, Shutterstock.com.

UNIDAD 5: ¿Cómo era antes?

Pág. 78: Boda real: Hans Christiansson, Shutterstock.com; Carrera: Stefan Holm, Shutterstock.com; **Pág. 83:** Gameboy: v74, Shutterstock.com; **Pág. 85:** Sony PlayStation 4 Slim: Artem Zarubin, Shutterstock.com; **Págs. 86-87:** Avenida Fort Washington: Popova Valeriya, Shutterstock.com; Cartel de la Séptima Avenida y Centro Español, Ybor City, Tampa: VIAVAL TOURS, Shutterstock.com; Ybor City: Pixachi, Shutterstock.com; Mercado agrícola de Mount Pleasant, Washington D. C.: Por cortesía de Aude, trabajo propio, 1 de octubre de 2005, CC BY-SA 2.5, https://upload.wikimedia.org/wikipedia/commons/d/d3/Mount_pleasant_farmers_market.jpg; Pupusería: lingling7788; Shutterstock.com; **Pág. 90:** IPod 80 GB: Cesare Andrea Ferrari, Shutterstock.com.

UNIDAD 6: Dentro de 50 años

Pág. 94: Bicicletas recicladas: Por cortesía de http://supercheria.es/blog/reciclaje-upcycling/; **Pág. 97:** Mercadillo: Paul McKinnon, Shutterstock.com.

UNIDAD 7: En línea

Pág. 112: Paneles publicitarios: Lissandra Melo, Shutterstock.com; Celular: PixieMe, Shutterstock.com.

UNIDAD 8: Compartir espacios

Pág. 140: Gloria Estefan: s_bukley, Shutterstock.com; **Pág. 141:** Juan Luis Guerra: Miguel Campos, Shutterstock.com; Chavela Vargas: Miguel Campos, Shutterstock.com; Julieta Venegas: Kathy Hutchins, Shutterstock.com; Marc Anthony: Everett Collection, Shutterstock.com; Ricky Martin: Everett Collection, Shutterstock.com; Shakira: DFree, Shutterstock.com.

UNIDAD 9: ¿Colaboras?

Pág. 148: Barca de refugiados: Malcolm P Chapman, Shutterstock.com; **Pág. 151:** Refugiados: Janossy Gergely, Shutterstock.com; Inmigrantes en Grecia: Ververidis Vasilis, Shutterstock.com; **Pág. 157:** Fila del concierto: Sundry Photography, Shutterstock.com; Maratón: James Kirkikis, Shutterstock.com; **Págs. 158 y 159:** Tienda de comercio justo: Martien van Gaalen, Shutterstock.com; Granja de seda natural: Joanne Jean, Shutterstock.com; Recolección de té en la India: Maximum Exposure PR., Shutterstock.com; **Pág. 163:** Recolección de cacao: Joseph Sorrentino, Shutterstock.com.

UNIDAD 10: Rebobinamos

Pág. 170: Penélope Cruz y Javier Bardem: Andrea Raffin, Shutterstock.com; **Pág. 172:** Jugadoras de fútbol: Paolo Bona, Shutterstock.com; **Pág. 176:** Manifestación 8 de marzo: Lorenza Ochoa, Shutterstock.com; **Pág. 177:** Inmigrantes: Ironwas, Shutterstock.com; Estela de Carlotto: Barna Tanko, Shutterstock.com; Grupo de mujeres: Barna Tanko, Shutterstock.com.